Augen auf! Wie dein Kind mit Bildern besser lernt

Karl Josef Stegh

Augen auf! Wie dein Kind mit Bildern besser lernt

Raus aus dem Lernfrust – rein in die Bildfreude

 Springer

Karl Josef Stegh
Behamberg, Österreich

ISBN 978-3-658-49554-1   ISBN 978-3-658-49555-8 (eBook)
https://doi.org/10.1007/978-3-658-49555-8

Die Deutsche Nationalbibliothek verzeichnet diese Publikation in der Deutschen Nationalbibliografie; detaillierte bibliografische Daten sind im Internet über https://portal.dnb.de abrufbar.

© Der/die Herausgeber bzw. der/die Autor(en), exklusiv lizenziert an Springer Fachmedien Wiesbaden GmbH, ein Teil von Springer Nature 2025

Das Werk einschließlich aller seiner Teile ist urheberrechtlich geschützt. Jede Verwertung, die nicht ausdrücklich vom Urheberrechtsgesetz zugelassen ist, bedarf der vorherigen Zustimmung des Verlags. Das gilt insbesondere für Vervielfältigungen, Bearbeitungen, Übersetzungen, Mikroverfilmungen und die Einspeicherung und Verarbeitung in elektronischen Systemen.
Die Wiedergabe von allgemein beschreibenden Bezeichnungen, Marken, Unternehmensnamen etc. in diesem Werk bedeutet nicht, dass diese frei durch jede Person benutzt werden dürfen. Die Berechtigung zur Benutzung unterliegt, auch ohne gesonderten Hinweis hierzu, den Regeln des Markenrechts. Die Rechte des/der jeweiligen Zeicheninhaber*in sind zu beachten.
Der Verlag, die Autor*innen und die Herausgeber*innen gehen davon aus, dass die Angaben und Informationen in diesem Werk zum Zeitpunkt der Veröffentlichung vollständig und korrekt sind. Weder der Verlag noch die Autor*innen oder die Herausgeber*innen übernehmen, ausdrücklich oder implizit, Gewähr für den Inhalt des Werkes, etwaige Fehler oder Äußerungen. Der Verlag bleibt im Hinblick auf geografische Zuordnungen und Gebietsbezeichnungen in veröffentlichten Karten und Institutionsadressen neutral.

Coverabbildung: Karl Josef Stegh

Springer ist ein Imprint der eingetragenen Gesellschaft Springer Fachmedien Wiesbaden GmbH und ist ein Teil von Springer Nature.
Die Anschrift der Gesellschaft ist: Abraham-Lincoln-Str. 46, 65189 Wiesbaden, Germany

Wenn Sie dieses Produkt entsorgen, geben Sie das Papier bitte zum Recycling.

Genderhinweis

Zur besseren Lesbarkeit wird in diesem Buch auf die gleichzeitige Verwendung männlicher, weiblicher und diverser Sprachformen (z. B. Binnen-I, Gendersternchen) verzichtet. Sämtliche Personenbezeichnungen gelten selbstverständlich für alle Geschlechter gleichermaßen und beinhalten keinerlei Wertung.

Hinweis zur Urheberschaft und KI-Unterstützung

Der Inhalt dieses Buches sowie sämtliche Texte und Abbildungen stammen vollständig vom Autor als Urheber. Es wurden keine Plagiate übernommen, und es kamen keine automatisationsgestützten Systeme zur Erstellung der Inhalte zum Einsatz. Zur Unterstützung bei der stilistischen und formalen Glättung, der Vereinfachung von Formulierungen, dem Finden von Synonymen sowie zur Verbesserung selbst erstellter Bilder wurde punktuell maschinelle Text- bzw. Bildverarbeitung (z. B. KI-gestützte Tools) genutzt.

Vorwörter der obersten Elternvertreter im deutschsprachigen Raum

Bildung ist nicht nur Aufgabe von Schulen – sie ist eine gesamtgesellschaftliche Verantwortung. Eltern, Lehrkräfte, Politik und Gesellschaft müssen gemeinsam dafür sorgen, dass Kinder nicht nur funktional lernen, sondern selbstwirksam, kreativ und mit Zuversicht aufwachsen können.

Als Vorsitzender des Bundeselternrats und der Bundeselternstimme setze ich mich dafür ein, dass elterliche Perspektiven in der Bildungslandschaft stärker Gehör finden. Eltern sind keine Randfiguren im Bildungsprozess – sie sind zentrale Mitgestalter. Doch allzu oft fehlen ihnen die Werkzeuge, das Wissen oder die Unterstützung, um ihre Kinder im schulischen Alltag wirksam zu begleiten.

Das Buch „Augen auf! Wie dein Kind mit Bildern besser lernt" ist in diesem Sinne mehr als ein Elternratgeber. Es ist ein bildungspolitischer Impuls. Es zeigt, wie mit einfachen, bildbasierten Methoden neue Lernräume entstehen können – in denen Kinder besser verstehen, Eltern mutiger begleiten und schulisches Lernen wieder an Lebenswirklichkeit gewinnt.

Besonders in Zeiten zunehmender Bildungsungleichheit, Leistungsdruck und digitaler Überforderung brauchen wir neue Zugänge, die Familien stärken – nicht überfordern. Dieses Buch macht genau das: Es bringt Wissenschaft und Alltag zusammen. Es denkt Bildung vom Kind aus. Und es nimmt Eltern ernst – als wichtigste Partner im Bildungsprozess.

Ich wünsche allen Leserinnen und Lesern, dass sie in diesem Buch nicht nur praktische Anregungen finden, sondern auch Rückenwind für das, was wir alle brauchen: eine Bildung, die Kinder stärkt – und Eltern nicht allein lässt.

Dirk Heyartz
Vorsitzender des Bundeselternrats und der Bundeselternstimme Deutschlands

Bildung ist heute mehr denn je eine gesamtgesellschaftliche Aufgabe. Sie gelingt nur, wenn Eltern, Lehrkräfte und alle anderen Beteiligten konstruktiv zusammenarbeiten – mit dem Ziel, Kinder nicht nur kognitiv, sondern auch emotional zu stärken.

Unsere Kinder wachsen in einer Welt auf, die immer komplexer, schneller und oft unübersichtlicher wird. Deshalb ist es wichtig, dass sie nicht nur Wissen erwerben, sondern lernen, wie sie es verstehen, verarbeiten und mit Freude anwenden können.

Visuelle Methoden können helfen, Lernprozesse verständlicher zu machen, Lernfrust zu reduzieren und mehr Freude in den Familienalltag zu bringen.

Gerade in einer Zeit, in der viele Eltern nach Unterstützung suchen, ist es wichtig, fundierte, praktische und motivierende Ansätze zur Verfügung zu stellen. Dieses Buch ist ein wertvoller Impuls dafür.

Marcus Dekan
Präsident des Bundesverbandes der Elternvereine an mittleren und höheren Schulen Österreichs

Dankesworte

Herzlichen Dank an den Springer Verlag, der mir ermöglicht hat, meine Ideen und Leidenschaft für das Bildlernen einer breiten Leserschaft zugänglich zu machen. Es ist mir ein zentrales Anliegen, dass möglichst viele Menschen von meinen Erfahrungen profitieren und neuen Mut für kreative Lernwege fassen können.

Besonderer Dank gilt Mirjam Saeger, die mich als engagierte Autorencoachin auf diesem Buchweg unterstützt und mit wertvollen Hinweisen und Perspektiven bereichert hat. Ebenso danke ich der gesamten Gruppe der Buchautoren – eure konstruktiven Rückmeldungen und inspirierenden Anregungen haben dieses Werk lebendiger und vielseitiger gemacht.

Danke an Univ. Prof. a. D. Franz Billmayer, der mir nicht nur seine große Erfahrung und akademische Expertise zur Verfügung gestellt hat, sondern mich und die Vision des Bildlernens als Mentor von ganzem Herzen mitträgt.

Ein großes Dankeschön auch an die obersten Elternvertreter ihrer Länder: Dirk Heyartz für Deutschland und Markus Dekan für Österreich. Durch ihre Vorworte und ihren Zuspruch haben sie diesem Projekt wichtige Anerkennung und Reichweite verliehen.

Mein tief empfundener Dank gilt meiner Familie, die mich auf diesem ganzen Weg getragen hat. Besonders danke ich meiner Frau Anna, die mit großartiger Geduld, Zuversicht und Liebe meine Ideen nicht nur ausgehalten, sondern stets unterstützt und mitgetragen hat. Sie bestärkt mich Tag für Tag in meinem Bestreben und schenkt mir Rückhalt, Ermutigung und Kraft, meine Vision vom Bildlernen weiter in die Welt zu tragen. Ohne ihre Unterstützung und unser gemeinsames Miteinander wäre dieses Buch so nicht möglich gewesen.

Danke für eure Unterstützung – gemeinsam schaffen wir Wege für die Bildung von morgen!

Einleitung

Was erwartet dich?

Stell dir vor, dein Kind sitzt nicht im Klassenzimmer, sondern inmitten eines riesigen, tobenden Fußballstadions. Um ihn herum tobt das Leben: Begeisterung, Fahnen, Farben, lachende Gesichter, jubelnde Fans, all das pure Mitreißen und Erleben – aber dein Kind trägt eine Augenklappe. Es ist mitten im Geschehen, aber bleibt blind für alles, was wirklich zählt. Während um ihn herum Welten entstehen, bleibt sein Blick dunkel. Kein Torrausch, kein Jubel, keine Freude. Lernen wird zum Schatten, das Leben zum stummen Film. Was bringt all das Getöse, wenn du gar nicht sehen darfst, worum es wirklich geht?

So erleben es viele Kinder heute in der Schule: Sie leben in einer Welt, die in Farben und Bildern leuchtet, in der alles visuell, lebendig und voller Möglichkeiten ist – aber sobald die Schultür ins Schloss fällt, heißt es: Augenklappe auf! Sie sitzen da, ohne wirklich zu sehen, worauf es ankommt. Statt Entdecken und Staunen bekommen sie nur Textwüsten serviert, Auswendiglernen in Schwarz-Weiß – und der große Blick auf das Leben bleibt ihnen verschlossen.

Ich weiß, wie viel ein einziges Bild verändern kann. Noch heute spüre ich das Staunen vor meinem ersten Zeichenblock, auf dem Dürers Feldhase leuchtete. Es war, als würde jemand die Klappe heben, Licht ins Dunkel lassen, die Welt öffnen. In diesem Moment kam Lernen direkt ins Herz – und das Leben wurde bunt, spürbar, begreifbar.

Genau darum geht es in diesem Buch: den Kindern die Augen zu öffnen, das Abenteuer Lernen wieder sichtbar zu machen. Es ist höchste Zeit, die Augenklappen abzulegen und Schule, Familie und Zukunft in vollem Licht zu erleben. Denn Lernen heißt nicht, im Dunkeln zu tappen – Lernen beginnt mit Sehen!

Nützen wir die ungeahnte Kraft der Bilder, die jedem Menschen als ungeheures Potenzial zur Verfügung steht! Lernen wird leichter, dein Kind freudvoller, dein Familienleben entspannter und Lehrer zufriedener: Bilder machen's möglich!

AUGEN AUF! – Hier beginnt deine Bildungsrevolution. Jetzt: Entdecke deine Welt voller Möglichkeiten.

Inhaltsverzeichnis

1 Die große Blindheit-Warum Bildlernen zum Überleben gehört 1
   1.1 Meine erste Begegnung mit der Sprachdominanz 1
   1.2 Schule im Blindflug – Unsere visuelle Welt trifft auf Textdiktatur ... 2
        1.2.1 Die visuelle Welt von heute – Wie Bilder unser Leben
bestimmen und Lernen verändern 2
        1.2.2 Zeitalter der Bilder – Die neue Welt der visuellen
Kommunikation 3
        1.2.3 Was jetzt wirklich zählt – Kompetenzen fürs Bildzeitalter ... 6
        1.2.4 Status Quo – Unser Bildungssystem bleibt dennoch blind ... 7
        1.2.5 Verschenkte Zukunft – Warum unser Bildungssystem
im Bildzeitalter krachend versagt 8
        1.2.6 Mängel, Defizite und das große Versäumnis 8
   1.3 Die Not der Schüler und Lehrer – Wer nicht sieht, bleibt blind 8
        1.3.1 Was das für Schüler und Lehrer bedeutet 10
   1.4 Die große Bildblindheit – Die Postulate unserer Zeit 10
Quellenverzeichnis 15

**2 Die Herausforderungen: Eltern zwischen Lernfrust und
Bildblindheit** 17
   2.1 Mitten aus dem Leben – Wenn Bilder fehlen, kracht's 17
   2.2 Eltern in der Klemme-Die 10 größten Knackpunkte für Papa
und Mama 19
        2.2.1 „Mein Kind kann sich nichts merken – Wenn Lernen
zur Herzensprobe wird". 19
        2.2.2 Mein Kind hat null Bock – Wenn die Freude am
Lernen verschwindet 21
        2.2.3 Mein Kind hat Caos im Kopf – Wenn Lernen aus den
Fugen gerät...................................... 22
        2.2.4 Mein Kind hat kein Bild, keine Vorstellung – Wenn das
Lernen zum Rätsel wird 24
        2.2.5 Mein Kind ist völlig unselbstständig – Wenn mein Kind
nicht alleine lernen kann 25
        2.2.6 Hausaufgaben – Wenn Zuhause zum
Kriegsschauplatz wird 27

	2.2.7	Mein Kind hat Prüfungsangst – Eltern im Prüfungsstress ihrer Kinder 28
	2.2.8	Mein Kind hat Konzentrationsschwierigkeiten – Aufmerksamkeit im Keller 30
	2.2.9	Mein Kind hat keine Erfolgserlebnisse – Wenn Lernen nur noch weh tut 31
	2.2.10	Frust und Dauerstress – Lernalltag am Limit 33
2.3	Fazit: Ratlosigkeit bei Mama und Papa machen sich breit 34

3 Augen auf! Der laute Ruf nach echter Veränderung 37
- 3.1 Bildung am Kipppunkt – Sehen oder blind bleiben? 37
  - 3.1.1 Verpasste Chance – Ein Moment, der alles hätte ändern können 37
  - 3.1.2 Unsere Bildung verschenkt ihr Potenzial! 38
- 3.2 Es gibt einen Weg – Die Heldenreise beginnt 39
- 3.3 Der Wunschkatalog der Eltern 40
- 3.4 Was es wirklich an Veränderung braucht – Welche Hebel für den Durchbruch notwendig sind 43
- 3.5 Gemeinsam bewegen – Eltern als Motor der Veränderung 45
  - 3.5.1 Vom Zuschauer zum Macher – Wie aus Frust Bewegung wird 45
  - 3.5.2 Was können Eltern beitragen? Elternpower gefragt 45
- 3.6 Soforthilfe, die wirkt – Was Eltern sofort für sich tun können 47
- 3.7 Mut und Hoffnung – Was können Eltern erhoffen? 55
- 3.8 Jetzt oder nie – Der Sprung in die Zukunft startet zu Hause 56
- 3.9 Los geht's! – Die Zeit für Veränderung ist jetzt 56
- Quellenverzeichnis 57

4 Gegenwind und dicke Bretter 59
- 4.1 Mitten im Gegenwind – Mein persönlicher Sturmlauf 59
- 4.2 Wer bremst, wer blockiert? – Die typischen Gegenspieler der Veränderung 61
- 4.3 Wenn Eltern an Mauern stoßen – Was sie im Widerstand erleben ... 65
- 4.4 Hindernisse vor Ort – So schwer wird Wandel in der Schule wirklich 67
- 4.5 Von „Das geht doch nie!" zu „Jetzt erst recht!" – Was am Ende wirklich zählt 68
- 4.6 Raus aus der Sackgasse – Strategien für Eltern und Lehrkräfte 70
- 4.7 Meine Community – Dein Anti-Frust-Team im Hintergrund 71
- 4.8 Die Hoffnung lebt! – Große Hürden, großer Gewinn 72

5 Das Geheimnis der Bildkraft: Wie Wissenschaft und Erfahrung das Lernen neu denken 75

- 5.1 Mitten ins Herz – Die Kraft der Bilder erleben 75
- 5.2 Was Lernen wirklich bedeutet 76
  - 5.2.1 Was sagt die Wissenschaft? 76
  - 5.2.2 Wie lernt der Mensch, wie funktioniert Lernen? 77
  - 5.2.3 Welche Rahmenbedingungen sind notwendig? 77
- 5.3 Wie funktioniert Lernen im Gehirn – Unser Hirn, der wahre Bilder-Profi 79
- 5.4 Was Bilder wirklich sind und was sie können 80
  - 5.4.1 Was ist ein Bild? – Mein erweiterter Bildbegriff 80
  - 5.4.2 Am Anfang war das Bild (und nicht das Wort!) (Abb. 5.1) ... 81
  - 5.4.3 Der „Feldhase" und der Funke, der alles veränderte 82
- 5.5 Die Superkräfte des Bildes – die glorreichen Sieben 83
- 5.6 Conclusio: Warum Bilder ideale Helfer des Lernens sind 85
- 5.7 Wissenschaft, die überzeugt – Studien und Fakten, die Bildlernen belegen 86
  - 5.7.1 Der Picture Superiority Effect – Warum Bilder das Gehirn zum Strahlen bringen 86
  - 5.7.2 Was Forschung sonst noch zeigt 87
- 5.8 Bilder als Kraft für Visionen – Ungeahntes Potenzial entfalten 88
  - 5.8.1 Bilder bringen mehr Zukunft – Wer sieht, denkt weiter 89
  - 5.8.2 Das Bild als Strategie für Zukunft und Lösung 89
  - 5.8.3 Das Imaginäre – Bilder aus dem Inneren 89
  - 5.8.4 Dein Kind – ein Visionär! 90
  - 5.8.5 Zwei Postulate, die das große Potenzial untermauern (Abb. 5.2) 90
- Quellenverzeichnis 92

6 Mit Rückenwind: Inspiration, Unterstützer & starke Netzwerke für die Bildrevolution 93

- 6.1 Wege finden – Wie Bilder mein Leben gerettet und gestärkt haben 93
- 6.2 Wenn das alte Denken bremst – Was uns (noch) nicht hilft 94
- 6.3 Blick nach Norden – Schwedens mutiges Unterrichtsfach „Bild" 98
- 6.4 Hoffnungsträger EU – Projekt Visual Literacy 100
- 6.5 Starke Allianzen – Internationale Bildverbände machen Druck 102
- 6.6 Und bei uns? – Eltern auf dem Bildweg 104
- 6.7 Hoffnung, Anker & Gemeinschaft 107
- Quellenverzeichnis 107

7 Endlich Sehen: Wie konkrete Lösungen Lernalltag und Familienleben verwandeln ... 109
- 7.1 Selbst ist der Held – Wie „Ich kann's!" alles verändert ... 109
- 7.2 30 ausgewählte Tipps für deine Herausforderungen – Was Eltern jetzt erwarten dürfen ... 110
  - 7.2.1 Tipp 1–3: Vergessen ade! Bilder brennen Wissen ins Gehirn ... 110
  - 7.2.2 Tipp 4–6: Von Null Bock zu Wow: Visuelle Motivationsexplosion ... 114
  - 7.2.3 Tipp 7–9: Lernchaos killen – Ordnung und Klarheit durch Visualisierung ... 117
  - 7.2.4 Tipp 10–12: Visuell wiederholen, statt versagen – Lernstress adé ... 120
  - 7.2.5 Tipp 13–15: Vorstellung entwickeln– Verständlich lernen mit Bildpower ... 124
  - 7.2.6 Tipp 16–18: Hilfe zur Selbsthilfe – Eigenständigkeit durch Visualisierung ... 128
  - 7.2.7 Tipp 19–21: Hausaufgaben ohne Drama – Frieden dank Visualität ... 132
  - 7.2.8 Tipp 22–24: Konzentrationsprobleme ade – Immer wieder Fokus finden ... 137
  - 7.2.9 Tipp 25–27: Stolz wie Oskar – Selbstvertrauen mit Sichtbarkeit ... 141
  - 7.2.10 Tipp 28–30: Bühne frei: Prüfungshelden durch Bild-Hacks ... 145
- 7.3 Änderung wir spürbar ... 149

8 Jubelstimmung: Der große Gewinn und die neue Leichtigkeit durchs Bildlernen ... 151
- 8.1 Kinderatelier-Story – Wie Talente vor Freude strahlen ... 151
- 8.2 Gänsehaut pur – Wie Schüler aufblühen ... 152
- 8.3 Familien auf Wolke sieben – Wenn Homeschooling Spaß macht ... 153
- 8.4 Luftsprünge im Lehrerzimmer – Schulen werden lebendig ... 155
- 8.5 Gesellschaft im Farbenrausch – Wie Bilddenken den Zeitgeist hebt ... 156
  - 8.5.1 Der gesellschaftliche Ruck: Offenheit, Kreativität, neue Kommunikation ... 158
- 8.6 Feuer entfacht! – Bildsprache begeistert überall ... 159
- 8.7 Jubelpostulate – Die BILDung von morgen ist jetzt ... 160
- 8.8 Tooor! – Feedback und Begeisterungswellen von Schülern und Eltern ... 163

9	**Zukunft mit Weitblick: Eine Vision-Eure Chance**...............	167
	9.1 Augenöffner-Moment – Vom Funken zur Flamme: Meine Bild-Institut-Story..	167
	9.2 Bildlernen 2.0 – Unser Zukunftsprojekt für alle Generationen.....	168
	9.3 Zukunftskompetenz Future Literacy – Die Kraft des multimodalen Lernens......................................	170
	9.4 Nur wer sieht, hat Zukunft – Das Macht-Postulat...............	172
	9.5 Weckruf an alle – Bilder als Schlüssel zur neuen Welt...........	174
	9.6 Schulrevolution – Die Schule von morgen lebt Bild!.............	175
	9.7 Die Eltern von morgen – Mutig, inspiriert, bildstark............	176
	Quellenverzeichnis..	178
10	**So kann ich dir helfen – Meine Angebote, Kurse & Vorträge für deine Zukunft**..	179
	10.1 Einladung: Wie du selbst Teil der Vision wirst................	179

Die große Blindheit-Warum Bildlernen zum Überleben gehört

1.1 Meine erste Begegnung mit der Sprachdominanz

Frisch aus dem Studium, voller Tatendrang, die ersten Schritte als junger Lehrer am Gymnasium des Bundes. Ich wollte die Welt verändern – zumindest die kleinen Lernwelten meiner Schüler. Doch dann das Erwachen: ein System aus alten Mauern, gestrickt aus alten Werten, gestützt von Disziplin, Zahlen, Textwüsten. Hier zählte geschriebenes Wort, hier galten Mathematik, Deutsch und Englisch als das Nonplusultra. Ich, der „bildnerische Erzieher", war eher netter Bastelonkel als ernsthafter Pädagoge. Auf den Bildern der Schüler lag wenig Wert, manche wurden gar zensuriert. Hier lernte ich schnell: Wer visuell denkt, zählt wenig. Die Textsprache regiert.

Dann kam der Skandal. Da stand ich, frischer Junglehrer, voller Elan, vielleicht auch ein bisschen zu idealistisch – jedenfalls bereit, das Schweigen zu brechen. Unser Thema: „Schüler unter Druck." Keine Texte, keine Tabellen – diesmal sollten Emotionen aufs Papier. Mit Pinsel, Farbe und Herzschlag. Wir wollten aussprechen, was sonst keiner hören wollte.

Und dann – dieses eine Bild. Ich sehe es noch heute, als wäre es gestern gewesen. Ein Format so groß wie der eigene Schatten. Tiefblauer Grund, unheilvoll. Ein Schüler, lebensgroß gemalt, allein. In seiner rechten, schlaffen Hand ein fast fallendes Blatt – „ZEUGN" kann man gerade noch lesen. Die eigentliche Wucht? Oben im Bild – der Strick, der Kopf, die hervortretenden Augen, die grauen, violetten Schatten des Todes. Ein Bild, das Leben und Tod aneinanderreiht. Die Tragödie eines Schülers, der sich das Leben nahm – ausgelöst durch eine Note. Ein Bild, das jegliche Textzeile stumm macht.

Mich hat dieser Ausdruck getroffen wie ein Hammerschlag. Ich war überzeugt: Das muss an die Öffentlichkeit – es muss gesehen werden, mitten im Herz der Schule, im Stiegenhaus, wo keiner drumherum kommt. Naiv? Ja. Aber voller Überzeugung, dass Wahrheit manchmal weh tun muss.

Die Reaktion? Erst Totenstille. Betretenes Schweigen, dann Flüstern, dann Tuscheln. Kaum war das Bild gehängt, wurde ich in die Direktion zitiert. Dienstanweisung: Das Bild SOFORT abhängen! „Zu heftig, zu direkt, zu viel Gefühl. So etwas zeigt man hier nicht."

Ein Aufruhr, ein Skandal – und doch: Danach blieb alles, wie es war. Das System blieb stumm. Bilder hatten keinen Platz. Sie galten als Provokation, wurden zum Störfaktor erklärt, abgeschoben, verdrängt. Und ich? Ich habe verstanden: Wer Bilder sprechen lässt, bringt das Verdrängte an die Oberfläche – und legt die Wunden des Systems bloß.

Es war mein erster, schmerzvoller Augenöffner als Lehrer – und der Beginn meiner Mission, die Macht der Bilder nie wieder zu unterschätzen.

Diese erste Erfahrung prägt mich bis heute. Sie öffnete mir die Sinne für die blinden Flecken unseres Bildungssystems.

1.2 Schule im Blindflug – Unsere visuelle Welt trifft auf Textdiktatur

1.2.1 Die visuelle Welt von heute – Wie Bilder unser Leben bestimmen und Lernen verändern

Mach einen Moment die Augen zu. Stell dir vor, wie dein Kind mit leuchtenden Augen durchs Leben geht: Morgens reicht ein Blick aufs Smartphone, schon rauscht die erste Flut aus Bildern, Clips, Stories, Memes und Emoticons los. Kein Tag ohne WhatsApp-Smileys, keine Pause ohne TikTok-Videos, keine Nachricht ohne GIF – alles ist Bild, alles ist visuell, alles ist blitzschnell ausgetauscht. Die Zahlen sind atemberaubend: Schon vor zehn Jahren verbrachten Jugendliche fast sieben Stunden täglich mit Medien – heute ist es noch viel mehr. Die Welt, in der unsere Kinder aufwachsen, ist so visuell wie nie zuvor. Aber jetzt kommt das Verrückte: Je mehr Bilder sie sehen, desto weniger verstehen sie oft – „Lernen mit Bildern" klingt selbstverständlich, ist im Alltag aber oft nur ein leeres Versprechen.

Sobald die Schulglocke läutet und aus Kindersofa Klassenzimmer wird, passiert das große Wunder: Die bunte Bilderwelt draußen wird zum grauen Textuniversum drinnen. Hier zählen Buchstaben, Zahlen, Formeln. Tafelbilder werden geschrieben, Arbeitsblätter ausgefüllt, Bücher gewälzt. Grafiken, Zeichnungen, Fotos? Werden zum Störfaktor, zur Nebensache, maximal nettes Beiwerk. Die Schule bleibt ein Hort der Textdominanz – schwarzweiß, strukturiert, starr. Die Diskrepanz könnte größer kaum sein. Was im Alltag selbstverständlich und unverzichtbar scheint, wird drinnen ignoriert oder kleingeredet.

Und da stehen sie nun, unsere Kinder. Von Bildern umgeben – aber zu Lesern, Denkern, Kritikern dieser Bilderflut werden sie selten ausgebildet. Die große Mehrheit ist visuell fremdgesteuert statt bewusster Bildnutzer. Ein paar wenige setzen Bilder clever ein, doch die allermeisten glauben, was sie sehen – und ahnen nicht, wie viel mehr dahintersteckt. Unser Bildungssystem? Schaut zu. Es hält an alten Zöpfen fest, verschließt die Augen vor der visuellen Realität und nimmt im schlimmsten Fall in Kauf, dass das echte „Lesen der Welt" für die nächste Generation auf der Strecke bleibt.

1.2.2 Zeitalter der Bilder – Die neue Welt der visuellen Kommunikation

▶ Die Frage ist nicht mehr: „Müssen wir Bilder lernen?" – sondern: „Wieso haben wir nicht schon vor 50 Jahren damit begonnen?"

1. Warum Bilder heute wichtiger sind, denn je
Seit Jahrtausenden verstehen Menschen sich besser mit Bildern als mit Worten. Vom ersten Strich in die Höhlenwand bis zur Selfie-Flut auf Instagram: Bilder bringen auf einen Blick, was Worte oft nur umständlich transportieren können. Aber vor allem in den letzten fünfzehn Jahren hat das Internet – und ganz besonders das Smartphone – die Verbreitung und Macht der Bilder auf eine neue Stufe gestellt.

Fotos, Videos, Emojis, animierte GIFs, interaktive Infografiken: Jeder kann sich heute global visuell ausdrücken, und das in Sekunden. Es ist eine neue, weltumspannende Bildökonomie entstanden, in der Informationen, Shopping und sogar Identitäten fast nur noch visuell vermittelt werden. Bilder überholen das Wort nicht nur, sie sind dabei, es zu ersetzen.

2. Von der Bilderflut zur intelligenten Bildsprache – Eine rasant gewachsene Kultur
Von der Kreide bis zur Smartphone-Kamera: Menschen sprechen in Bildern. Seit rund 15 Jahren beschleunigt das Internet – allen voran das Smartphone – diese natürliche Ausdrucksform massiv. Binnen Sekunden lassen sich Fotos, Videos, Emojis oder interaktive Grafiken weltweit teilen. Damit wächst eine globale „Bildökonomie", in der Informationen, Produkte und sogar ganze Identitäten zunehmend visuell vermittelt werden.

In den 1980er-Jahren machte das Privatfernsehen den Bildschirm populär, in den 1990ern brachte das erste Kamerahandy Bilder ins Taschengeld-Budget. Als YouTube 2005 startete, konnten erstmals alle Kinder ihre eigenen Videos hochladen. Mit dem Smartphone-Boom der 2010er beschleunigte sich die Bilderflut, und während der Corona-Lockdowns stieg die tägliche Bildschirmzeit noch einmal sprunghaft an. Neu hinzugekommen sind seit 2022 KI-Bildgeneratoren, die per Texteingabe fotorealistische oder stilisierte Bilder erzeugen. Für den Unterricht bedeutet das: Kreativaufgaben können in Sekunden visualisiert werden, aber Quellenkritik und Urheberrecht gewinnen ebenfalls an Bedeutung.

Noch nie in der Geschichte der Menschheit haben wir so viele Bilder produziert, verschickt und betrachtet wie heute. Jede Sekunde laden Nutzerinnen und Nutzer rund 66.000 Fotos allein auf Instagram[1] hoch, alle zwei Minuten stellt YouTube[2] so

---

[1] https://www.mediamister.com/blog/instagram-statistics/
Laut Media Mister (2023) werden etwa 66.000 Fotos pro Minute auf Instagram hochgeladen – das entspricht ca. 1100 Bildern pro Sekunde.

[2] https://www.globalmediainsight.com/blog/youtube-users-statistics/
Nach *Global Media Insight* (2025) werden über 500 h Videoinhalt pro Minute bei YouTube hochgeladen, also etwa 30 .00 min pro Stunde bzw. 720.000 h pro Tag.
Bereits 2010 veröffentlichte YouTube Zahlen, die zeigen: in 30 Tagen wurde mehr Inhaltsmaterial hochgeladen als US-Fernsehsender in 60 Jahren ausstrahlen konnten.
Das lässt sich so zusammenfassen: „Alle zwei Minuten stellt YouTube so viele Minuten Videomaterial online, wie mehrere klassische TV-Sender früher an einem ganzen Tag gesendet haben."

viele Minuten Videomaterial online, wie das öffentlich-rechtliche Fernsehen früher an einem ganzen Tag sendete. Facebook[3] allein verzeichnet an einem Tag mehr als 1,4 Mrd. Videoaufrufe. Für Eltern, Schülerinnen, Schüler und Lehrkräfte bedeutet das: Bilder sind nicht mehr bloße Illustration, sondern die dominante Sprache unserer Zeit – eine Sprache, die verstanden und beherrscht werden muss, wenn Lernen gelingen soll.

3. Wo uns visuelle Medien überall begegnen – und warum sie boomen
Kinder, Jugendliche – und ehrlicherweise wir alle – denken und sprechen heute visuell: TikTok-Clips, Instagram-Stories, Snapchat-Lenses. Informationen werden in 10-Sekunden-Häppchen, Sound, Bild, Filter und Effekte gepackt. Wer als Elternteil nicht mitzieht, bleibt schnell draußen. Doch diese Kanäle sind nicht nur Ablenkung! Wer gezielt sucht, findet dort Mathetricks, Englisch-Vokabeln, Lern-Inspiration – allerdings muss man lernen, „gutes" von „sinnlosem" Material zu unterscheiden.

Die Generation, die früher heimlich Zettelchen unter dem Tisch schrieb, sendet heute lachende Emojis, Katzen-GIFs oder kritische Memes. Sogar komplizierte Weltthemen werden in ein einziges Bild gekleidet. Bildlehrer könnten das kreativ aufgreifen und Memes ins Unterrichtsthema verwandeln. Kreatives Denken würde profitieren – und plötzlich würden auch stoische Klassiker wie der „Erlkönig" visuell erlebbar und zum Erlebnis für die Klasse.

Erfolgreiche Lernplattformen setzen fast immer auf bewegtes Bild. Sie erklären mit animierten Videos, interaktiven Grafiken und sofortigen Feedbacks. Selbst Tafelanschriebe werden bunt, klicken sich per Smartboard durch. Lernen könnte so anschaulich werden, dass Kinder länger dranbleiben – und Eltern würden merken, dass plötzlich die Hausübung deutlich mehr Spaß macht.

Spätestens seit Covid weiß inzwischen jeder, wie ein Daten-Dashboard aussieht. Klimadaten, Umfragen, Wahlprognosen, CO_2-Bilanzen – alles wird heute in übersichtlichen Diagrammen erzählt. Kinder, die früh lernen, solche Visualisierungen zu lesen und kritisch zu hinterfragen, bekommen ein Werkzeug an die Hand, das in jeder Wissenschaft und jedem Beruf zählt und für den Alltag immer wichtiger wird.

Wer glaubt, Spielen sei vergeudete Zeit, irrt: Die Gaming-Branche ist größer als Film und Musik zusammen. In VR (Virtual Reality) könnten ganze Klassen virtuell durch antike Tempel gehen, Physikrätsel in Schwerelosigkeit lösen oder in Fremdsprachen mit Avataren chatten. Echte Labore könnten Chemie gefahrlos digital erfahrbar machen – konsequent genutzt wird das leider kaum.

Visuelle Medien begegnen uns heute in nahezu allen Lebensbereichen. Sie holen die Welt ins Kinderzimmer, machen Lernen greifbar und bringen Kreativität und Spaß direkt ins Leben – eine Entwicklung, die immer dynamischer und unaufhaltsamer wird.

---

[3] https://www.wired.com/2015/08/facebook-isnt-real-threat-youtube-yet/
   2025; Laut *Wired* (2015) vermeldete Facebook bereits damals 4 Mrd. Videoaufrufe pro Tag, basierend auf der 3-Sekunden-Regel. Selbst konservative Schätzungen belaufen sich auf 1,4 Mrd. Views täglich – eine realistische und fundierte Größenordnung trotz der unterschiedlichen Zählmethoden.

4. Bilder erobern unser Leben – und ihre Ausbreitung in neue Lebensbereiche
Schau dich um – unsere Gesellschaft ist längst zu einer Welt aus Bildern geworden, und das weit über TikTok, Emojis oder Gaming hinaus. Überall entscheiden Bilder darüber, wie wir fühlen, was wir verstehen und wie wir handeln. Und gerade für Schulkinder und ihre Familien ist diese neue Bildkraft in vielen Lebensbereichen längst Alltag – auch wenn das Bildungssystem sich noch immer „blind" stellt, die Augen verschließt und das eigentliche Potenzial nicht wahrnimmt.

Medizin und Gesundheit – Bilder als Schlüssel zu Wissen und Sicherheit

Stell dir vor, du und dein Kind sitzen gemeinsam beim Arzt, und auf dem Bildschirm ist keine graue Tabelle, sondern ein echtes farbiges 3D-Bild eines Herzens, eine Röntgenaufnahme, eine Ultraschallsequenz. Krankheiten, die früher schwer zu fassen waren, werden plötzlich sichtbar gemacht – und selbst Kinder können erkennen, wie ein gebrochener Knochen heilt oder wie ein Herz schlägt. Medizinische Bildgebung ist für viele Familien längst Alltag: Du erlebst mit, wie über Handy-Apps Arztbefunde und Erklärbilder verschickt werden, wie animierte Grafiken erklären, was im Körper passiert.

Für die Zukunft deiner Kinder heißt das: Ob im Gesundheitsbereich, in Forschung, Pflege, Pharmazie oder Technik – die Fähigkeit, Bilder zu interpretieren, mit digitalen Befunden umzugehen, Krankheitsverläufe auf dem Bildschirm zu verfolgen, wird zum Muss. Wer Bildsprache versteht, fühlt sich sicherer, versteht Zusammenhänge und kann sich beruflich neue Felder erschließen – Diagnostik, Prävention, Telemedizin und vieles mehr. Die Schule allerdings? Bleibt textlastig, Biologie bleibt am Tafelbild stehen – die echte Kraft des Sehens wird verschenkt.

Alltag & Familie – Die Sprache der Bilder als Lebensnavigator

Geh mal deinen Familienalltag durch: Fast jede Entscheidung, jeder kleine Schritt wird durch Bilder, Zeichen, Symbole begleitet. Ob digitale Stadtkarte, bunte Schritt-für-Schritt-Fotoanleitung beim Kochen, Wetter-App mit Icons, Online-Banküberweisung mit Grafikanweisung, Anleitungen für den Fahrradreifenwechsel in großen Bildfolgen. Deine Kinder wachsen in einer Welt auf, in der sie mit Bildern Wegweiser interpretieren, Geräte bedienen, Pläne schmieden und Lösungen visualisieren – viel eher, als sie Anleitungshefte von Anfang bis Ende lesen.

Für die Kinder von heute ist visuelle Kompetenz also ein Werkzeug, das sie tagtäglich brauchen – beim gemeinsamen Werkeln mit den Eltern, beim Haushalten, Planen, beim kleinen Alltagsabenteuer. Später wird diese Kompetenz im Service, Handwerk, in der Technik, in der Verwaltung oder in kreativen Berufen zum entscheidenden Vorteil. Und noch immer versäumen es Schulen, diese Lebenskompetenz bewusst zu trainieren – Lernstoff bleibt zu oft abstrakt, textlastig, wenig grafisch.

Industrie, Wissenschaft und Berufswelt – Wer sieht, hat die Nase vorn

Schau auf die moderne Arbeitswelt: Bilder bestimmen heute alles. In Werkstätten werden Bauteile per 3D-Scanner geprüft, Fehler in hochauflösenden Videos analysiert, Montageanleitungen bestehen aus Bildfolgen und Piktogrammen. In der Wissenschaft erklären fotobasierte Visualisierungen komplexe Prozesse – von Molekülen bis Kosmos. Maschinenführer lernen an Visualisierungen, Menschen im Labor arbeiten mit Messbildern, Ärzte nutzen animierte Charts und OP-Planungen auf dem Bildschirm. Für einen Berufseinstieg, für Fortbildung, für Innovationen gilt: Wer Bildsprache nicht liest, bleibt ausgeschlossen. Wer darin sicher ist, wird gebraucht – als Macher, Planer, Vermittler.

Und während die Berufswelt längst erkannt hat, dass Bilder schneller, klarer und nachhaltiger wirken als reine Worte, bleibt das Bildungssystem stur. Prüfungen zählen weiter Textseiten, statt Bildkompetenz anzuerkennen; Unterrichtsmaterialien geben dem Bild meist nur eine Nebenrolle.

Schulkinder erleben die visuelle Welt heute schon überall – in Gesundheit, Familie, Technik, Berufswelten. Bilder steuern, erklären, machen Mut. Und je eher Kinder Bilder interpretieren, deuten, hinterfragen und gestalten können, desto stärker und sicherer sind sie für die Herausforderungen von morgen aufgestellt. Doch solange das Bildungssystem blind gegenüber der visuellen Wirklichkeit bleibt, sie als bloße Dekoration wertet und kaum bewusst trainiert, verpassen viele Kinder die vielleicht wichtigste Kompetenz ihrer Zukunft. Es ist Zeit, das Sehen endlich als Schlüsselqualifikation zu begreifen – für echte Teilhabe, Zukunftsmut und Freude am Gestalten.

Wer heute Bildkompetenz entwickelt, profitiert morgen als Bürger, Lerner oder im Job. Nur wer versteht, wie Bilder wirken, wie sie gemacht werden – und wie sie manipulieren –, bleibt souverän. Schule, Elternhaus und Kinder sind gefragt: wird „Bilder schauen" zur echten Bildsprache, die kritisches Denken und Kreativität entfacht?

Das Ziel: Nicht nur konsumieren, sondern gestalten. Nicht nur Bilder sehen, sondern begreifen, hinterfragen, nutzen – für ein Leben, das Chancen erkennt, Horizonte erweitert und Zukunft mitgestaltet.

▶ AUGEN AUF – Die visuelle Welt von heute wartet auf dich und dein Kind!

1.2.3 Was jetzt wirklich zählt – Kompetenzen fürs Bildzeitalter

Die Anforderungen an unser Bildungssystem sind glasklar. Fast jede Branche, jeder Beruf, jedes Studium verlangt heute visuelle Fertigkeiten: Wer erfolgreich sein will, braucht bildhafte Lesekompetenz – nicht nur „lesen, schreiben, rechnen", sondern auch lesen, was zwischen Pixeln und Frames passiert.

Was bedeutet das konkret für Eltern, Lehrkräfte und Schüler?

- Bildkompetenz: Bilder, Grafiken, Videos, Animationen kritisch entschlüsseln können. Wissen, wie ein Bild aufgebaut ist, warum es wirkt, welche Botschaft dahintersteckt.
- Selbst gestalten: Nicht mehr nur konsumieren, sondern mitgestalten. Wer selbst visuell erklärt, begreift doppelt – einmal beim Nachdenken, einmal beim Gestalten. Eigene Bilder, Animationen, Storyboards, Erklärvideos. Mit einfachen Tools, kreativ, mutig, selbstbewusst.
- Anschauliches Lernen: Zwei Minuten Erklärvideo können komplizierte Lektionen, von Grammatik bis Geometrie, transparenter machen als jede Textseite.

- Manipulation erkennen: Vom Deepfake bis zum geschickt geschnittenen Clip – unser Alltag ist voller Fallen. Woher kommt das Bild? Was bezweckt es? Fake oder Fakt? Hinterfragen, analysieren, durchschauen! Dein Kind muss Gegenmittel kennen!
- Technik-Grundlagen: Bildbearbeitung, Videoproduktion, Datenvisualisierung – heute Basics, morgen Jobgaranten! Kostenlose Tools warten nur darauf, genutzt zu werden.
- Berufsorientierung mit Zukunft: Medizinphysiker, Fernerkundungs-Analystin, Drohnenpilot, Datenkünstler – neue Berufsbilder entstehen direkt aus der Bildwelt.
- Datenschutz & Urheberrecht: Was darf ich posten? Wo liegen Kinderrechte, Lizenzfragen, Fallstricke im Bildgebrauch?

1.2.4 Status Quo – Unser Bildungssystem bleibt dennoch blind

Jetzt mal Klartext: Ist das System für diese Herausforderungen gerüstet?

Die Antwort tut weh: Nein, überhaupt nicht!

Ich dachte immer, Bilder würden von selbst ernst genommen werden. Zumindest in Schulbüchern, nein, weit gefehlt! Es war vor ungefähr 20 Jahren. Ich hatte mir schon einen Namen als Pädagoge und Sprecher der Bundesarbeitsgemeinschaft gemacht. Da kam die Berufung in die Schulbuchgutachterkommission des Bildungsministeriums. Diese hat die Aufgabe Schulbücher auf ihre Eignung für den Unterricht zu überprüfen. Ein gesetzlich vorgeschriebenes Verfahren, das nur wenigen Gutachtern vorbehalten war. Welche Ehre für mich, dachte ich. Und dann–Endlich – die große Chance, Bildsprache in der Bildungspolitik zu verankern. Weit gefehlt. Texte in Schulbüchern? Sie müssen durch ein strenges Netz von Kriterien. Doch Bilder? Es gab nicht einmal Prüfkriterien! Selbst bei Kunstbüchern! Ich war fassungslos.

Mehr als 15 Jahre habe ich hier mitgearbeitet. Ja, heute gibt es Ansätze für Besserung. Doch Bilder werden immer noch stiefmütterlich behandelt – sie sind „nice to have", keine Notwendigkeit. Der Text regiert.

Das Problem: Die Schule bleibt bei diesen Anforderungen massiv zurück. Lehrpläne sind nach wie vor textzentriert, Unterricht und Prüfungen orientieren sich stark am geschriebenen Wort. Digitale und visuelle Kompetenzen sind in den wenigsten Fächern fest integriert. Nicht einmal in den Schulbüchern wird Wert auf Bildsprache gelegt, wie meine eigenen Erfahrungen belegen.

Oft bleibt der Umgang mit Bildern – selbst in Zeiten digitaler Ausstattung – eine Randerscheinung: ein Zusatzangebot im Kunst-, Informatik- oder Projektunterricht, selten flächendeckende und fächerübergreifende Realität.

Viele Lehrkräfte fühlen sich unsicher: Die nötigen Fortbildungen fehlen, die fachliche Unterstützung ist spärlich, und die technischen Mittel sind an vielen Schulen begrenzt.

Dabei ist die Sprache der Bilder draußen längst Hauptverkehrsmittel. Wer später bestehen will, muss ein Klimadiagramm deuten wie einen Roman, ein Erklärvideo drehen können statt einen Aufsatz zu schreiben, einen Deepfake erkennen, bevor die nächste Empörungswelle rollt.

1.2.5 Verschenkte Zukunft – Warum unser Bildungssystem im Bildzeitalter krachend versagt

Mach die Augen auf: Unsere Welt spricht längst Bild. Überall flackern Visuals, pushen Emojis, tanzen Reels und leuchtet der bunte Wahnsinn aus Smartphones, Bildschirmen und Werbetafeln. Wir träumen in Bildern, denken in Bildern, erinnern in Bildern – doch die Schule? Bleibt Textfabrik, bleibt Bleiwüste. Die Realität: Unsere Kinder leben visuell und lernen schriftlich. Diese Kluft reißt mächtige Gräben – mit Folgen, die schon jetzt spürbar sind und für morgen alles entscheiden.

1.2.6 Mängel, Defizite und das große Versäumnis

Wie sieht die Wirklichkeit aus?

Die Lücken tun weh. Lehrpläne werden im Schneckentempo über Jahre hinweg angepasst, während sich draußen die Bilderwelt jede Woche neu erfindet. Ausstattung ist oft ein Lotteriespiel – je nach Standort, Glück und Budget. Zeit für Innovation? Fehlanzeige: Der Stundenplan ist prall, das Fortbildungsbudget schmal, und fächerübergreifende Kreativstunden bleiben bei den meisten eine nette Idee – aber keine Realität.

Im Alltag ist das oft zum Verzweifeln: Wenn ich sehe, wie Kinder sich stundenlang durch digitale Bilderfluten scrollen, ohne Halt, ohne Verstehen. Sie klicken, liken, posten, teilen. Alles rauscht vorbei. Es herrscht eine Art „asoziale Mediendämmerung": Bilder werden konsumiert, nicht verstanden. Sie werden manipuliert, gefiltert, verfälscht. Netflix, Facebook, Instagram – die großen Gewinner, die unsere Aufmerksamkeit zu Geld machen.

Und dann die Prüfungen: Es wird gezählt, wie viele Seiten das Kind füllt – aber keine Zeile dazu, wie Bilder bearbeitet, Diagramme interpretiert oder Videos gestaltet werden. Da klafft ein Loch, das Eltern und Kinder teuer zu stehen kommen kann.

1.3 Die Not der Schüler und Lehrer – Wer nicht sieht, bleibt blind

Jeden Montag, wenn ich meinen Informatikunterricht starte, spüre ich sie wieder, diese leise Nervosität in der Klasse. Smartphones auf den Tischen, Daumen bereit, schon nach der ersten Stunde ins Netz zu tauchen. Ich sehe sie, unsere Jugendlichen – nicht nur in Österreich, auch in Amerika, irgendwo auf der Welt – sie leben inmitten eines gewaltigen Dauergewitters aus Bildern. Klick, Wisch, Scroll, ein Feuerwerk aus Selfies, Stories, Reels, Posts. Zwischen zwei und sechs Stunden. Täglich. Und fast jeder, wirklich jeder, mittendrin.

Einige von ihnen chatten gleichzeitig auf zwölf Plattformen. Sie posten Fotos, die Sekunden später schon wieder vergessen sind. Tausende Follower. Noch mehr Bilder vom eigenen Leben, planlos und rastlos ins Netz gedrückt. Manchmal frage ich mich: Sehen sie sich eigentlich noch selbst, in diesem endlosen Strom?

1.3 Die Not der Schüler und Lehrer – Wer nicht sieht, bleibt blind

Dann, in meinem Unterricht, lasse ich sie einmal Luft holen. „Digitaler Fußabdruck. Deepfakes." Worte, die viele nicht kennen – und doch über ihr Leben entscheiden können. Ich verteile Fragebögen, will wissen, wie sie sich im Netz bewegen. Die Antworten schocken mich jedes Mal aufs Neue: Kaum jemand weiß, was mit den eigenen Bildern passiert. Noch weniger, was Manipulation wirklich bedeutet.

Wenn wir gemeinsam anfangen, ihre eigenen Posts zu suchen, sie zu analysieren, sie zu hinterfragen – dann geht es plötzlich stiller zu im Raum. Manche werden blass. Da ist das eine Bild, das längst vergessen geglaubte Video, dieser harmlos geglaubte Kommentar. Erst hier, zwischen Scham und Staunen, zwischen Neugier und Erschrecken, offenbart sich, wie wenig Bewusstsein da ist. Wie groß die Unsicherheit.

Erst in diesen Momenten realisieren sie: Was sie tagtäglich tun, von morgens bis abends, ist nicht einfach harmloser Spaß. Es ist eine riesige, weithin unsichtbare Welt voller Fallen, voller Wahrnehmungsfallen, Täuschungen, Manipulation. Niemand hat sie vorbereitet – und doch stehen sie darin wie in einem Dschungel ohne Wegweiser.

Sie sind wehrlos. Denn in der Schule haben sie nie gelernt, Bilder wirklich zu lesen. Sie wissen nicht, wie man erkennt, ob ein Bild echt ist oder gefälscht, ob ein Profil stimmt oder gefaked ist, ob ein Trend gefährlich sein könnte. Sie können mit Texten umgehen – aber nicht mit der neuen Sprache ihrer Generation: dem Bild.

Was zurückbleibt? Visueller Schrott. Massenhaft belanglose, austauschbare, endlos gefilterte Schnappschüsse, ohne Herz, ohne Aussage, ohne Wirkung. Was sie aufnehmen, so setzen sie es selbst wieder um – schnell, beiläufig, angepasst an die Regeln einer App, nicht an ihre eigenen Werte und Gedanken. Das Originale, das Eigene bleibt auf der Strecke.

Ich sehe sie da sitzen, auf ihren Stühlen, mit all der Unsicherheit im Blick. In einer Welt, in der alle zeigen, aber keiner mehr hinsieht. Keine Werkzeuge, keine Verteidigung – jedes Bild, das sie posten, wird Teil einer riesigen Maschinerie, die sie selbst nicht verstehen.

Und wenn ich dann erlebe, wie sie zum ersten Mal hinter die Kulissen blicken – bei der Analyse, beim Erkennen der Tricks – dann flackert manchmal etwas auf. Ein Funke Bewusstsein. Ein Funken Stolz, endlich mehr zu sehen, als nur Schein und Oberfläche. Aber bis dahin? Bleiben zu viele verloren im Bildgewitter, das sie geblendet hat.

Die Kids wischen, was das Zeug hält. Bilder, Stories, kurze Clips. Botschaften rauschen durch, Manipulationen werden nicht erkannt – weil keiner weiß, worauf überhaupt zu achten ist. Sie kennen keine Bildsprache und sind so leichte Beute: „Wer nicht sieht, muss alles glauben."

Gruppenzwang, Trends und Filter bestimmen, was „in" ist. So wird der Ideale und Idole nachgejagt. Werbung, Fake News, Gehirnwäsche, manchmal sogar Angst und Depression sind die Folge.

Wie viele Chancen, wie viel Freiheit und echtes Selbst könnten Kinder gewinnen, wenn wir ihnen die Sprache der Bilder beibringen würden? Noch ist es oft nur ein Traum – aber ein Traum, der alles verändern könnte.

Lehrer? Oft genauso überfordert. Der Lehrplan setzt auf klassische Alphabetisierung: Lesen, Schreiben, Rechnen. Ja, Medienkompetenz wird jetzt langsam ein bisschen thematisiert. Aber das Potenzial der Bilder als nachhaltige Lern-Chance bleibt fast ungenutzt.

Das Ergebnis ist fatal für alle: Schulen produzieren visuelle Analphabeten, die schlecht entscheiden, schlecht erinnern und schlecht kommunizieren können. Sinnesfern, zukunftsfremd, leblos.

1.3.1 Was das für Schüler und Lehrer bedeutet

Wer glaubt, das ist nur ein technisches Problem, irrt sich gewaltig. Die Folgen knallen direkt auf den Alltag:

Schüler verlassen die Schule „textfit", landen in der Arbeitswelt – und stolpern über Projektpräsentationen, 3D-Dokumentationen, Datenvisualisierungen und digitale Kommunikation, die sie kaum kapieren. Die Gefahr: Auf Fake News reinfallen, Deepfakes für wahr halten, in Social-Media-Blasen versinken, die Manipulation durch Bilder nicht durchschauen.

Der Arbeitsmarkt zieht die Schrauben weiter an: Immer mehr Stellenanzeigen fragen nach Medienkompetenz, Bildbearbeitung, Videoproduktion und Datenanalyse. Wer es kann, setzt sich ab, alle anderen fallen zurück.

Lehrkräfte werden zerrieben: Sie sollen den klassischen Stoff schaffen, Elternwünsche bedienen, innovativ unterrichten – ohne Zeit, Fortbildung oder anständige Technik. Frust, Hilflosigkeit, Überforderung: Burn-out ist vorprogrammiert.

Langfristig kann sogar eine Spaltung innerhalb des Bildungssystems entstehen: Schulen mit besserer Ausstattung, fortschrittlicheren Konzepten und mehr Freiräumen können visuelle Kompetenzen fördern; andere bleiben zurück – mit allen Folgen für die Ausbildungs- und Zukunftschancen der Schülerinnen und Schüler wie auch für die Motivation und Arbeitszufriedenheit der Lehrpersonen.

Die, die ohnehin schon zu wenig Ressourcen haben, verlieren den vielleicht wichtigsten Zugang zur neuen Sprache unserer Zeit – die Sprache der Bilder.

1.4 Die große Bildblindheit – Die Postulate unserer Zeit

Die Wahrheit ist hart: Unsere Gesellschaft ist blind für die Sprache der Bilder (Abb. 1.1).

Vielleicht klingt das auf den ersten Blick übertrieben, aber Hand aufs Herz: Wann hast du zuletzt bewusst ein Bild „gelesen", wirklich entschlüsselt? Und wann hast du deinem Kind erklärt, wie man ein Bild liest? Genau da liegt das große Problem. Unsere Aufmerksamkeit richtet sich auf Texte, auf Noten, auf Zahlen. Aber die eigentliche Kommunikation um uns herum – die findet längst in Bildern statt. Schau doch mal auf das Handy deines Kindes oder auf die Werbeplakate auf dem Weg zur Schule: Überall winkt uns die Bildsprache zu – und wir sind blind dafür.

Klar, wir alle können sehen. Aber können wir wirklich „sehen" – so, dass wir verstehen? Leider lesen die meisten von uns Bilder so wenig wie Fremdsprachen. Dein

1.4 Die große Bildblindheit – Die Postulate unserer Zeit

> **UNSERE GESELLSCHAFT IST BLIND FÜR DIE SPRACHE DER BILDER:** Wir sind visuelle Analphabeten!

Abb. 1.1 Postulat 1. (© Karl Josef Stegh 2025. All Rights Reserved)

Kind wischt durch Hunderte von Fotos und Videos jeden Tag, aber zu erkennen, was dahinter steckt? Fehlanzeige! Was logisch klingt, ist in Wahrheit ein Unsicherheitsfaktor und macht angreifbar. Visuelle Analphabeten nehmen jedes Bild hin, glauben, was ihnen vorgespielt wird – egal, wie echt oder wie manipuliert es ist (Abb. 1.2).

Nimm an, dein Kind hätte ein zusätzliches Werkzeug im Kopf, das ihm hilft, Klippen zu umschiffen, Zusammenhänge zu erkennen, kreativer zu denken – einfach, weil es „bildklug" ist. Wer aber immer nur auf Text schaut, lässt hier einen Schatz ungehoben. Kinder, die nur lesen und schreiben lernen, aber nicht mit Bildern umgehen können, bleiben in einer wichtigen Disziplin hinter ihren Möglichkeiten zurück. Es ist wie Autofahren nur mit erstem Gang: Du kommst voran, aber eben nicht weit.

Das mag provokant klingen, aber die Welt da draußen wird immer visueller. Wer nicht gelernt hat, Bilder zu verstehen, ist schnell hilflos: Manipulation, Meinungsmache, Fake News – alles geschieht inzwischen mit Bildern, nicht mehr nur mit Worten. Wer das nicht erkennt, kann schnell verloren gehen. Armut an Bildkompetenz bedeutet Schwäche im echten Leben (Abb. 1.3).

Wenn dein Kind nicht lernt, ein Bild zu hinterfragen – dann kann ihm alles verkauft werden: Trends, Stimmungen, Ideologien. Wer „nur" Text versteht, schaut hilflos zu, wie ihn Instagram, TikTok und Werbung dirigieren. Da hilft auch kein „Augen zu und durch" – denn mit geschlossenen Augen merkt man nicht, wie andere „Bilderfänger" unser Denken steuern.

Abb. 1.2 Postulat 2. (© Karl Josef Stegh 2025. All Rights Reserved)

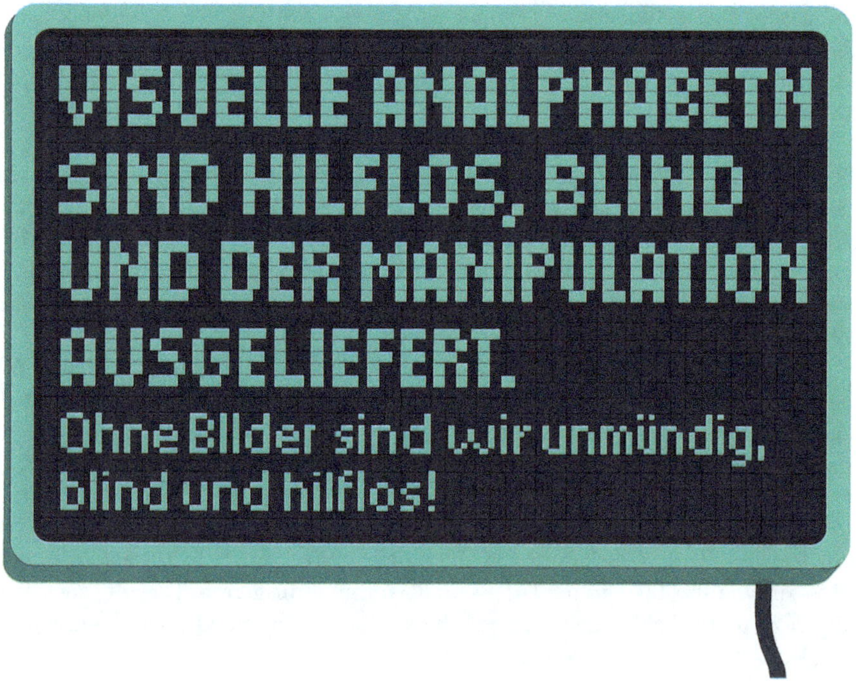

Abb. 1.3 Postulat 3. (© Karl Josef Stegh 2025. All Rights Reserved)

Abb. 1.4 Postulat 4. (© Karl Josef Stegh 2025. All Rights Reserved)

Mündig zu sein bedeutet: selbst entscheiden, kritisch betrachten, hinterfragen zu können. Ohne Bildlernen fehlt diese Mündigkeit. Wir bleiben Zuschauer, schauen zu, wie andere uns Bilder vorsetzen und für uns entscheiden, wie wir die Welt sehen. Denk immer daran: Wer beim Bilderstrom nicht mitdenkt, wird mitgezogen. Das fühlt sich vielleicht bequem an, ist aber auf Dauer gefährlich (Abb. 1.4).

Wenn ich von Blindheit spreche, meine ich damit keine körperliche Beeinträchtigung, keine Sehfehler oder Sehschwächen. Diese Themen zu behandeln – oder gar abzuwerten – liegt mir vollkommen fern.

Ich spreche von einer anderen Art der Blindheit: dem oberflächlichen Drüberschauen, dem schnellen Weiterklicken, dem Konsumieren von Bildern ohne echtes Verstehen. Von einer Blindheit gegenüber der Wirkung von Bildsprache – und wie sehr sie uns täglich beeinflusst, formt, verändert.

Wir leben in einer Welt der Bilder: einer unaufhaltsamen Flut visueller Reize, die uns überall begegnet – im Netz, im Unterricht, im Berufsleben, in der Werbung, im Alltag. Doch wer nur „liest", ohne wirklich zu sehen, bleibt blind für das, was unter der Oberfläche liegt.

Sehen, in dem Sinn, wie ich es meine, ist mehr als Wahrnehmung mit den Augen. Es ist mehr als das hastige Überfliegen eines Textes, das Scrollen durch Feeds oder das schnelle Aufnehmen von Bildern. Es ist ein inneres Sehen – ein tiefes, waches, bewusstes Erkennen.

Wer so sieht – mit geöffneten Augen, offenem Herzen und fundierter Bildkompetenz – erkennt Chancen in Krisen, Muster im scheinbaren Chaos, Zukunft in ersten Skizzen.

Sehen bedeutet: Verbindungen begreifen. Hintergründiges erkennen. Zeichen der Zeit deuten. Innere Bilder formen. Möglichkeiten erspüren. Botschaften lesen. Und vor allem: sich nicht treiben lassen, sondern selbst vorausdenken.

Ein Bild, ein Cartoon, ein Werbeclip – alles stecken voller Botschaften. Wer nicht trainiert ist, diese zu erkennen, bleibt im Dunkeln. Blindheit im Denken, in der Wahrnehmung, in der Einschätzung: Das soll dein Kind nicht erleben! Du kannst dabei helfen, seine „Augen" für die Welt der Bilder zu öffnen – Schritt für Schritt (Abb. 1.5).

Bilder geben einen eigenen Blick auf die Welt. Sie helfen, Zusammenhänge zu erfassen, Meinungen zu bilden, eigenständig zu reagieren. Wer nicht hinsieht, bleibt ein Mitläufer. Dein Kind soll aber nicht einfach nur „mitlaufen". Du willst ein Kind, das seine eigene Meinung hat, das neugierig ist und seinen Weg geht? Dann lernt gemeinsam, die Sprache der Bilder zu sprechen! Denn Sehen ist Denken. Und Denken ist der erste Schritt zur Freiheit.

Neugierig? Genau das ist der Schlüssel!

Das klingt drastisch? Es ist die bittere Realität: Wir verlassen uns beim Denken und Lernen auf einen einzigen Kanal – den Text. So verschenken wir einen Schatz von Fähigkeiten, von denen unsere Kinder dringend profitieren müssten.

All diese Postulate sind nicht zum Schocken da, sondern zum Aufrütteln. Sie laden dich und dein Kind ein, hinzusehen, mitzumachen, sich einzubringen.

Kap. 1 hat uns die Augen geöffnet: Unsere Welt ist heute voller Bilder – ob am Smartphone, im Internet oder auf Schritt und Tritt im Alltag. Doch während unsere Kinder längst inmitten dieser Bilderflut leben, bleibt die Schule oft grau und textlastig. Im Klassenzimmer regiert immer noch das Wort, das Bild fristet ein

Abb. 1.5 Postulat 5. (© Karl Josef Stegh 2025. All Rights Reserved)

Schattendasein. Genau darin liegt das große Dilemma: Die meisten Kinder sind umgeben von Bildern, wissen aber nicht, wie sie diese verstehen, kritisch nutzen oder selbst gestalten können. Es fehlt an echter Bildkompetenz.

Die Folge? Eine ganze Generation wächst heran, die zwar mit Bildern lebt, aber nicht „bildfit" ist. Unsere Schulen halten an überholten Methoden fest, Lehrpläne laufen hinter der visuellen Lebenswelt hinterher – und der Schulalltag bleibt für viele Kinder mühsam, abstrakt und wenig motivierend.

Jetzt richtet sich der Blick auf dich als Papa oder Mama. Denn wenn Schule das Visuelle verschläft, landen die Folgen direkt bei euch zu Hause. Kap. 2 leuchtet genau dorthin: Was macht das mangelnde Bildlernen mit Familien? Welche Nöte, Sorgen und Spannungen entstehen bei Eltern, wenn Bilder im Unterricht fehlen – und wie fühlt es sich an, wenn Lernen zum täglichen Kraftakt wird?

Hier beginnt der ehrliche Blick auf euren Alltag, auf eure Herausforderungen – und darauf, wo echte Veränderungen dringend gebraucht werden.

Quellenverzeichnis

https://www.mediamister.com/blog/instagram-statistics/ besucht am 7. Juli 2025
https://www.globalmediainsight.com/blog/youtube-users-statistics/ besucht am 7. Juli 2025
https://www.wired.com/2015/08/facebook-isnt-real-threat-youtube-yet/ besucht am 7. Juli

Die Herausforderungen: Eltern zwischen Lernfrust und Bildblindheit

2.1 Mitten aus dem Leben – Wenn Bilder fehlen, kracht's

Dreifacher Familienvater zu sein, heißt vor allem eines: Es knallt öfter, als einem lieb ist – spätestens, wenn Schule ins Spiel kommt. Ich weiß genau, wovon ich spreche. Glaub' mir, ich habe all die Schuljahre meiner eigenen Kinder nicht gerade als reibungsloses Segeln in Erinnerung. Besonders mein Jüngster hat uns immer wieder eindrucksvoll gezeigt, was es heißt, wenn ein Kind zwar einen Kopf voller Ideen hat – aber Schule ihn relativ kalt lässt.

Er war von Anfang an anders. Selbstbestimmt, verträumt, oft mit dem halben Körper in einer eigenen Welt unterwegs. Da waren so viele Fantasien, Bilder im Kopf – bloß nicht die, die jetzt für Mathe oder Sachkunde gebraucht wurden. Und wenn die Lehrkräfte „Hausaufgabenzeit!" riefen, dann war für ihn der Spaß erst mal vorbei. Motivation? Tief unten im Keller vergraben.

Und dann dieser eine Nachmittag, der mich lange danach noch beschäftigt hat. Kurz vor Weihnachten, überall Vorfreude auf Christkind, Geschenke, Geheimnisse. Doch was auf dem Tisch lag, war alles andere als festlich: Sachkunde-Hausaufgaben. Thema dieses Mal: Mäuse. Ernsthaft? Mäuse? Für meinen Sohn pure Provokation. „Wieso muss ich das machen?", schimpfte er. „Das braucht doch wirklich kein Mensch!"

Ich spürte schon, wie mir langsam der Kragen platzte. Als Pädagoge dachte ich immer, ich könnte alles regeln – so viel Erfahrung, so viel Wissen über Motivation, Lernwege, pädagogische Kunstgriffe! Und dann? Eigene Kinder, eigener Sohn – und all das Wissen verpuffte wie Seifenblasen.

Dazu tickte die Uhr gnadenlos. In nicht mal einer halben Stunde sollten acht Kinder fürs Atelier vor der Tür stehen. Während ich hektisch alles vorbereitete, wuchs in meinem Sohn der Widerstand. Aus leiser Unlust wurde lauter Trotzkopf. Und plötzlich war sie da: die große Eskalation. Tränen, Schimpfen, Türenknallen, eine Geräuschkulisse, die durchs Haus donnerte. Mein Stresslevel explodierte – seine Wut auch.

In genau diesem Moment klingelte es. Die Kinder fürs Kinderatelier kamen. Mein Puls raste. Was tun? Der Vater musste blitzschnell vom gereizten Erzieher auf den souveränen Gastgeber umstellen – Haltung bewahren, Fassade wahren, freundlich lächeln. Bloß jetzt nicht zeigen, wie sehr mir die Szene eben entgleist war.

Mein Sohn nutzte die Gelegenheit, sich leise davonzustehlen. Verschwand in Richtung Atelier, dorthin, wo die anderen Kinder schon zusammensaßen. Dort angekommen, wurde er ruhig, fast unsichtbar. Lauschte, wie ich jedem gerade noch mit freundlicher Stimme erklärte: „Heute gestalten wir unsere eigene Weihnachtmaus."

Und dann geschah das Wunder. Ich erzählte die Geschichte von „Susi, der Weihnachtmaus" – einer kleinen Maus, die mit viel Pfiff und noch mehr Appetit auf Weihnachtskekse durch das Haus saust, Verstecke baut, Abenteuer erlebt. Plötzlich spürte ich, wie bei meinem Sohn die Blockade brach. Sein Blick wurde wach, seine Hände griffen zum Stift, das Gesicht begann zu leuchten. „Papa, darf ich die Maus malen? Kann sie heute Schokolade klauen? Welche Farbe hat ihre Mütze?" Fragen über Fragen. Jetzt war er da. Mittendrin, begeistert, ganz bei sich – und bei der Aufgabe.

Mäuse zeichnen, Geschichten erfinden, Farben mischen – und plötzlich war das, was eben noch Qual war, pures Lernen mit Freude. Die Szene drehte sich vom Drahtseilakt zur Harmonie. Alles, was vorher gegen Schule rebellierte, schlug um in Entdeckungsfreude. Ohne Zwang, ohne Tadel, ohne Machtkampf.

Im Atelier griffen die Kinder zu Stift und Papier, verlachten sich gegenseitig wegen ihrer fantasievollen Mauskreationen, tauchten ohne jeden Widerstand ab in eine Welt voller Bilder und Geschichten. Mein Sohn? Mittendrin, motiviert, stolz wie ein König. Als die Aufgabe schließlich erledigt war, präsentierte er mir freudig sein „Mäuse-Abenteuer". Ich sah Stolz in seinem Gesicht, eine Mischung aus Triumph und Erleichterung. Keine Spur mehr von Trotz, keine Tränen, kein Drama.

Dieser Moment hat mir eines ganz deutlich gezeigt: Wenn das Bild Einzug hält, wenn Vorstellungskraft und Kreativität angekurbelt werden, dann verschwinden die alten Lernhürden fast wie von selbst. Eltern kennen diese Not – wenn Schule zur Zerreißprobe wird, wenn Hausaufgaben zu täglichen Dramen wachsen, wenn man sich als Vater, als Mutter hilflos und ratlos fühlt. Man will helfen, man will fördern, und doch landet man viel zu oft im Kampf, statt beim Miteinander.

Was haben wir geweint, gezweifelt, gehadert – und wie leicht kann es doch manchmal sein, wenn man den richtigen Schalter findet: Das Bild! Die Fantasie! Das Abenteuer im Kopf! Für mich bleibt dieser Nachmittag eine der wertvollsten Lektionen meines Elternlebens. Eine Erinnerung daran, wie viel Kraft Bild, Vorstellung und gemeinsames kreatives Tun entfalten. Und wie sehr das Fehlen davon zum echten Elterndrama werden kann – jeden Tag, in tausenden Familien.

Also, liebe Eltern: Ihr seid nicht alleine! Und all diese Ratlosigkeit, diese Sorgen, diese anstrengenden Hausaufgaben-Nachmittage – sie sind real. Doch das Bild, das kreative Sehen und Gestalten, kann der Schlüssel sein, aus dem Kreislauf auszubrechen. Für euch und eure Kinder.

2.2 Eltern in der Klemme-Die 10 größten Knackpunkte für Papa und Mama

Was das Fehlen der Bildkompetenz in der Schule für Eltern bedeutet:
Für Eltern entsteht Druck, besonders im Schulalltag: Sie müssen beaufsichtigen, kontrollieren, nachhelfen, prüfen, Aufgaben erstellen, Kurse bezahlen, Software abonnieren, Privatunterricht oder Ferien-Camps organisieren. Wer finanziell gehen kann, investiert in Apps, Workshops – und wer nicht, sieht, wie sich die Schere immer weiter öffnet. Hier die zehn besonders schmerzenden Knackpunkte. Wie wollen Eltern das alles schaffen?

2.2.1 „Mein Kind kann sich nichts merken – Wenn Lernen zur Herzensprobe wird"

Liebe Mutter, lieber Vater, du kennst diesen Schmerz – und du bist nicht allein. Hausaufgaben liegen auf dem Tisch, der Vokabelstapel wächst, du hast gemeinsam geübt, wiederholt, erklärt. Dein Kind hatte Fortschritte gemacht – und dann, kaum ist die Prüfung vorbei, scheint alles wie weggeblasen zu sein. Ein Blackout trotz allem Fleiß. Die Erkenntnis trifft wie ein Schlag: Das viele Lernen, all die Geduld, das ständige Wiederholen – alles ist in wenigen Augenblicken verloren. Und du fragst dich: Wofür das alles?

a) Die Ursachen – Warum bleibt so wenig hängen?
Viele Kinder haben Schwierigkeiten, Lernstoff wirklich im Gedächtnis zu behalten. Vokabeln, Matheformeln, Fakten – sie tauchen unter, verschwinden, werden von neuen Informationen überlagert. Häufig fehlt die Verknüpfung zwischen Gelerntem und echten Bildern, echten Erlebnissen. Lernen bleibt eine mühsame Ansammlung von Worten, Zahlen und trockenen Informationen. Die Schule verlangt oft stures Pauken – aber das Gehirn Ihres Kindes liebt Bilder, Emotion und Sinn. Doch stattdessen passiert oft: Das Kind muss Text für Text durchackern, ohne dass das Gelesene „hängenbleibt". Das Kurzzeitgedächtnis wird überflutet, das Langzeitgedächtnis bleibt leer. Es ist, als würde man Wasser in einen Korb gießen.

b) Der Schmerz der Eltern – Wenn Lernen zum Kraftakt wird
Vielleicht erlebst du es Tag für Tag: Dein Kind sitzt am Küchentisch, vor ihm ein Stapel Vokabelkärtchen, Matheformeln oder Sachtext. Ihr habt euch zueinander gesetzt, du erklärst, liest vor, wiederholst. Anfangs seid ihr beide noch motiviert – dein Kind nickt, wiederholt dir nach, manches klappt sogar beim Üben.
Aber dann. Kaum rückt die Prüfung näher, passiert das Unvorstellbare – der Stoff rutscht einfach weg. Dein Kind greift nach einer Erinnerung und findet – nichts. Vokabeln, die gestern noch saßen, lösen sich im Nichts auf. Zusammenhänge, für die du gekämpft hast, zerbröseln im Prüfungsstress. In der Klassenarbeit bleibt das Papier leer, auf Nachfragen kommt nur ein leises Schulterzucken. „Papa, Mama – ich weiß es nicht mehr."

Du siehst, wie dein Kind blass wird, vielleicht die Tränen in den Augen. Die Angst ist spürbar, die Enttäuschung fast greifbar. Gerade noch war da Hoffnung, jetzt Ohnmacht. Und es bricht dir das Herz.

Jeder neue Versuch ist noch schwerer. Aus Energie wird Anstrengung, aus Anstrengung Frust. Dein Kind verliert das Vertrauen in sich, fängt an, sich selbst kleinzureden: „Ich bin eben zu dumm dafür."

Du selbst rutscht immer mehr in die Rolle des motivierenden Motivators – manchmal gegen die eigene Überzeugung, denn innerlich fühlst du genau dasselbe: Erschöpfung, Zweifel, leise Wut.

Wiederholen wird zur Sisyphusarbeit. Immer wieder, Tage, Wochen, Monate. Du steckst viel Herzblut, Zeit und Energie hinein. Die Hoffnung, beim nächsten Mal klappt es, hält dich aufrecht – und doch ist da diese Stimme, die fragt: Wozu das Ganze?

Du suchen nach Gründen. Liegt es an der Lehrkraft? Am Lernstoff? An dir selbst? Du vergleichst dich mit anderen Familien. Die Sorgen wachsen – wird mein Kind es schaffen? Werde ich als Mutter, Vater irgendwann „versagen"?

Hinzu kommt die Ungeduld. Wie oft hast du den Satz gesagt „Jetzt konzentrier dich doch!" und sich danach geärgert? Du beobachtest, wie dein Kind nach jeder Niederlage immer weniger an sich glaubt. Die Freude am Lernen? Sie schwindet wie Sand durch die Finger. Du kannst dich fast an keinen entspannten Tag beim Hausaufgabenmachen erinnern – alles ist Spannung, alles ist latenter Druck, manchmal leises Hoffen, manchmal offener Streit.

Manche Nächte liegst du, weil Du dein Kind nicht weiter quälen willst – aber du hast Angst, es fallen zu lassen. Du träumst davon, dass dein Sohn, deine Tochter einmal entspannt ins Lernen startet, Lächeln im Gesicht, ein Gefühl von „Das kann ich!". Aber meistens bleibt es beim Seufzen, beim Schulterzucken, bei der bangen Hoffnung auf kleine Lichtblicke.

Dieser Schmerz wird selten gesehen oder gewürdigt. Aber er ist real. Für dich, für dein Kind, für unzählige Familien, jeden Tag.

Und hinter all dem steht immer das Gefühl: Ich möchte nur, dass mein Kind einmal das spürt, was ihm scheinbar unmöglich ist – Erfolg, Freude, Selbstvertrauen. Doch oft bleibt vom Lernen nur Ratlosigkeit, Frust und ein leiser Zweifel, der zu groß wird, um ihn noch wegzuschieben.

c) Was braucht es? – Ein Lichtblick für dein Familienleben
Stelle dir vor, was wäre, wenn es einen Ausweg gäbe, der den Schmerz lindern könnte. Wie viel leichter könnte das Familienleben werden, wenn dein Kind plötzlich den Schulstoff merken würde, weil Lernen Sinn macht und Freude bringt? Vielleicht gäbe es einen Hoffnungsschimmer, wenn das stumpfe Wiederholen durch Kreativität und Bilder abgelöst würde – die trockenen Fakten verwandelt in lustige Geschichten, farbenfrohe Zeichnungen oder lebendige Mindmaps.

Wäre es nicht ein Segen, wenn Prüfungen ihren Schrecken verlören, weil dein Kind mit inneren Bildern und Sicherheit ins Klassenzimmer ginge? Vielleicht würde sogar die Zuversicht wachsen, weil aus täglichem Frust allmählich heitere Erinnerung und Erfolge entstünden. Und womöglich bekäme das Lernen wieder diesen Glanz zurück, der die Augen deines Kindes zum Leuchten bringt – Inspiration pur, getragen von der Hoffnung, dass der Knoten platzen kann und dein Kind endlich zeigt, was wirklich in ihm steckt.

2.2.2 Mein Kind hat null Bock – Wenn die Freude am Lernen verschwindet

a) Ursachen – Warum Freude und Lust am Lernen verloren gehen
Vielleicht erkennst du es sofort wieder: Dein Kind sitzt lustlos am Tisch, die Hefte liegen offen, der Blick schweift ab. Alles, was nach Schule riecht, wird zum Stimmungskiller. Aber warum nur?

Die Ursachen sind vielfältig, und oft haben sie nichts mit Faulheit zu tun, sondern mit den Rahmenbedingungen, die den Lernalltag prägen. Da sind die langweiligen, leblosen Arbeitsblätter – seitenweise grauer Text, trockene Aufgaben, nichts, was den Klick im Kopf auslöst. Viel zu selten begegnen Kindern im Unterricht das, was ihr Herz berührt oder ihre Fantasie kitzelt. Es fehlt an emotionaler Ansprache. Alles bleibt kopflastig: Fakten, Formeln, Begriffe, zum x-ten Mal durchgekaut.

Kreativität und echtes Erleben? Fehlanzeige. Routine und starre Vorgaben ersticken jeden Funken Abenteuer. Der Unterricht rauscht vorbei wie auf Autopilot, das, was wirklich zählt, bleibt auf der Strecke. Kinder spüren das sofort – und schalten innerlich auf Durchzug.

b) Das Herz des Schmerzes – Wie du leidest, wenn Motivation schwindet
Vielleicht erlebst du dich und dein Kind in diesem Kreislauf:

Du begleitest dein Kind bei den Hausaufgaben, ermutigst, erklärst, machst Angebote – doch immer wieder stößt du auf eine Wand aus Desinteresse und Widerstand. Dein Kind ist schnell abgelenkt, antwortet gereizt oder verträumt, wird beim Anblick der Aufgaben blass oder sogar wütend. Du spürst: Da ist diese große innere Leere, dieses „Null Bock"-Gefühl, das alles überschattet.

Die Schulaufgaben werden zur täglichen Belastungsprobe, der Stoff schiebt sich wie ein Klotz zwischen dich und dein Kind, und aus kleinen Aufforderungen entstehen oft handfeste Auseinandersetzungen.

Du willst, dass dein Kind mit Freude lernt, fragst nach seiner Meinung, suchst die richtigen Worte – und fühlst dich doch, als redetest du gegen eine unsichtbare Mauer.

Der Schmerz ist vielschichtig:

Da ist das Gefühl des Ausgeliefertseins, weil du keinen Zugang mehr findest. Du siehst, wie aus Spaß Verweigerung wird, wie das strahlende Kind von früher immer häufiger im grauen Schulalltag verschwindet.

Mit jedem Tag nimmt die Motivation weiter ab – die Hefte bleiben zu, die Neugier verstaubt, die Notwendigkeit von Schule wird infrage gestellt. Dein Kind zieht sich zurück, blockt ab, wird zum „Dienst-nach-Vorschrift-Lerner". Der Funke springt nicht, die Energie versiegt.

Manchmal spürst du dieses nagende Gefühl, zu versagen – weil du keine Lösung findest, weil deine eigene Zuversicht schwindet und das Familienklima unter der ständigen Lethargie leidet.

Vielleicht weinst du heimlich, machst dir Vorwürfe, weißt nicht, wie du den Zugang zur Lernfreude deines Kindes wiederfinden kannst.

Vielleicht beobachtest du, wie dein Kind sich minderwertig fühlt, weil die Begeisterung fehlt, weil andere scheinbar mehr schaffen, leichter lernen, besser klarkommen.

Du wünschst dir, einmal wieder dieses Leuchten in den Augen zu sehen, diese Begeisterung, die dein Kind früher hatte, bevor der Schulalltag mit seinen Textwüsten, trockenen Aufgaben und immer gleichem Trott alles überdeckt hat.

c) Was wäre wenn – Die Sehnsucht nach neuem Lernfeuer
Wie wundervoll wäre es, wenn Lernen wieder Abenteuer bedeutete?

Stell dir vor, dein Kind könnte im Unterricht wirklich erleben, wie spannend Wissen sein kann – weil die Inhalte mit echten Bildern, Geschichten und kreativen Methoden lebendig werden. Vielleicht würde das Nachdenken Spaß machen, wenn Farben, Visualisierungen und Fantasie zugelassen würden.

Womöglich gäbe es wieder dieses Staunen und Lachen am Küchentisch, wenn Aufgaben nicht mehr als Pflicht, sondern als kleine Abenteuer und Herausforderungen erlebt werden.

Vielleicht könnte dein Kind neugierig entdecken, ausprobieren, eigene Ideen einbringen – und würde dabei merken, wie viel Freude Wissen und Lernen eigentlich bringen können.

Stell dir vor, wie erleichternd es wäre, wenn die ständigen Kämpfe nachließen, weil Motivation und Begeisterung von selbst kommen – getragen von emotionalen Zugängen, Bildern und kleinen Erfolgserlebnissen.

Wenn Schule, Hausaufgaben und Lernen zu einem Ort würden, an dem dein Kind wachsen, gestalten, mitreden und erleben darf – das wäre Hoffnung pur.

Vielleicht könnten Inspiration, ein neuer Zugang zum Lernen mit Einbeziehung der visuellen Möglichkeiten hier Besserung bringen.

Nur muss dies auch geschehen und umgesetzt werden! Fang an!

2.2.3 Mein Kind hat Caos im Kopf – Wenn Lernen aus den Fugen gerät

a) Ursachen – Warum Ordnung oft nicht einfach ist
Oft beginnt das Durcheinander mit zu viel Text und zu wenig Bild. Die Schule liefert Stoff im Überfluss – lange Listen, dicke Bücher, komplizierte Anweisungen. Alles soll am besten sofort verstanden, wiederholt, behalten werden. Gute Visualisierungen sind Mangelware, Strukturen bleiben vage. Dein Kind bekommt keine klaren Strategien an die Hand, wie Lernstoff gegliedert, geordnet, wiederholt werden kann. Viele Themen bauen aufeinander auf, doch jeder neue Schwung bringt

noch mehr Material – und keine Übersicht. Die Folge: Das Lernen bleibt zufällig und orientierungslos, statt zielgerichtet und überschaubar.

b) Der Schmerz der Eltern – Wenn Lernen nur noch Chaos ist
Vielleicht kommt dir das bekannt vor:
Du sitzt mit deinem Kind am Schreibtisch. Der Tisch ist übersät mit Heften, Notizen, losen Arbeitsblättern, irgendwo dazwischen ein Block mit vergessenen Vokabeln, ein zerknittertes Arbeitsblatt, Post-its aus der letzten Woche. Dein Kind starrt ratlos auf das Sammelsurium – und du spürst schon, wie die Unruhe in euch beiden steigt.

Ihr fangt an zu lernen, doch schon nach kurzer Zeit verliert dein Kind den Faden. „Wo habe ich das Thema nochmal? Welche Seite braucht die Lehrerin? Wie war das noch einmal bei der Geografie-Prüfung?"

Die Fragen werden drängender, das Chaos wächst. Das Kind blättert, sucht, schreibt und radiert – aber es entsteht keine Linie, kein roter Faden. Lernen fühlt sich an wie Schwimmen im Nebel, wie das Jonglieren von zu vielen Bällen, von denen dauernd einer herunterfällt.

Wiederholungen verlaufen planlos. Ihr fangt immer wieder von vorne an. Die Lernzettel sind wild zusammengeschrieben, es fehlt jede Übersicht. Schnell wird aus einem Versuch, den Stoff zu wiederholen, ein endloses, ermüdendes Kreiseln – alles verschwimmt, nichts bleibt hängen.

Die Prüfungen rücken näher, doch statt Sicherheit wächst Verunsicherung. Dein Kind wirkt überfordert, klagt über Kopfschmerzen oder Abneigung, jedes Lernen wird zu einer Qual. Vielleicht spürst du in diesen Momenten die eigene Hilflosigkeit besonders schmerzhaft: „Wie soll ich nur helfen, wenn ich selbst keinen Durchblick mehr habe?"

Oft bist du als Mutter oder Vater dann der Fels, der versucht, das Chaos zu bändigen – Zettel zu sortieren, Ordnung ins Heft zu bringen, To-Do-Listen zu schreiben, Lernpläne zu malen. Aber das kostet Nerven, Zeit, Energie – und nicht selten mündet es trotzdem im Streit.

Was bleibt?
Frust auf beiden Seiten. Dein Kind erlebt, wie das eigene Lernen immer wieder scheitert. Wiederholungen bringen keine Sicherheit, sondern noch mehr Unsicherheit. Die Motivation sinkt, weil Erfolge ausbleiben. Du selbst fühlst dich ausgelaugt, vielleicht auch überfordert und zweifelst, ob du etwas falsch machst.

Der Schulalltag wird zum ständigen Spannungsfeld – statt zu wachsen, verliert dein Kind immer mehr Orientierung und Lust am Lernen. Manchmal hast du das Gefühl, ihr rudert gemeinsam im Boot – aber der Nebel lichtet sich nicht und ihr treibt immer weiter vom Ufer ab.

c) Was bräuchte es zur Linderung, was gäbe Hoffnung?
Vielleicht könnte dein Kind aufatmen, wenn aus Wirrwarr endlich Übersicht würde – durch Lerntechniken, die Struktur geben und das Chaos auflösen. Es würde die Hoffnung wachsen, wenn visuelle Methoden wie Mindmaps, Diagramme oder Übersichtsgrafiken den roten Faden liefern, der endlich Orientierung schafft.

Es gäbe Entlastung und neue Zuversicht, wenn Lernen mit klaren Bildern, Farben und Formen wieder greifbar und erlebbar würde – nicht nur monotones Lesen, sondern „gesehenes" Verstehen.

Vielleicht könnten Prüfungen plötzlich weniger bedrohlich wirken, wenn dein Kind die Zusammenhänge tatsächlich vor Augen hätte. Und vielleicht, nur vielleicht, würde mit jeder neuen Übersicht, mit jedem Aha-Erlebnis, spürbar: Lernen kann leicht und sicher werden – und du könntest dieses Boot mit deinem Kind endlich gelassener steuern.

2.2.4 Mein Kind hat kein Bild, keine Vorstellung – Wenn das Lernen zum Rätsel wird

a) Die Ursachen – Warum bleibt alles so abstrakt?
Oft beginnt es schon früh: Dinge, die in der Schule so leicht erscheinen sollten, werden plötzlich schwer. Mathematik mit ihren Formeln und Regeln, Grammatik mit ihren Ausnahmen, naturwissenschaftliche Zusammenhänge – alles wird mit Begriffen erklärt, die im Kopf keinen Halt finden. Dein Kind hört Wörter wie „Quotient", „Genitiv" oder „Transformationsregel" – doch sie schweben wie Nebel im Raum, ohne Bild, ohne greifbaren Sinn. Die Schule bleibt im Text, Erklärungen fühlen sich trocken an, praktische Beispiele fehlen, das Bild zur Vorstellung bleibt aus. Die Fantasie soll es richten – doch wie, wenn alles nur abstrakte Zeichen auf Papier sind?

b) Der Schmerz der Eltern – Wenn Verständnis auf der Strecke bleibt
Vielleicht erkennst du dich hier wieder:

Du sitzt mit deinem Kind und willst helfen, doch schon nach den ersten Minuten spürst du die Leere im Kinderblick. Das Heft ist nur eine Abfolge von Zahlen, Fremdwörtern und scheinbar sinnlosen Aufgaben. Du erklärst, zeichnest, redest auf dein Kind ein. Doch bei jedem neuen Versuch kommt die Frage: „Wofür brauch ich das?" oder „Ich versteh das einfach nicht!" Es ist, als würde man gegen eine unsichtbare Wand sprechen.

Hausaufgaben werden zur Zerreißprobe. Du siehst, wie dein Kind abdriftet, abschaltet, nervös wird – innerlich längst ausgestiegen ist. Jedes Thema wird zur Hürde, weil der Zugang fehlt. Kein Bild, keine Vorstellung, kein „Ah, so funktioniert das!" bleibt nach. Statt Freude am Entdecken macht sich Unsicherheit breit.

Vielleicht spürst du die Wut auf das Schulsystem, das so wenig schafft, Begriffe anschaulich zu machen. Vielleicht merkst du, wie deine eigenen Erklärungsversuche scheitern, wie der Abend in Frust, Vorwürfen, Tränen endet. Es bleibt das Gefühl: „Ich erreiche mein Kind nicht mehr. Wir drehen uns im Kreis."

Die größte Not aber: Dein Kind verliert Stück für Stück an Selbstvertrauen. Jedes „Ich kann das nicht" bohrt sich tiefer ins Herz. Die Hausaufgaben werden zum Eiertanz, das Klassenzimmer zum Ort der Scham, die Frage der Lehrkraft zur Katastrophe.

Du möchtest helfen, du willst den Funken überspringen lassen. Doch manchmal hast du keine Sprache mehr, weil selbst die eigene Vorstellung fehlt. Der Schmerz wächst mit jedem Abend, an dem der Lernstoff abgelehnt, nicht verstanden, nicht behalten wird. Es bleibt das leise Gefühl, dass hier eine Welt verschlossen bleibt – und niemand den Schlüssel hat.

Es ist diese Mischung aus Ohnmacht, Ratlosigkeit, Enttäuschung und Sorge, die Eltern oft nachts wachliegen lässt: Wieso sieht mein Kind keinen Sinn? Wie kann aus Rätsel endlich Verstehen werden?

c) Was bräuchte es zur Linderung?
Vielleicht könnte der Knoten platzen, würden abstrakte Begriffe plötzlich Bilder bekommen – ein Rechenweg als bunte Skizze, eine Grammatik-Regel als lebendige Geschichte, eine naturwissenschaftliche Formel als Bilderserie. Eltern könnten Hoffnung spüren, wenn Lernen greifbar, anschaulich, erlebbar wäre. Womöglich erwüchse neue Zuversicht, wenn das „Ah, jetzt hab ich's!"-Gefühl wieder einzieht – verständlich, klar, befreiend.

Vielleicht gäbe es Inspiration, wenn Schule und Zuhause Räume für Vorstellungskraft öffneten und gemeinsam das Abstrakte in echte Erlebnisse, lebendige Beispiele, Zeichnungen oder sogar kleine Experimente verwandelten. Vielleicht würde der Schmerz weichen, wenn im Kopf ein Bild entsteht – und im Herzen das Gefühl: „Jetzt macht das endlich Sinn."

2.2.5 Mein Kind ist völlig unselbstständig – Wenn mein Kind nicht alleine lernen kann

a) Ursachen – Warum Selbstständigkeit fehlt
Oft wurzelt die mangelnde Selbstständigkeit unserer Kinder im System. Von Anfang an wird viel „vorgekaut", aufgeschrieben, manchmal sogar schon fertig gedacht. Eines der größten Hindernisse in unserem Schulsystem ist und bleibt der altbekannte Frontalunterricht – dieser „Einheitsbrei", der für alle passen soll, am Ende aber niemandem richtig gerecht wird. Für die einen rast der Lernstoff im Eiltempo vorbei, während andere innerlich längst aussteigen, weil sie den Anschluss verloren haben. Der Lehrer steht vor der Klasse und muss eine Art „Durchschnittsschüler" im Kopf erschaffen – eine Figur, die es in Wirklichkeit gar nicht gibt. So werden echte Begabungen wie auch individuelle Schwierigkeiten unsichtbar, und zurück bleibt eine Schar von Kindern, die entweder überfordert werden oder sich schrecklich langweilen – alles im Namen einer Norm, die im eigenen Klassenzimmer häufig niemand wirklich erfüllt.

Die Schule verspricht, Kinder zu mündigen Lernenden zu machen – doch häufig landen die Verantwortung und Initiative wieder bei uns Eltern. Lernmethoden wie eigenständiges Erarbeiten oder sichtbares Ausprobieren werden viel zu selten vermittelt. Noch dazu ist der Schulalltag oft stark getaktet; da bleibt wenig Zeit, wirklich zu üben, wie man an eine neue Aufgabe herangeht oder sich Wissen selbst erschließt. Zu viel Theorie, zu wenig „Lernen lernen". Zuhause – und das kennen wir alle – werden Eltern zu ständigen Nachhilfelehrern, Motivatoren, Erinnerungsmaschinen und Notfall-Helfern.

b) Der Schmerz der Eltern – Wenn du ständig am Drücker bist
Vielleicht kennst du das. Kaum sitzt dein Kind am Schreibtisch, wirst du schon gerufen:

„Mama, kann ich das so machen?"

„Papa, ich versteh das nicht!"

Egal, ob Mathematik, Deutsch oder Sachkunde – du bist gefragt, verlässlich, immer erreichbar. Immer und immer wieder.

Das wirkt sich aus. Der Nachmittag, gerade noch als Familienzeit geplant, wird zum ständigen Kontroll- und Nachhilfe-Marathon. An eigenen Freiraum ist nicht mehr zu denken. Du hetzt zwischen Küche und Schreibtisch, willst helfen, willst unterstützen, aber fühlst dich irgendwann ausgenutzt – als würdest du die eigentliche Arbeit machen.

Manchmal fragst du dich, wann dein Kind es von allein versucht. Es herrscht Unsicherheit: Verlängerst du vielleicht durch dein Helfen das Problem? Tust du zu wenig? Zu viel?

Oft merkst du deinen Ärger: „Warum kann mein Kind das nicht mal alleine?" Es ist schwer, die passende Grenze zu finden. Die Verantwortung lastet. Die Energie schwindet. Über allem liegt ein Schleier aus schlechtem Gewissen, weil du weißt: Selbstständigkeit ist für später so wichtig – aber im Alltag bleibt dafür kaum Raum.

Mit jedem neuen Tag wächst das Gefühl, als würde sich nichts ändern: „Ohne mich läuft hier gar nichts." Das Familienleben leidet. Streit gibt es meist, wenn du sagst: „Jetzt probier es doch erst alleine!" oder „Das musst du jetzt mal ohne meine Hilfe schaffen!"

Doch der entspannte Rückzug wird zum Kraftakt – zu oft endet der Versuch in Tränen, Geschrei oder trotzigem Rückzug. Und in dir bleibt dieser tiefe, dumpfe Schmerz: Dein Kind kann es nicht, will es nicht oder darf es nicht? Du fühlst dich ausgelaugt, fremdbestimmt, manchmal sogar übergangen oder benutzt.

Am schlimmsten ist die Angst: „Was macht mein Kind später, wenn ich nicht mehr immer da bin?" Und ganz ehrlich – manchmal bist du auch einfach nur erschöpft und willst raus aus dieser Endlosschleife.

c) Was bräuchte es zur Linderung, was gäbe Hoffnung?
Vielleicht könnte genau hier das Bildlernen der Schlüssel sein, der all das verändert. Würden Bilder, Skizzen oder Mindmaps Einzug in den Lernalltag halten, könnte das eigenständige Verstehen plötzlich viel leichter werden. Eine Mindmap ist eine bunte Zeichnung, die Gedanken und Ideen wie Äste eines Baumes rund um ein Hauptthema anordnet, um Verbindungen leichter zu verstehen und sich Informationen besser zu merken.

Dein Kind könnte Zusammenhänge erkennen, weil sie sichtbar werden – und nicht nur irgendwo zwischen den Zeilen versteckt sind. Es wäre denkbar, dass Bilder deinem Kind wie Wegweiser dienen, es Schritt für Schritt anleiten, sodass es Aufgaben eigenständig angeht, Lösungen mutig selbst sucht und weniger nach Hilfe ruft.

Vielleicht brächte Bildlernen die Inspiration, wirklich eigenständig zu denken, sich etwas vorzustellen, Perspektiven zu wechseln. Die Motivation, aus dem eigenen Kopf heraus Bilder zu schaffen, könnte den Spaß am Selbermachen wecken – und mit jedem kleinen Erfolg nähme auch das Selbstvertrauen deines Kindes Fahrt auf. Stell dir vor, du siehst deinem Kind dabei zu, wie es mit Bildern arbeitet, wie es versteht, wie es wächst – und du darfst endlich loslassen und stolz sein.

Mit Bildlernen würde nicht nur Wissen greifbar, sondern Selbstständigkeit fühlbar.

2.2.6 Hausaufgaben – Wenn Zuhause zum Kriegsschauplatz wird

a) Die Ursachen – Warum Druck entsteht
Hausaufgaben –in der Zeit der großen Klassen als hilfreiche Brücke zwischen Schule und Zuhause gedacht – sind für viele Familien längst zur Stolperfalle geworden. Der Schulalltag kennt kaum Pausen, am Nachmittag folgt dann der nächste Kraftakt: Aufgaben, die scheinbar endlos sind, die Kinder überfordern, die wenig Sinn machen oder total langweilig erscheinen. Oft fehlt der rote Faden, das Ziel oder eine verständliche, ansprechende Form. Eltern sehen sich gezwungen, stundenlang dabei zu sein, zu erklären, zu unterstützen – und verlieren dabei häufig selbst die Nerven. Lernmethoden und Motivation bleiben oft aus, stattdessen wird Druck aufgebaut.

b) Der Schmerz der Eltern – ein endloser Kreislauf aus Streit, Tränen und Erschöpfung
Wie sehr wünschst du dir, dass die Zeit nach der Schule friedlich, ja fast entspannt ist? Doch was passiert im Alltag? Kaum ist das Kind zu Hause, drehen sich die Gespräche und die Stimmung um diesen einen Punkt: Hausaufgaben.

Du erlebst, wie dein Kind den Schulranzen in die Ecke wirft, stöhnt, sich weigert oder verzweifelt die Augen verdreht. Manchmal geben schon die ersten Minuten zu erkennen: Heute wird ein Kraftakt. Und dann bist du an seiner Seite, aus Liebe, aus Verantwortungsgefühl – und schnell aus Pflicht.

Stunden vergehen am Esstisch oder Schreibtisch. Du hilfst, du motivierst, du redest ihm gut zu. Dann wieder meckerst du, du wirst lauter, du reißt irgendwann die Geduld. Der Ton wird schärfer, die Stimmung kippt.

Mit jeder Aufgabe, die zu schwer scheint oder kein Ende nimmt, steigt die Anspannung. Eine falsche Antwort – Frustration. Ein schwieriger Text – Tränen.

Du siehst, wie dein Kind von Überforderung fast erdrückt wird, den Kopf auf die Hände gestützt, manchmal den Tränen nahe. Noch schlimmer fühlt es sich an, wenn du merkst: Dein Kind leidet, fühlt sich dumm, und du kannst es nicht retten.

Der Nachmittag verwandelt sich in einen Nervenkrieg. Im ganzen Haus hallen Stimmen, Türen knallen, Geschirr klappert gereizt. Die Uhr tickt, die Zeit für ein bisschen Zweisamkeit oder echtes Familienleben fällt hinten runter.

Vielleicht schüttelst du am Ende bloß noch erschöpft den Kopf, fragst dich, ob es in anderen Familien besser läuft, warum du es einfach nicht schaffst, die Lage zu entspannen.

In all diesem Drama bleibt das eigentliche Ziel – Lernen, Begreifen, Wachsen – auf der Strecke. Es bleibt das Gefühl, ununterbrochen am Rande eines Streits zu stehen. Die Verbindung zum eigenen Kind leidet.

Und manchmal, nach so einem Tag, liegst du nachts wach und die Sorgen drehen sich im Kopf: „Was, wenn dadurch etwas kaputt geht? Was, wenn wir unser familiäres Glück verlieren – nur wegen dieser ewigen Hausaufgaben?"

c) Was könnte Linderung bringen, was gäbe Hoffnung?
Vielleicht würde vieles leichter, bekäme das Lernen ein neues Gesicht. Wären Hausaufgaben anschaulicher, liebevoller, bildhafter – vielleicht könnten sie zu etwas werden, das Kinder nicht schreckt und Eltern nicht unter Druck setzt. Es könnte Hoffnung geben, wenn Aufgaben verständlich aufbereitet, visuell erklärt und mit einer Prise Freude oder Kreativität gewürzt würden.

Vielleicht bekäme das Familienleben frischen Wind, wenn Lernen als gemeinsames, lebendiges Tun erlebt würde – und nicht als täglicher Kampf.

Stell dir vor, du könntest dein Kind mit einem Lächeln am Esstisch sehen, Aufgaben werden klar, wirken schaffbar und mit ein, zwei kleinen visuellen Hilfen sogar spannend.

Womöglich könnte die Familie wieder Zeit und Leichtigkeit zurückgewinnen, wenn Streit durch Einsicht und Spaß ersetzt wird. Es ist die Hoffnung, dass aus dem täglichen Mühsal ein Gefühl wächst: „Wir schaffen das gemeinsam – ohne Tränen, ohne Nervenkrieg."

2.2.7 Mein Kind hat Prüfungsangst – Eltern im Prüfungsstress ihrer Kinder

a) Die Ursachen – Wie Prüfungsangst entsteht
Alles beginnt oft schleichend, manchmal kaum bemerkbar: Ein Kind arbeitet immer angespannter auf Schularbeiten oder Präsentationen hin. Die Unsicherheit nimmt zu, je näher der Termin rückt. Warum? Prüfungen bedeuten den Endgegner – das große Selbstzweifel-Monster. Oft fehlt die richtige Struktur zur Vorbereitung, zu viele Fakten, zu wenige Bilder, zu viel Druck und zu wenig Gefühl für echte Erfolgserlebnisse. In der Schule geht es meist um Leistung, um „richtig oder falsch" – nie um den Weg, selten um Verständnis und Sicherheit.

Prüfungsangst wächst, wenn Kinder nie erlebt haben, wie sie Prüfungsstoff anschaulich, nachvollziehbar und selbstbewusst durchdringen und präsentieren können. Eltern spüren die Überforderung – doch wie begleiten, wie beruhigen, wenn man selbst ratlos ist?

b) Der Schmerz der Eltern – Wenn Angst das Familienleben dominiert
Eltern kennen diesen besonderen Schmerz vielleicht nur zu gut:
Da sitzt dein Kind, eigentlich klug, oft sogar fleißig – und trotzdem drückt die Angst wie ein dunkler Schatten auf jeden Test, jede Präsentation. Spätestens zwei Tage vorher

wird es stiller im Haus. Unruhe manifestiert sich: Schlafstörungen, Bauchweh, Appetitlosigkeit, gereizte Antworten, Rückzug. Familie atmet Anspannung.

Und du? Du willst Halt geben, Mut machen, Verständnis zeigen. Doch du spürst selbst das Beklemmende im Magen. Du fragst: „Hast du alles verstanden?" und bekommst als Antwort nur ein Achselzucken, ein leises „Ich glaube... nicht."

Mit jeder Stunde, die vergeht, wächst die Unruhe. Dein Kind lernt, aber vergisst alles im entscheidenden Moment. Du siehst zitternde Hände, hörst die Stimme vor der Präsentation brechen. Und du fühlst viel zu oft, wie Tränen heimlich ins Kissen fließen, Nächte durchwacht werden und das Selbstvertrauen langsam Risse bekommt.

Die Angst hat viele Gesichter:

- Angst zu versagen, Fehler zu machen, ausgelacht zu werden
- Angst, den Erwartungen nicht zu genügen
- Angst, den nächsten Fehler nicht mehr auszubügeln
- Angst vor der Leere im Kopf

Für viele Eltern ist das Fast-nichts-mehr-Tun-Können das quälendste Gefühl.

Du möchtest helfen, trösten, Tipps geben – doch alles scheint zu zerbröseln unter der Unruhe. Du bist Wissenshelfer, Seelsorger, Sorgenmüller. Zwischen Hoffen und Bangen taumelst du wie auf dem Hochseil.

Manche Eltern beschreiben es wie einen Sog: Die Angst des Kindes saugt die Familie ein – die Laune kippt, die Stimmung flackert. Man schläft schlechter, man diskutiert mehr, es gibt mehr Streit und weniger Lachen.

Am Tag der Prüfung: Du schickst dein Kind mit pochendem Herzen los. Du hoffst, betest, bangst. Zündest vielleicht sogar eine Kerze an. Nachher zerreißen dich die Gefühle: Freude über kleine Erfolge, aber viel häufiger das Mitleiden von Enttäuschung, Verzweiflung, Ohnmacht, Tränen.

Und immer wieder das gleiche bittere Gefühl: „Wie kann ich mein Kind nur befreien aus diesem Kreislauf?"

c) Was bräuchte es zur Linderung, was gäbe Hoffnung, gäbe es Inspirationen?

Vielleicht gäbe es Hoffnung, wenn Prüfungen zum mutigen Meistern statt zur Zerreißprobe würden – wenn Kinder erleben dürften, wie Lernen anschaulich, mit Bildern und Geschichten, Sicherheit geben kann.

Man könnte sich vorstellen, dass angstfreie Prüfungsvorbereitung möglich wäre, wenn Lernen begreifbar, kreativ, mit mehr Gefühl und Visualisierungen untermalt würde.

Womöglich würde die Angst Schritt für Schritt weichen und einem Selbstbewusstsein Platz machen, das getragen ist von Klarheit – dem Gefühl, mit Bildern im Kopf und Struktur im Herzen zu sprechen und sich zu zeigen.

Vielleicht würde ein Funke Zuversicht aufblitzen, wenn der Druck von richtig und falsch weniger wöge, weil jeder lernt, Prüfungen als Weg zur Demonstration von Können zu erleben – und nicht als drohende Falle. Inspiration könnte wachsen, wenn Mut und Zuversicht durch Lernen mit Bildern – Comics, Skizzen, Visual Storytelling – in den Kindern Wurzeln schlägt und sie spüren: „Ich kann das, ich habe etwas im Kopf, das mir hilft."

Und vielleicht könnten Eltern die Prüfungszeiten wieder ruhiger atmen – in der Hoffnung, dass Angst nicht länger das starke Gefühl ist, das bleibt.

2.2.8 Mein Kind hat Konzentrationsschwierigkeiten – Aufmerksamkeit im Keller

a) Die Ursachen – Warum die Kraft schon nach kurzer Zeit versiegt
Ein langer Schultag, Lärm, ständig wechselnde Eindrücke: Schon im Klassenzimmer wird Konzentration zur seltenen Währung. Dann geht es nach Hause – und ausgerechnet dort wartet der nächste Berg: Hausaufgaben, Lernen, neue Begriffe, neue Seiten. Die Materialien sind oft eintönig, die Texte endlos, Illustration selten. Alles verlangt Gleichmaß: sitzen, zuhören, stillarbeiten, durchhalten. Doch die Aufmerksamkeitsspanne vieler Kinder ist kurz, die Seele will buntes Leben, nicht schwarzweiße Textwüsten. Kein Wunder, dass das Gehirn schon nach wenigen Minuten abschaltet, der Körper gähnt, Geist und Herz aussteigen. Der Kreislauf startet: Kaum begonnen – schon ausgelaugt.

b) Der Schmerz der Eltern – Wenn Energie und Fokus verpuffen
Vielleicht kennst du das nur zu gut:

Du setzt dich mit deinem Kind zum Lernen, voller guter Vorsätze. Ein Block, ein Heft, vielleicht sogar ein kleiner Snack. Die erste Viertelstunde läuft, aber schon nach wenigen Minuten wandern die Augen deines Kindes zum Fenster – oder zum Handy. Ein leises Seufzen, ein Gähnen, dann das Herumrutschen auf dem Stuhl. Die Matheaufgaben verschwimmen, die Buchstaben werden zu Ameisen, die Gedanken schweifen ab.

Jede Erinnerung, sich „zu konzentrieren", prallt an dieser bleiernen Müdigkeit ab: „Mir ist langweilig. Ich kann nicht mehr. Wann sind wir endlich fertig?"

Als Eltern sitzt du daneben, wirst innerlich immer unruhiger. Du willst helfen, willst Geduld zeigen, aber mit jedem Blick auf die Uhr wächst dein eigener Stress.

Du siehst, wie dein Kind kämpft, abdriftet, den Faden verliert. Du motivierst, du mahnst, du setzt neue Ziele – aber nichts bleibt hängen. In dir mischen sich Sorge und Frustration:

- Bin ich zu streng, zu lasch, zu wenig überzeugend?
- Was fehlt nur, damit mein Kind länger bei der Sache bleibt?

Die Sätze häufen sich: „Du musst dich halt besser konzentrieren!" „Leg doch mal das Handy weg!" „Reiß dich zusammen!"

Aber du spürst, dass es nicht an Faulheit liegt – die Energie ist einfach weg. Du wünschst dir einfach, dein Kind würde durchhalten, nicht nach fünf Minuten müde abdrehen, einmal eine Aufgabe komplett ohne Drama zu Ende bringen.

Manche Eltern beschreiben das als Erschöpfung, die sich aufs ganze Haus legt. Jeder macht sich Vorwürfe: Du, weil du zu wenig Geduld oder die falschen Methoden hast; dein Kind, weil es sich unfähig fühlt; am Ende bleibt die Erkenntnis, dass Lernen genauso anstrengend wie erfolglos ist.

Der Tag endet oft in schlechter Stimmung, mit einem Gefühl von Überforderung, Ausweglosigkeit und stillem Groll. Vielleicht hörst du dich sagen: „So geht das nicht weiter", ohne eine Idee zu haben, wie es anders werden könnte.

Zwischen müder Mathe und sattem Stress verlaufen zu viele Nachmittage im Frust, Kinder ziehen sich zurück, Eltern verlieren langsam den Glauben an sich und an den Sinn dieses Lernmarathons.

c) Was bräuchte es zur Linderung, was gäbe Hoffnung, gäbe es Inspirationen?
Vielleicht ließe sich die Müdigkeit vertreiben, würden Farben, Bilder und kreative Elemente lernen lebendig machen. Es gäbe Hoffnung, wenn Illustrationen und Visualisierungen den Stoff zum Abenteuer und nicht zur Qual machen würden.

Wäre Lernen ein Erlebnis voller Bilder, Geschichten, Überraschungen – vielleicht bliebe die Aufmerksamkeit länger, die Energie wüchse und die Freude kehrte zurück.

Es könnte eine Inspiration sein, sich vorzustellen, dass ein Lernnachmittag nicht im Dauergähnen endet, sondern mit einem stolzen Lächeln – weil der Inhalt voller Leben ist und zum Mitdenken reizt. Vielleicht würde sich Konzentration entfalten wie eine Blume nach dem Regen, wenn Lernen endlich fesselt und alle Sinne anspricht.

Und dann? Vielleicht könntest du dich als Elternteil wieder zurücklehnen, erleichtert aufatmen, und zusehen, wie dein Kind mit neuer Kraft, Spannung und Lust am Knobeln, Entdecken und Durchhalten wächst.

2.2.9 Mein Kind hat keine Erfolgserlebnisse – Wenn Lernen nur noch weh tut

a) Die Ursachen – Warum der Erfolg ausbleibt
Das größte Hindernis für Erfolgserlebnisse liegt oft im Verborgenen: Lernwege, die nicht zum Kind passen, rein textlastige Aufgaben, unverständliche Themen. Alles fühlt sich schwer und abstrakt an. Kaum werden Fortschritte beobachtet, werden sie schon vom nächsten Misserfolg überdeckt. Die Schule ist oft so eingerichtet, dass nur der perfekte Weg zur „richtigen" Lösung zählt – nicht der kleine Schritt nach vorn, sondern oft nur der große Sprung, den viele Kinder (noch) nicht schaffen. Oft fehlt das Feedback, das Lob, das Aufzeigen der kleinen Fortschritte. Dazu kommt, dass bildhafte, kreative Methoden – mit denen viele Kinder sichtbar begreifen und wachsen könnten – wenig Platz finden.

b) Der Schmerz der Eltern – Wenn Erfolg unerreichbar scheint
Vielleicht kennst du dieses Gefühl:

Jeder Tag startet mit Hoffnung. Heute wird es klappen. Heute soll dein Kind aufatmen, endlich spüren, dass sich das Üben lohnt. Du sitzt nachmittags zusammen, machst Aufgaben, gehst Lernstoff durch, erklärst, zeigst, motivierst. Du wiederholst – immer in der Hoffnung, dass sich im Gesicht deines Kindes endlich das weite, stolze Lächeln nach einer gelungenen Aufgabe ausbreitet.

Doch was passiert?

Immer wieder fällt dein Kind über dieselben Steine. Die Fehler wiederholen sich, die Aufgaben bleiben zu schwer. Dein Kind sieht, wie andere mühelos vorangehen, während es selbst am selben Problem festhängt. Noten bleiben schlecht, und selbst nach stundenlangem Üben bleibt das Gefühl: „Ich kann es einfach nicht". Mit jedem Tag werden die Selbstzweifel größer, das Vertrauen in die eigenen Fähigkeiten kleiner. Dein Kind zieht sich zurück, will nicht mehr üben, beginnt, sich selbst abzuwerten: „Ich bin dumm. Es bringt ja sowieso nichts."

Und du, als Mutter oder Vater, leidest mit.

Du spürst den Schmerz, wenn dein Sohn, deine Tochter mit gesenktem Kopf aus der Schule kommt. Du siehst die Tränen, wenn wieder etwas nicht geklappt hat, spürst die Verunsicherung, wenn Hausaufgaben zur Mutprobe werden.

Du erlebst, wie Lebensmut, Begeisterung und kindlicher Optimismus schleichend schwinden. Du versuchst alles: Erklären, Ermuntern, Zuhören, Trösten, neue Methoden ausprobieren. Aber tief in dir wächst Ohnmacht. Du fragst dich: „Habe ich etwas falsch gemacht? Gibt es überhaupt noch Hoffnung auf Erfolg?"

Du wirst immer wieder zum Seelentröster, Krisenmanager, Aufmunterer. Doch manchmal fühlt es sich an, als würde dir der Boden unter den Füßen weggezogen. Die Angst wächst, dass dein Kind resigniert, sich aufgibt, auf Dauer den Glauben an sich verliert. Du willst das Beste, du willst Strahlen sehen, ein Stück Stolz, ein Gefühl, dass Arbeit sich lohnt. Aber wenn dieser Moment immer wieder ausbleibt, bleibt der Schmerz – wie ein Schatten, der sich über deine Familie legt.

c) Was bräuchte es zur Linderung, was gäbe Hoffnung, gäbe es Inspirationen?

Vielleicht würde Zuversicht wachsen, könnten Erfolgserlebnisse greifbar sichtbar gemacht werden – etwa durch Methoden, die kleine Fortschritte sichtbar machen, durch Bilder oder Grafiken, die Wachstum dokumentieren.

Es könnte Hoffnung geben, wenn dein Kind erleben dürfte, dass Lernen auch Freude bedeutet, weil es endlich spürt: „Ich komme voran, ich habe etwas geschafft."

Vielleicht wäre es ein Lichtblick, mehr zu sehen als den roten Stift oder die schlechte Note – wenn kleine Entwicklungen gefeiert würden und Bildlernen deinem Kind zeigt: „Du kannst! Schau, wie weit du gekommen bist."

Womöglich würde die Begeisterung wachsen, wenn Zukunft wieder bunt erscheint, wenn Ideen aufkommen, Träume wieder erlaubt sind, weil sichtbar ist: „Ich wachse, ich lerne, ich kann Erfolg."

Vielleicht würdest du als Vater oder Mutter aufatmen, wenn du wahrnimmst, wie dein Kind an Eigenstärke zurückgewinnt – getragen von der Hoffnung, dass aus kleinen Schritten irgendwann echte Sprünge werden. Und dass das Lernen nicht zur Qual bleiben muss, sondern ein Abenteuer werden darf, auf das sich dein Kind wieder mit Kopf, Herz und Freude einlässt.

2.2.10 Frust und Dauerstress – Lernalltag am Limit

a) Die Ursachen – Woher kommt all der Frust?
Die Schule verlangt immer mehr: Stoffberge, Hausaufgaben, Tests, Projekte – und alles muss möglichst schnell, möglichst fehlerfrei funktionieren. Kinder werden oft mit Fakten, Listen und Textwüsten überrollt. Zu selten begegnet ihnen im Lernalltag echte Freude, Sinn, das Gefühl von „Das schaffe ich!". Stattdessen herrscht das Prinzip „Leistung um jeden Preis". Fehler werden rot markiert, Rückschläge kaum aufgefangen. Für viele Kinder fühlt sich Lernen an wie ein nie endender Sprint, ohne Pausen und ohne Ziel. Immer mehr kehrt sich die Lust am Entdecken um in Angst, Erschöpfung und inneren Rückzug.

b) Der Schmerz der Eltern – Wenn aus Lernen ein leidvoller Kraftakt wird
Vielleicht spürst du es täglich: Du kommst von der Arbeit nach Hause und hoffst auf einen Moment Familienruhe. Doch kaum öffnest du die Haustür, weht dir die angespannte Stimmung entgegen. Im Kinderzimmer sind die Hefte aufgeschlagen, die Stirn deines Kindes liegt in Falten.

Das erste Gespräch nach der Schule dreht sich wieder um Noten, um vergessene Hausaufgaben, um Versäumnisse. Die Laune kippt.

Dein Kind hat vielleicht bereits Tränen in den Augen, bevor das Lernen überhaupt richtig beginnt. Es wird trotzig, patzig, zieht sich zurück, oder schiebt die Aufgaben wie tonnenschwere Steine vor sich her.

Du weißt genau, wie viel Mühe, Zeit und liebevolle Energie in den letzten Tagen schon ins Lernen geflossen ist – und trotzdem scheint jeder neue Tag wieder alles zu löschen.

Es ist ein endloses Drehen im Kreis: Druck aufbauen, motivieren, kontrollieren, Streit, Versöhnung, neuer Anlauf.

Die Atmosphäre zuhause? Ein Minenfeld. Ein falsches Wort, ein einziger Blick oder ein misstrauischer Ton genügen, um einen nächsten Streit vom Zaun zu brechen.

Oft bleibt kaum mehr Zeit für ein Lächeln, für echte Nähe, für ein bisschen Unbekümmertheit, wie sie Kinder und Eltern so dringend bräuchten. Wenn du ehrlich bist: Wie viele Abende endeten zuletzt mit hochrotem Kopf, Tränen, müden Entschuldigungen und dem Gefühl, versagt zu haben?

Und manchmal, wenn alle Lichter gelöscht sind, wälzt du dich im Bett. Du fragst dich, ob der ständige Stress deinem Kind schadet, ob es das eigene Selbstwertgefühl ruiniert, ob du als Mutter oder Vater irgendwann selbst am Ende bist. Du wünschst dir, aufzuwachen und endlich wieder die Kraft zu haben, ohne Vorwürfe, ohne neue Angst, ohne all den latenten Streit.

Der schlimmste Schmerz: Euer Familienglück leidet. Lernen, eigentlich eine Reise, ein Abenteuer, ist für dich und dein Kind zur täglichen Belastungsprobe geworden – mit Frust, Anspannung und Streit als ständigen Begleitern. Das Gefühl, aus Liebe nur noch Druck auszuüben, zermürbt dich. Zwischen der Sorge um das Kind und dem Wunsch nach Frieden bleibt manchmal nur die blanke Überforderung.

c) Was bräuchte es zur Linderung, was gäbe Hoffnung, gäbe es Inspirationen?
Vielleicht ließe sich mit einem neuen Zugang der Stress auf ein erträgliches Maß zurückfahren. Es gäbe Hoffnung, wenn Lernen wieder mit Wärme, Freude und Leichtigkeit verbunden wäre – wenn Bilder und Visualisierungen den Zauber zurückbrächten, Stoff begreifbar und weniger bedrohlich machen würden.

Womöglich könnte die Familie wieder aufatmen, wenn kleine Erfolgserlebnisse, sichtbare Fortschritte Mut machen würden und positive Emotionen das Lernen tragen. Und vielleicht würde – getragen von Inspiration und gegenseitigem Verstehen – das Lernen von einer Belastung zum gemeinsamen Projekt, das zwar herausfordert, aber nicht mehr am Familienglück knabbert.

Man könnte sich vorstellen, dass neue Wege entstehen, bei denen niemand mehr im Frust feststeckt, sondern alle wissen: Es darf leicht sein. Ein Funken Hoffnung, dass die schönen Seiten am Miteinander lernen wieder sichtbar werden, wäre vielleicht schon der Beginn, den Alltag neu und freundlicher zu erleben.

2.3 Fazit: Ratlosigkeit bei Mama und Papa machen sich breit

> **Übersicht**
>
> Diese Herausforderungen machen Tag für Tag spürbar, wie groß die Unsicherheit, der Frust und die Hilflosigkeit sind, mit denen Eltern beim schulischen Lernen kämpfen. Sie erleben, wie sie ständig zum „Erklärbär" werden müssen, Hausaufgaben zu täglichen Zankäpfeln werden und sie trotz all ihrer Mühe oft nur noch ratlos zusehen, wenn das eigene Kind an Lernstoff verzweifelt oder das Familienklima durch Dauerstress und Streit leidet.
>
> Unsere Knackpunkte zeigen, wie sehr Eltern unter dem täglichen Druck beim schulischen Lernen ihrer Kinder stehen und wie große Nöte, Konflikte und Unsicherheiten dabei häufig entstehen. Visuelle und bildhafte Lernmethoden können genau an diesen Punkten praktische Entlastung und mehr Freude im Familienalltag stiften.
>
> Hier bietet Bildlernen endlich spürbare Entlastung und Hoffnung: Wenn kreative, visuelle Methoden im Unterricht und auch zu Hause eingesetzt werden, lösen sich viele Blockaden und Missverständnisse auf. Mathe wird verständlich, Vokabeln bleiben im Kopf, das „Warum" eines Themas wird plötzlich sichtbar und begreifbar. Kinder beginnen, von selbst nachzufragen, und entwickeln mehr Selbstvertrauen, weil sie merken: „Ich kann das!" Die Atmosphäre zu Hause entspannt sich, es gibt wieder mehr unbeschwerte Momente, mehr Lachen und echte Freude am gemeinsamen Entdecken und Lernen.
>
> Und jeder spürt: Lernen darf gelingen, Freude machen und zusammenschweißen.

2.3 Fazit: Ratlosigkeit bei Mama und Papa machen sich breit

Wie soll dies gelingen? Du darfst gespannt sein: In den folgenden Kapiteln – und ganz besonders in Kap. 7 – findest du zahlreiche konkrete Vorschläge, wie du die oben angeführten Herausforderungen im Schulalltag angehen kannst. Schritt für Schritt warten alltagstaugliche Tipps, visuelle Strategien und inspirierende Lösungen, die dich direkt unterstützen und spürbar entlasten. Bleib dran – es wird praktisch, greifbar und hoffnungsvoll!

Augen auf! Der laute Ruf nach echter Veränderung

3.1 Bildung am Kipppunkt – Sehen oder blind bleiben?

3.1.1 Verpasste Chance – Ein Moment, der alles hätte ändern können

Es war einer dieser Abende, an denen zwischen Kronleuchtern und Flügeltüren scheinbar die halbe Republik in Feierlaune war. Glänzende Schuhe, säuselnde Unterhaltungen, Schulterklopfen, als ginge es um das ganz große Morgen. Doch für mich, da steckte noch viel mehr dahinter: Ich stand dort nicht nur als Bürgermeister, sondern als Vater, Visionär und Kämpfer für Veränderung. Ich war nicht auf Smalltalk aus, sondern auf den ganz großen Hebel – ich wollte die Schulen verändern, das Bildlernen endlich ins Bewusstsein der Mächtigen bringen.

Seit Jahren hatte ich gesehen, wie Kinder und Eltern gleichermaßen litten. Die tägliche Ratlosigkeit am Esstisch, das quälende Unverständnis, warum jahrzehntelang die gleichen Fehler gemacht werden, während die Welt draußen längst im Visuellen pulsiert. All das trug ich in meinem Herzen – und jetzt sollte endlich jemand zuhören, der wirklich etwas ändern kann.

An diesem Abend war der Minister für Bildung höchstpersönlich unter den Ehrengästen. Mein befreundeter Abgeordneter hatte mir das Treffen eingefädelt – ein kurzer Draht, ein vereinbartes Zeichen. Ich zählte die Minuten. Zehn, fünfzehn, zwanzig – ich wollte unter keinen Umständen zu spät sein. Immer wieder schweifte mein Blick durchs edle Entree, nervöse Unruhe machte sich breit, während die Anzugträger und Ministerialen mit routinierter Distanz ihre Bahnen zogen.

Die Minuten zogen sich, der Saal schien zu schrumpfen. Ich sah den Bundeskanzler vorbeigehen, die Landesrätin für Familie – bekannt, freundlich, aber heute nicht mein Ziel. „Wo ist der Minister?", fragte ich, und tatsächlich, ein leises Deuten, „dort hinten".

Und dann kam er. Nicht gemessen und offen, sondern mit raumgreifenden Schritten, schon halb auf dem Sprung zum nächsten Termin. Ich wusste: Das ist meine einzige Chance. Ich trat entschlossen vor, stellte mich ihm in den Weg, erklärte in wenigen, klaren Sätzen, worum es geht: Um eine epochale Chance für hunderttausende Kinder, um ein Lernen, das wirklich im Leben ankommt, das Familien entlastet und Talente weckt.

Ob er mich verstand? Schwer zu sagen. Der Blick wich aus, das Gesicht verschloss sich. Kurz nickte er, rief nach seinem Adlatus, gab meine Visitenkarte weiter. „Sehr interessant. Geben Sie uns Ihre Kontaktdaten. Wir melden uns." Der Satz klang wie auswendig gelernt, eine höfliche Schranke.

Ich ging nach Hause mit dem Rest Funken Hoffnung, doch aus dem angekündigten Gespräch wurde nie etwas. Kein Rückruf, kein Termin. Der Minister? Nicht mehr im Amt – das System? Unverändert. Und das Bildlernen? Weiterhin irgendwo zwischen Randnotiz und Ignoranz versteckt.

Was bleibt, ist die Hilflosigkeit, die so viele Eltern tagtäglich erleben. Wir wissen, was fehlt – und doch bleibt es für die Großen nur ein Randthema. Wir kämpfen, bitten, erklären, hoffen: Aber wenn Entscheidungsträger Chancen übersehen, dann geht nicht nur mein Traum verloren. Dann bleibt eine ganze Generation in den alten Mustern gefangen.

Diese eine Begegnung steht für so viele verpasste Chancen. Für das große Warten auf den Moment, an dem doch endlich einer handelt – und für das schmerzhafte Wissen, dass Eltern in diesem System oft nichts als Zuschauer bleiben. Ihr Klopfen verhallt an schweren Türen. Es bleibt der Wunsch, dass irgendwann jemand nicht weghört. Bis dahin kämpfen wir weiter – auch wenn der Weg manchmal wie ein endloses Warten auf offene Ohren erscheint.

3.1.2 Unsere Bildung verschenkt ihr Potenzial!

Dieser Vorwurf bringt es auf den Punkt: Unser Bildungssystem nutzt seine Chancen viel zu wenig aus – vor allem, wenn es um das Lernen in Bildern, mit Bildern und durch Bilder geht. Kinder, Eltern und auch Lehrer sind tagtäglich mit einer Flut an Herausforderungen konfrontiert: Es wird unendlich viel erklärt, wiederholt, gepaukt, aber nur wenig bleibt wirklich hängen, weil vor allem in Texten, Fakten und Vorgaben gelernt wird, statt durch Anschauung, Kreativität und Visualisierung. Die Folge ist eine ganze Generation, die zwar mit Bildern lebt, sie aber nicht „spricht" – also weder richtig versteht noch selber nutzen kann.

Auch Eltern erleben das oft sehr schmerzhaft. Sie wollen ihr Kind unterstützen, bekommen aber selten echte Hilfestellung von Schule und System. Viele fühlen sich überfordert und alleingelassen, weil der Austausch fehlt, ihre Sorgen im Alltag untergehen oder abgetan werden. Die „blinde Gefolgschaft" – also das brave, stille Anpassen – mag kurzfristig der einfachere Weg sein, löst aber auf Dauer keine Probleme. Es führt dazu, dass Kinder wie Eltern im Dschungel der Anforderungen irgendwann hilflos und stumm werden: Sie machen mit, aber spüren, dass ihnen auch nach Jahren zentral wichtige Fähigkeiten fehlen.

Gerade deshalb ist Veränderung dringender denn je: Wir brauchen mehr Vernetzung, mehr Gemeinschaft unter den Eltern, Elternvereinen und in unterstützenden Communities. Es braucht Menschen, die das Tabu brechen, die Sprachrohr und Stimme werden, wenn Entscheidungsträger und Politik noch nicht zuhören. Vor allem aber brauchen wir bildhaftes und kreatives Lernen als Herzstück der Bildung, damit Kinder – und mit ihnen ihre Eltern und Lehrer – nicht länger hilflos bleiben, sondern selbstbewusst, mündig und voller Zukunftschancen durch Schule und Leben gehen. Die Not ist zu groß, um einfach nur zuzusehen – jetzt ist die Zeit, gemeinsam für bessere Wege einzustehen!

Überlege dir, wie viele Missverständnisse, wie viel Stress, wie viele Frust-Erlebnisse du vermeiden könntest, wenn Kinder mit Bildern lernen würden. Visualisierung verbindet, motiviert, öffnet die Sinne!

Doch unser Bildungssystem schließt diese Türe immer wieder. Wer Bilder nutzt, gilt als „kreativ", als „künstlerisch begabt". Für alle anderen: Probier's erst gar nicht. Ein fataler Fehler. Denn: Visuelles Denken ist keine Frage der Begabung – sondern das Fundament, auf dem Lernen gebaut sein muss.

3.2 Es gibt einen Weg – Die Heldenreise beginnt

Hier stehst du nun, als Mutter, als Vater, als Lehrkraft – im Spannungsfeld zwischen Textwelt und Bilderflut. Dein Kind schwimmt täglich in Bildern, aber echte Orientierung fehlt. Die Schule? Schon lange abgehängt. Die Gesellschaft? Stolpert blindlings durch eine Welt, die sie nicht versteht.

Aber genau hier beginnt unsere gemeinsame Reise. Die Heldenreise. Das Tal der Tränen, in dem viele stecken – voller Frust, Stress, Streit, Überforderung, Zweifel – ist nur der Anfang. Die gute Nachricht: Es gibt einen Ausweg.

Wir packen es jetzt an: Lernen, Schule und Leben mit offenen Augen erleben. Die Bildsprache ist der Schlüssel. Sie führt raus aus der Ohnmacht, weg vom Text-Diktat, hin zu echten Chancen!

Fang an! – Dein erster Schritt aus der Blindheit
Mach Schluss mit der Textblindheit. Öffne deine Augen – für die Kraft der Bilder. Fang an, Bilder zu lesen, zu deuten, zu nutzen. Spüre, wie viel leichter, wirksamer, nachhaltiger Lernen für dich und dein Kind werden kann.
Denn:
Wer nichts sieht, kann nichts erkennen.
Wer keine Sichtweise hat, hat keinen eigenen Gedanken.
Sehen ist Denken.

Die Ausgangslage ist glasklar: Unsere Kinder, Schüler und auch wir selbst – wir stehen vor einer neuen Lernwelt, in der nur bestehen kann, wer mehr sieht, mehr versteht und mehr gestalten kann.

Tipp Packen wir's gemeinsam an. Die Reise beginnt jetzt.
AUGEN AUF!

3.3 Der Wunschkatalog der Eltern

Was Eltern sich wünschen – Revolution statt Nachbesserung – Bildung mutig neudenken

Aktuelle Umfragen und Studien im deutschsprachiger haben systematisch erhoben, was Eltern sich vom Bildungssystem wünschen und welche Änderungen sie erwarten.

Hier eine Übersicht der fünf wichtigsten Ergebnisse – Was Eltern wirklich erwarten (und oft selbst nicht wissen)

1. ifo Bildungsbarometer 2023[1]
79 % der Eltern wünschen sich mehr qualifizierte Lehrkräfte.

Was steckt dahinter? Eltern erleben, wie schnell ihre Kinder im visuellen Alltag unterwegs sind – mit Fotos, Stories, Charts, TikToks. Im Klassenzimmer hingegen regieren Textwüsten, Kopien und Frontalunterricht. Die eigentliche Sehnsucht der Eltern geht weit darüber hinaus: Sie wünschen sich Lehrer, die nicht nur wissen, sondern begeistern, inspirieren, Inhalte lebendig machen – also Lehrpersonen, die auch mit Bildern, Skizzen, digitalen Medien umgehen können. Auch wenn Eltern nicht von „Bildkompetenz" sprechen, ahnen sie: Die Schule muss heute Bildsprache genauso selbstverständlich vermitteln wie das Lesen von Text. Fachwissen allein reicht schon lange nicht mehr, wenn visuelles Denken zum Alltagswerkzeug gehört.

2. Bertelsmann-Stiftung/ELTERNSTUDIE „Chancenspiegel" 2022[2]
66 % wollen weniger Leistungsdruck, mehr individuelle Förderung.
62 % fordern den Ausbau digitaler Kompetenzen ab Klasse 1.
Fast 60 % setzen sich für mehr soziale Durchmischung ein.

Eltern möchten, dass ihr Kind als Individuum gesehen wird – und Bildung wieder Freude, Beteiligung und Neugier bringt. Der Wunsch nach weniger Druck bedeutet: Lernen soll visuell, erlebbar, greifbar, individuell gestaltet werden – nicht als stures Auswendiglernen. Die Forderung nach mehr digitaler Kompetenz (schon bei den Jüngsten!) zeigt, dass Eltern spüren: Wer heute fit sein will, muss nicht nur Texte schreiben, sondern Bilder verstehen, Videos produzieren, Infografiken lesen, Fake News erkennen lernen. Bildkompetenz steckt hier wie ein Schlüsselfaktor verborgen: Sie holt alle ab, macht Stoff alltagsnah und senkt Hürden – was auch echte Chancengerechtigkeit und Vielfalt fördert.

---

[1] ifo Bildungsbarometer 2023: ifo Institut (Hrsg.), München, 2023.
    Kernaussage:79 % der Eltern wünschen mehr qualifizierte Lehrkräfte, die nicht nur Fachwissen vermitteln, sondern Inhalte visuell, digital und lebendig gestalten.
[2] Bertelsmann Stiftung – Chancenspiegel 2022: Bertelsmann Stiftung (Hrsg.): ELTERNSTUDIE. Gütersloh, 2022.
    Kernaussage: Eltern fordern weniger Leistungsdruck, mehr individuelle Förderung und Ausbau digitaler Kompetenzen – visuelles, alltagsnahes Lernen soll Bildung attraktiver und gerechter machen.

3. Deutsches Schulbarometer Spezial „Elternperspektive" (Robert Bosch Stiftung/forsa, 2023)[3]

80 % der Eltern wollen endlich den Fokus auf Bild- und Digitalkompetenz.

70 % wünschen verpflichtende Fortbildung für Lehrkräfte im digitalen Unterricht.

Hier zeigen Eltern ganz klar: Schule, die nur noch auf Text setzt, ist aus der Zeit gefallen. Sie erwarten, dass Kinder lernen, Bilder zu „lesen", zu deuten, kreativ und kritisch zu produzieren – nicht nur passiv zu konsumieren. Instinktiv registrieren sie: Bildkompetenz wird so wichtig wie das klassische Lesen und Schreiben. Lehrer sollen daher gezielt weitergebildet werden – erst dann werden PowerPoint, Whiteboard und Visual Thinking selbstverständlich – und Schüler wachsen an echten, lebendigen Lernerfahrungen.

4. Vodafone-Stiftung/forsa „Eltern, Schule, Digitalisierung" 2023[4]

72 % wünschen digitale Lehrwerke & Lernplattformen statt PDFs.

69 % wünschen sich lebensnahe, reale Probleme statt Alltagstrott.

64 % setzen große Hoffnungen auf Bild- und AR-Elemente.

Eltern erleben in der Praxis, wie Lernfrust und fehlende Motivation entstehen, wenn Schule nur Listen, Texte und Arbeitsblätter liefert. Sie wissen: Was anregend präsentiert wird, bleibt hängen. Eltern fordern interaktive, visuelle Zugänge, Lernapp-Features und AR – auch, weil damit abstrakte Mathematik, Naturwissenschaft und Sprachen endlich greifbar werden. Ihr „neuer Unterricht" lebt von Visualisierung, nicht von Faktenfluten: Die (oft unbewusste) Sehnsucht nach echter Bildkompetenz blitzt überall durch.

5. Allensbach-Umfrage „Bildung und Corona-Folgen" (Deutsche Telekom Stiftung, 2022)[5]

70 % möchten, dass Lehrer verbindlich fortgebildet werden – in digitalen Methoden.

65 % der Eltern sehen Risiken, wenn das System nicht nachzieht und investiert.

Corona hat Eltern schmerzhaft vor Augen geführt, wo der Alltag ihrer Kinder auf der Strecke bleibt: Wenn Schulen Technik und Visualisierung verschlafen, bleiben Kinder abgehängt. Eltern wollen, dass Lehrkräfte mit digitalen Whiteboards, Grafiken, Video, Präsentationen arbeiten. Sie fürchten, dass ohne Bild- und Medienkompetenz echte Bildungslücken entstehen – und ihre Kinder nicht mehr mithalten können.

---

[3] Deutsches Schulbarometer Spezial – Elternperspektive 2023: Robert Bosch Stiftung/forsa (Hrsg.): Stuttgart/Berlin, 2023.
Kernaussage: 80 % der Eltern wünschen Fokus auf Bild- und Digitalkompetenz, 70 % fordern verpflichtende Fortbildungen – visuelle Methoden gelten als gleichwertig mit Lesen und Schreiben.

[4] Vodafone Stiftung/forsa – Eltern, Schule, Digitalisierung 2023: Berlin, 2023.
Kernaussage: Eltern erwarten interaktive digitale Lernmedien, reale Problemstellungen und AR-Elemente – Visualisierung soll Motivation und Lernerfolg spürbar steigern.

[5] Allensbach-Umfrage – Bildung und Corona-Folgen 2022: Institut für Demoskopie Allensbach/ Deutsche Telekom Stiftung (Hrsg.): Bildung und Corona-Folgen. Bonn/Allensbach, 2022.
Kernaussage: 70 % fordern verbindliche digitale Fortbildungen für Lehrkräfte – ohne Medien- und Bildkompetenz drohen Bildungsrückstände und soziale Risiken.

> **Fazit**
> Eltern wissen oft nicht im Detail, was alles zu effektiver Bildkompetenz gehört – aber sie spüren sehr genau, wo Schule heute scheitert. In ihrer Sehnsucht nach individuelleren, motivierenden, lebensnahen und digitalen Wegen steckt meist eine unausgesprochene Forderung: Schule muss Bildsprache und visuelle Methoden nicht nur akzeptieren, sondern zum festen Bestandteil des Lernens machen. Die großen Eltern-Umfragen belegen damit klar: Kein moderner Lernerfolg ohne echte Bildkompetenz!

6. GoStudent Bericht[6]: Die Zukunft der Bildung 2025 – Was Eltern, Schüler und Lehrkräfte jetzt wirklich wollen

GoStudent ist eine internationale Online-Nachhilfeschule, die monatlich über 11 Mio. Schüler*innen betreut und in zahlreichen Ländern aktiv ist. An der groß angelegten Umfrage zur „Zukunft der Bildung 2025" nahmen rund 5860 Elternteile und ihre Kinder im Alter von 10 bis 16 Jahren aus sechs europäischen Ländern teil. Ergänzt wurden die Ergebnisse durch die Einschätzungen von 300 Lehrkräften. Damit bildet der Bericht nicht nur Eltern- und Schülermeinungen ab, sondern auch die Perspektive der Lehrer*innen – und liefert ein umfassendes Bild davon, was sich Familien und Schulen jetzt wirklich wünschen.

GoStudent hat Eltern, Schüler und Lehrkräfte in ganz Europa gefragt, was sie wirklich von der Schule der Zukunft wollen – und die Botschaft ist klar: Die Zeit der alten Prüfungen, Textwüsten und Standardmethoden ist vorbei.

Alle Beteiligten fordern frischen Wind: Prüfungen sollen vielfältiger, moderner und bilderreicher werden, Soft Skills wie Kommunikation, Stressmanagement und kritisches Denken gehören ins Zentrum. KI und Cybersicherheit sind Pflicht – doch gerade da hängt das System hinterher, denn drei Viertel der Lehrkräfte haben noch keine KI-Ausbildung.

Besonders wichtig: Der Mensch darf nicht verloren gehen. Zwei Drittel der Eltern meinen, echte Bildung braucht mehr als Technik – sie braucht Vorbilder, emotionale Intelligenz, und Räume für Begeisterung.

Eltern kritisieren, dass klassische Leistungsüberprüfungen zu einseitig messen und Fähigkeiten übersehen werden. Lehrkräfte wünschen sich bildbasierte, multimodale Lernformen, die das Lernen ganzheitlich und das Schulleben endlich lebensnah machen.

---

[6] GoStudent (Hrsg.): Die Zukunft der Bildung 2025 – Was Eltern, Schüler und Lehrkräfte jetzt wirklich wollen. Wien, 2024.
Kernaussage: Eltern, Schüler und Lehrkräfte fordern einen grundlegenden Wandel: Prüfungen sollen moderner, vielfältiger und visuell unterstützt sein, Soft Skills und KI-Kompetenzen müssen ins Zentrum rücken – dabei bleibt für die Mehrheit entscheidend, dass menschliche Faktoren wie emotionale Intelligenz und Vorbilder nicht verloren gehen.

Kerntenor aller Erhebungen
- Eltern verlangen vor allem: bessere Personalausstattung, mehr individuelle Förderung, verbindliche Digitalisierung und weniger Leistungsstress.
- Breit geteilte Sorge: Ohne schnelle Reformen wachsen Lernlücken, Chancenungleichheit und psychischer Druck weiter.
- Große Zustimmung (durchschnittlich 65–80 %) für moderne Lehr- und Lernformen, die stärker auf Projekt-, Team- und Bildarbeit setzen, um Motivation und Lernerfolg zu steigern.

Fazit
Schule muss digital, kreativ und menschlich werden. Bildung ist mehr als Technik – sie ist der Ort, wo Kinder Persönlichkeit, Neugier und Zukunftsmut entwickeln dürfen. Eltern erwarten eine neue Lernkultur, die endlich Bilder, Visualisierung und echten Lebensbezug ins Zentrum stellt – damit ihre Kinder in einer komplexen, digitalen Welt nicht nur bestehen, sondern selbstbewusst und neugierig wachsen können.

3.4 Was es wirklich an Veränderung braucht – Welche Hebel für den Durchbruch notwendig sind

Jetzt ist die Zeit, Nägel mit Köpfen zu machen. Wer wirklich Bildung für die Zukunft schaffen will, darf sich nicht länger mit kosmetischen Korrekturen zufriedengeben. Es geht ums Ganze! Hier sind die konkreten Hebel, an denen wir drehen müssen, damit Schule endlich zeitgemäß, bildstark und lebendig wird:

a) Visuelle Kompetenz – Das neue Bildungsziel No. 1
Wir brauchen Bildlernen als verbindliche Kulturtechnik – genauso selbstverständlich wie Lesen, Schreiben und Rechnen! Visuelle Kompetenz darf kein Randthema für Kunst oder Informatik bleiben, sondern muss jedes Fach durchziehen: Mathe, Biologie, Geschichte, Deutsch. Kinder müssen lernen, mit Bildern genauso sicher umzugehen wie mit Texten oder Zahlen – zu „lesen", zu „schreiben", zu „denken" in Bildern.

b) Visuelle Lernformen in alle Unterrichtsfächer integrieren
Es reicht nicht, ab und zu eine Grafik zu zeigen. Wir brauchen echten Fokus auf visuelle Methoden: Mindmaps, Comics, Skizzen, Erklärvideos, Sketchnotes, Lernposter, Fotoprojekte. Diese Formen müssen in den Alltag jedes Klassenzimmers, in jede Hausaufgabe, in jedes Referat einfließen. Lehrer sollen gezielt Beispiele bringen und Schüler ermutigen, selbst visuelle Lösungen zu gestalten.

c) Visuelles Selbstverständnis im Bildungskanon verankern
Bilder, Diagramme, Visual Storytelling müssen genauso selbstverständlich zu unserem Schulalltag gehören wie Aufsatz, Lektüre oder Rechenaufgabe. Schulen und Bildungspläne brauchen das Bekenntnis: Bildung ohne Bild ist unvollständig.

d) Bewusstseinsbildung und Anerkennung in allen Einrichtungen
Jede Bildungseinrichtung – von der Grundschule bis zur Uni – muss das Bild als zentrale Sprache und Fenster zur Welt zeigen und feiern. Es braucht Projekte, Aktionen, Wettbewerbe, bei denen Bildkompetenz sichtbar geehrt und gewürdigt wird. Lehrpläne und Schulen sollten ihren Schüler*innen zeigen: „Visuelle Intelligenz ist ein Talent, das wir brauchen!"

e) Lehrpläne aller Schultypen auf „Bild" umstellen
Es genügt nicht, ein paar Lehrbücher aufzustocken oder digitale Tafeln anzuschaffen. Wir brauchen Bildlernen verbindlich im Lehrplan aller Fächer und aller Schularten – in Grundschule, Mittelschule, AHS, Mittlere- und Höhere Schule, Berufsschule, egal wo. Bildkompetenzen gehören als klare Ziele hinein und dürfen nicht wegdiskutiert werden.

f) Lehrkräfte stärken – Fortbildung und frische Werkzeuge
Viele Lehrer wissen schlicht nicht, wie zeitgemäßes Bildlernen funktioniert. Deshalb: Systematische, praxisnahe Fortbildungen, die mehr bieten als PowerPoint-Grundlagen. Sie sollen lernen, wie sie animierte Grafiken, Dashboards, Apps, Visualisierungstechniken und Bildanalyse im Unterricht einsetzen – und ihre Schüler darin fördern.

g) Digitale Power – Technik, die wirklich hilft
Es reicht nicht mehr, ein paar Tablets zu verteilen. Wir brauchen leistungsfähige Netze, wirklich starke Rechner, Kameras, Schnittsoftware, schnelle Tools – und dazu Helfer, die Wartung und Support übernehmen. Technik wird Lernerlebnis-Partner und nicht nur Staubfänger!

h) Leistungen 2.0 – Bildauswertung und visuelle Kompetenz bewerten
Alte Prüfungsformate, die nur Text und Wort zählen, sind von gestern. Bildauswertung, Fake-Erkennung, kreative Gestaltungen und sicherer Umgang mit Medien müssen in Prüfungen zählen – sie sind genauso wertvoll und sollten als gleichwertige Kompetenz gewertet werden.

i) Recht, Ethik und Digitalhygiene – Sicher durch die Bilderflut
Unsere Kinder müssen wissen, was sie posten, teilen, weitergeben dürfen – und wie sie sich in der Bilderflut der digitalen Welt schützen. Datenschutz, Persönlichkeitsrechte, Fake News und ethische Fragen werden genauso zentral wie Grammatik oder Prozentrechnen behandelt.

j) Mehr Mut zum Wandel – Noch offene Wege und Möglichkeiten
Wir brauchen Experimentierfreude! Neues wagen, offener Unterricht, mehr Projekte, mehr Mut zum Ausprobieren und Vernetzen. Schulen sollen Räume testen, Medienprojekte entwickeln, Netzwerke mit Eltern und Experten aufbauen und Erfahrungen teilen. Wandel gelingt nur mit dem Willen zu echter Erneuerung und lebendigem Miteinander.

▶ **Mein Appell** Lassen wir nicht länger zu, dass Bildung an den Lebenswirklichkeiten unserer Kinder vorbeigeht. Öffnen wir die Türen für Bildkompetenz als Basis für alle! Jeder kann und muss an seinem Platz etwas dazu beitragen – und so gemeinsam den Durchbruch für eine lebendige, mutige und bildstarke Schule schaffen.

3.5 Gemeinsam bewegen – Eltern als Motor der Veränderung

3.5.1 Vom Zuschauer zum Macher – Wie aus Frust Bewegung wird

Es gab eine Zeit, da fühlte ich mich wie so viele von euch: frustriert über die Bildblindheit im Schulsystem, genervt vom endlosen Allein-Kämpfen, immer wieder vor verschlossenen Türen stehend. Doch irgendwann reicht es – und dann beginnt Aufbruch!

Ich wollte nicht länger nur zuschauen und mich beschweren. Ich wurde aktiv: Habe meine eigene Arbeitsgemeinschaft (Arge) für mein Fach gegründet. Von Anfang an war klar: Zusammenschluss macht stark! Gemeinsam mit anderen Lehrern haben wir uns organisiert, Fortbildungen ins Leben gerufen, Wissen geteilt und uns gegenseitig Rückenwind gegeben. Aus dem kleinen Kreis wurde die große Landesarbeitsgemeinschaft – ein echtes Netzwerk, das trägt.

Aber das war erst der Anfang. Mit der Gründung der Kulturwerkstatt kam neue Energie dazu. Endlich hatten wir einen Raum, in dem Kreativität, Austausch und visuelles Denken gelebt werden. Plötzlich klopften immer mehr Gleichgesinnte an, wollten mitmachen, wollten auch für mehr Bildkompetenz und echte Veränderung in den Schulen kämpfen. Unsere Community wuchs – und mit ihr die Lust, die Dinge gemeinsam in die Hand zu nehmen.

Und glaube mir: Das erste Gespräch mit der Pädagogischen Akademie oder dem Landesschulrat hat mich Nerven gekostet! Aber plötzlich war ich nicht mehr allein. Durch unseren Zusammenschluss konnten wir Druck machen, Forderungen stellen, Entscheidungen anstoßen. Aus Frust wurde Tatkraft. Aus Vereinzelung echte Wirksamkeit.

So beginnt Veränderung. Jeder kleine Schritt zählt, aber gemeinsam wächst etwas, das alleine unmöglich wäre. Miteinander geht's leichter – und der Weg fühlt sich nicht mehr wie ein endloser Kampf, sondern wie eine echte Bewegung an. Sei mutig, suche dir Verbündete, starte Projekte. Wenn wir uns zusammentun, wird aus Zuschauern eine Gemeinschaft von Machern – und aus Visionen wird neue Realität.

3.5.2 Was können Eltern beitragen? Elternpower gefragt

Liebe Eltern, Veränderungen entstehen nicht von allein – sie brauchen Menschen wie euch, die bereit sind, aufzustehen, nachzufragen und Dinge ins Rollen zu bringen. Ihr seid der lebendige Motor für mehr Bildlernen und moderne Bildung! Wie könnt ihr selbst aktiv werden und die notwendigen Änderungen ins Bewusstsein der Gesellschaft und ins Bildungssystem tragen?

a) Druck machen, Türen öffnen – So geht Eltern-Lobby
Seid laut, wenn es um die Bildung eurer Kinder geht! Sprecht Probleme offen an, fordert in Elternabenden, beim Elternverein, im Kontakt mit Schulleitungen und Politiker, dass Bildlernen endlich als zentrales Thema erkannt und behandelt wird. Je mehr Eltern ihre Stimme erheben, desto stärker wächst der Druck auf Entscheidungsträger in Schule, Politik und Wirtschaft, endlich ins Handeln zu kommen.

b) Breite Forderungen stellen – und nicht leise werden!
Ermutigt andere Eltern, auch aktiv zu werden. Mischt euch bei Diskussionen ein, ruft nach modernen Unterrichtsmethoden, nach mehr visuellen Lernangeboten in allen Fächern, nach Fortbildungen für Lehrkräfte und nach einer Schule, die in Bildern denkt und arbeitet. Forderungen müssen sichtbar werden – in Gremien, bei Elternabenden, in direkten Gesprächen mit Verantwortlichen.

c) Netzwerke spinnen – Freunde aktivieren, Social Media nutzen
Wer Veränderung will, darf nicht alleine bleiben. Sprecht mit Freunden, Nachbarn, Bekannten. Nutzt Soziale Medien, postet eure Erfahrungen, teilt meine Aufrufe, regt die Diskussion an. Weckt Interesse, rüttelt wach, macht neugierig – je lauter, desto besser. Jeder geteilte Beitrag ist ein kleiner Schneeball, der zur Lawine werden kann.
Hier auch meine Accounts, die helfen und unterstützen. Hol dir deine Hilfe nach Hause!
Homepage: stegh.at
Instagramm: instagram.com/karljosefstegh/
Facebook: facebook.com/karl.stegh/

d) Zur Community beitreten – Gemeinsam gewinnen
Jetzt besonders für dich! Werde Teil meiner speziell eingerichteten Eltern-Community! Dort bekommst du Infos, Inspiration und die Möglichkeit, dich auszutauschen, kraftvoll zu vernetzen und gemeinsam Aktionen zu planen. Melde dich mit dem QR-Code oder Link am Ende des Buches an, teile die Infos weiter – denn jede zusätzliche Stimme zählt und lässt die Bewegung wachsen.

e) Petitionen unterschreiben, Medien und Öffentlichkeit ansprechen
Unterstütze oder initiiere Petitionen für Bildlernen und moderne Bildung. Schreibt Leserbriefe, schicke Erfahrungsberichte an Zeitungen, engagiere dich in TV- oder Radiobeiträgen. Öffentlichkeit macht Druck – und gibt deinem Anliegen Gewicht.

f) Eine Bewegung schaffen, die Schule macht
Gemeinsam können wir eine Bewegung werden – im Ort, in der Region, im ganzen Land. Jeder Einzelne zählt! Je mehr Eltern sich einbringen, je mehr wir uns vernetzen, desto klarer ist die Botschaft: Wir geben uns mit altem Frontalunterricht nicht zufrieden. Wir wollen eine Schule, die unsere Kinder stark macht, Freude bringt und Bildkompetenz ins Zentrum stellt.

▶ **Mein Appell** Werde aktiv, bleibe unbequem, vernetze dich und mache dich groß – für deine Kinder, für die Zukunft, für eine neue Lernkultur!

3.6 Soforthilfe, die wirkt – Was Eltern sofort für sich tun können

a. Von der Eigeninitiative zum Experten: Mut zur Veränderung
Wer sagt eigentlich, dass alles so bleiben muss, wie es ist? Ich weiß noch genau, wie ich als junger Student ins Berufsleben startete – voller Neugier, voller Tatendrang. Doch was habe ich gelernt? Arbeiten mit Pinsel, Bleistift, Super-8-Kamera und VHS – analoge Kunst durch und durch. Computer, Digitalkamera, Camcorder? Nicht Teil meines Studiums. Auch in der Ausbildung – alles „Handarbeit", keine digitale Spur.

Doch schon damals war mir klar: Wenn ich Kinder und Jugendliche auf die Welt von morgen vorbereiten will, kann ich mich nicht auf Gewohntes verlassen. Ich muss raus aus der Komfortzone. Warten, bis mir jemand die richtige Ausbildung hinterherschiebt? Nicht meine Art! Also habe ich NEU inskribiert, alle Hürden und Mehrarbeit auf mich genommen und noch einmal Multimedia-Pädagogik auf digitalem Weg studiert – neben dem Job, viele Kilometer zur Pädagogischen Hochschule, unzählige Stunden am Wochenende.

Ich habe es gewagt, mir die digitale Welt Schritt für Schritt selbst zu erschließen: Erste Homepage gebaut – erst für meine Schule, später für die ganze Gemeinde. Webseiten designt, Filme produziert, Onlinematerialien entwickelt, analoge Stärken digital ergänzt. Ich habe gestaunt, gekämpft, menschlich und fachlich gelernt – und aufgehört, auf Vorgaben zu warten.

Aus eigener Kraft, aus Neugier, aus dem Willen, Kindern und Jugendlichen Wege zu öffnen, bin ich zum Pionier in Sachen digitales Bildlernen geworden. 40 Jahre Erfahrung – gesammelt, weil ich selbst das Heft in die Hand genommen und den Schritt gemacht habe.

Mein Appell an dich:
Warte nicht darauf, dass von außen alles fertig serviert wird. Sei aktiv! Wage den ersten Schritt! Veränderung beginnt oft im Kleinen – und manchmal reicht schon der Mut, etwas Neues zu probieren, um der Welt und dir selbst einen Aufbruch zu schenken. Du kannst mehr bewegen, als du denkst!

b. Einige Soforthilfe-Tipps
Was kannst du für dich und dein Schulkind machen?
Konkrete Ideen und Ansätze, die dir helfen, die Probleme mit deinen Schulkindern durch visuelle Strategien in den Griff zu bekommen.
Fünf Turbo-Tipps, die sofort entlasten – ohne Extra-Aufwand, ohne Vorbereitung

1) **Mindmap-Blitzrunde (Abb. 3.1)**

In drei Minuten nach jeder Lerneinheit ein Farbstift, ein Stichwort in die Mitte, fünf Äste – fertig. Das ordnet den Kopf, kostet fast nichts und macht Zusammenhänge sichtbar.

2) **Farbcodiertes Schulheft (Abb. 3.2)**

Einfach Marker zücken: Rot für Merksatz, Blau für Beispiel, Gelb für „Achtung-Fehler". Das Auge findet später alles in Sekunden; langes Suchen entfällt.

Abb. 3.1 Mindmap-Blitzrunde. (© Karl Josef Stegh 2025. All Rights Reserved)

Abb. 3.2 Farbcodiertes Schulheft. (© Karl Josef Stegh 2025. All Rights Reserved)

3) **Spickzettel-Poster an der Tür (Abb. 3.3)**

Ein A4-Blatt, schnelle Skizzen, Pfeile, Icons – dann an die Zimmertür pinnen. Jeder Vorbeigang frischt das Wissen auf, ganz ohne extra Lernzeit.

4) **Foto-Hausaufgabe**

Handy ohnehin griffbereit: Zwischenschritte einer Aufgabe kurz abfotografieren. Beim Durchscrollen sieht das Kind seinen Fortschritt – perfektes Mini-Wiederholen vor dem Test (Abb. 3.4).

5) **Abendausklang mit „Tagesbild" (Abb. 3.5)**

Jeder malt (oder wählt) ein einziges Bild, das das wichtigste Lernerlebnis des Tages zeigt. Kurz erzählen, aufbewahren. Nach einer Woche entsteht eine kleine Bild-Chronik – Motivation pur, weil Fortschritte sichtbar werden.
Zum Schluss des Tages ein kleines Bild malen oder auswählen, das Wichtigste des Lernens symbolisiert. Zwei Minuten Aufwand, sichtbarer Erfolg – und der Tag endet positiv.
Diese fünf Mini-Tools bringen sofort Struktur, Motivation und Ruhe in den Lernalltag – ohne Stress für Eltern oder Kind.

c. Motivation & Inspiration für den Familienalltag – Was kannst du für deine Familie machen? Konkrete Tools, die sofort Alltag mit visuellen Strategien entlasten

Die schnellsten Stimmungs-Booster – fünf visuelle Mini-Tools, die sofort wirken und kaum Aufwand brauchen:

1) **Erfolgsglas „Wir rocken das!" (Abb. 3.6)**

Ein Schraubglas + bunte Muggelsteine oder Knöpfe. Für jede erledigte Aufgabe wandert ein Stein hinein. Das Glas füllt sich, Fortschritt wird sichtbar – Motivation für alle in Sekunden.

2) **Comic-Hausaufgabe (Abb. 3.7)**

Statt langer Sätze einfach vier Post-its mit Strichmännchen und Sprechblasen zeichnen. Aufgabe erledigt, einmal herzlich gelacht – Stoff bleibt hängen, Stimmung steigt.

3) **Farbcode-Familienplaner (Abb. 3.8)**

Kühlschrankkalender, jeder hat seine Farbe. Hausaufgaben, Termine, Freizeit auf einen Blick. Chaos verschwindet, jeder weiß, wann Lernzeit und Pausen sind.

Abb. 3.3 Spickzettel-Poster an der Tür. (© Karl Josef Stegh 2025. All Rights Reserved)

Abb. 3.4 Foto-Hausaufgabe. (© Karl Josef Stegh 2025. All Rights Reserved)

Abb. 3.5 Tagesbild. (© Karl Josef Stegh 2025. All Rights Reserved)

Abb. 3.6 Erfolgsglas. (© Karl Josef Stegh 2025. All Rights Reserved)

Abb. 3.7 Comic Hausaufgabe. (© Karl Josef Stegh 2025. All Rights Reserved)

3.6 Soforthilfe, die wirkt – Was Eltern sofort für sich tun können

Abb. 3.8 Farbcode-Familienplaner. (© Karl Josef Stegh 2025. All Rights Reserved)

Abb. 3.9 Pausen-Postkarte. (© Karl Josef Stegh 2025. All Rights Reserved)

4) **Pausen-Postkarte (Abb. 3.9)**

Lege eine Postkarte bereit, auf die jeder in der Lernpause blitzschnell ein Mini-Bild skizziert (Pizza, Katze, Traumurlaub). Nach fünf Minuten tauschen, lachen, weiterlernen – Frust weg, Energie oben.

5) **Dankbarkeits-Fotowand (Abb. 3.10)**

Abends ein Handyfoto vom Tages-Highlight knipsen, wöchentlich ausdrucken und anpinnen. Positive Bilder überstrahlen Schulstress, Familienglück wird sichtbar.

Probiere ein oder zwei Tipps gleich heute aus – kleine Bildfunken können den großen Lernstress erstaunlich schnell erhellen!

Weitere Tipps und vor allem umfangreiche Hilfen und konkrete Ideen findest du in Kap. 7. Lernmaterialien, Kursangebote, Beratungen und den Zugang zu unserer Bild-Community kannst du dir über den QR-Code am Ende des Buches holen – Ein Paket für dich und dein Kind!

Abb. 3.10 Dankbarkeits-Fotowand. (© Karl Josef Stegh 2025. All Rights Reserved)

3.7 Mut und Hoffnung – Was können Eltern erhoffen?

Denke einmal daran, was alles besser werden könnte – wenn deine Wünsche als Mutter oder Vater plötzlich in der Schule deines Kindes Wirklichkeit werden. In den Umfragen, in den offenen Antworten, im Austausch zwischen Eltern schimmert eine große Hoffnung durch: Ihr spürt, dass Schule heute oft noch im alten Trott steckt, dass eure Kinder tagein, tagaus mit Bleiwüsten kämpfen, statt Begeisterung am Lernen zu spüren. Doch diese Hoffnung auf Veränderung glimmt und wird durch neue Impulse rund ums Bildlernen stetig stärker.

Du wünschst dir, dass Lernen nicht mehr nur bedeutet, seitenweise Texte zu büffeln und Regeln auswendig herunterzubeten. Du träumst von Lehrern, die begeistern, die mit Bildern erklären, mit Projekten motivieren, mit echten Beispielen das Leben in die Schule holen. Du hoffst, dass dein Kind seinen Fähigkeiten entsprechend, individuell und wertschätzend gefördert wird – nicht nur am Notenzettel gemessen, sondern in seiner ganzen Vielfalt gesehen und begleitet.

Viele schildern in den Umfragen ihre Erschöpfung: Ständiger Nachmittagsstress, endlose Hausaufgaben, ewiges Wiederholen – und trotzdem bleibt so wenig hängen. Die Hoffnung? Dass mithilfe von Bildern, Skizzen, Mindmaps, Lernpostern und inspirierenden Geschichten das Lernen plötzlich greifbar, verstehbar, sogar spannend wird. Du sehnst dich nach Entlastung – nach weniger Streit, dafür mehr Freude und Stolz über gemeinsame Lernwege.

Die Erwartungen sind klar und mutig: Du wünschst Fortbildungen für Lehrer, neue digitale und kreative Wege, moderne Bewertung, in der nicht nur der rote Stift zählt. Du spürst, wie kostbar es wäre, wenn Kinder lernen, mit Bildern zu denken, kritisch zu schauen, sich nicht manipulieren zu lassen – weil diese Fähigkeit im täglichen Medien-Dschungel fast wichtiger ist als bloßes „Wissen". Du setzt auf Gemeinschaft: Austausch untereinander, starke Eltern, die sich zusammentun, Petitionen starten, Initiativen anschieben – weil du weißt, dass Veränderung in der Masse beginnt.

Was kannst du erwarten? Dass nach Jahrzehnten des Stillstands endlich ein neues Kapitel für Schule und Familie aufgeschlagen wird – getragen von Neugier, Offenheit und Mut, das Beste für dein Kind erreichen zu wollen. Du darfst hoffen, dass auf Frust mehr Dialog folgt, auf Ratlosigkeit neue Werkzeuge, auf Ohnmacht das sichere Gefühl: Wir werden gehört, wir bewegen tatsächlich etwas. Du kannst Inspiration mitnehmen – Ideen, Tipps, Tools, die den Alltag leichter machen, Erfolge für dein Kind sichtbar und das Miteinander in der Familie entspannen.

All das gibt Anlass zu Zuversicht: Schule muss nicht so bleiben, wie sie immer war. Du hast Kraft, Einfluss und vor allem die Vision, dass der Wandel mit dir beginnt. Du darfst den Funken weitertragen – und dich darauf freuen, dass Lernen mit Bildern nicht nur Wissen fördert, sondern endlich auch Herz und Hoffnung wachsen lässt.

3.8 Jetzt oder nie – Der Sprung in die Zukunft startet zu Hause

Es braucht jetzt – nicht erst morgen – klare politische Weichenstellungen, moderne Lehrpläne, regelmäßige Fortbildung, Technik, die funktioniert, Räume, die inspirieren, und ein gemeinsames Ziel:

▶ **Alle Kinder müssen lernen, mit Bildern zu denken, sie zu hinterfragen, zu gestalten, zu schützen und für ihre Zukunft zu nutzen.**

Denn nur dann werden sie zu selbstbewussten Gestalterinnen und Gestaltern dieser Welt – und nicht zu passiven Zuschauern im bunten Blitzlichtgewitter.

3.9 Los geht's! – Die Zeit für Veränderung ist jetzt

Der Aufruf zum Mitmachen: Bildung neu leben, Kinder für die Zukunft stark machen.

▶ **AUGEN AUF! Jetzt ist die Zeit, das Bildungssystem fit fürs Bildzeitalter zu machen. Denn wer nicht mit der Welt spricht, bleibt stumm.**

Dein nächster Schritt:
Trete unserer Community bei! Du erhältst Informationen, laufend Tipps wie du mit Bildlernen die Herausforderungen besser stemmst. Infos über Vorträge, Treffen und Seminare folgen, aber auch gemeinsame Aktivitäten dürfen wir für uns planen.

Mein QR Code auf der letzten Seite bringt dich in unsere Gemeinschaft. So unterstützt du die Verbesserungen und damit die Zukunft deiner Kinder

So kannst auch Du mithelfen – und der Wandel kann beginnen!

Manchmal braucht es nur einen entschlossenen ersten Schritt – und schon spürt man frischen Mut, eine neue Aufbruchsstimmung. Genau diesen Impuls haben wir in diesem Kapitel gesetzt: Veränderung beginnt, wo du dich traust, neue Wege zu gehen. Doch jeder Aufbruch hat auch seine Risiken. Was, wenn sich auf unserem Weg plötzlich Hindernisse zeigen, Zweifel laut werden oder alte Muster uns zurückhalten wollen? Genau dort wird's spannend! Welche Widerstände tauchen auf? Wie meistern wir sie? Im nächsten Kapitel wagen wir gemeinsam den Blick auf die Stolpersteine und entdecken, wie sich selbst aus Schwierigkeiten Mut und Stärke für den weiteren Weg gewinnen lassen – lass uns neugierig und mutig weitergehen!

Quellenverzeichnis

ifo Institut (Hrsg.): *ifo Bildungsbarometer 2023*. München, 2023. Online verfügbar unter: www.ifo.de/ besucht am 8. Juli 2025

Bertelsmann Stiftung (Hrsg.): *Chancenspiegel 2022 – ELTERNSTUDIE*. Gütersloh, 2022. Online verfügbar unter: www.bertelsmann-stiftung.de/ besucht am 8. Juli 2025

Robert Bosch Stiftung/forsa (Hrsg.): *Deutsches Schulbarometer Spezial – Elternperspektive*. Stuttgart/Berlin, 2023. Online verfügbar unter: www.bosch-stiftung.de/ besucht am 8. Juli 2025

Vodafone Stiftung Deutschland/forsa (Hrsg.): *Eltern, Schule, Digitalisierung*. Berlin, 2023. Online verfügbar unter: www.vodafone-stiftung.de/ besucht am 8. Juli 2025

Institut für Demoskopie Allensbach/Deutsche Telekom Stiftung (Hrsg.): *Bildung und Corona-Folgen*. Bonn/Allensbach, 2022. Online verfügbar unter: www.telekom-stiftung.de/ besucht am 8. Juli 2025

GoStudent (Hrsg.): Die Zukunft der Bildung 2025 – Was Eltern, Schüler und Lehrkräfte jetzt wirklich wollen. Wien, 2024. Online verfügbar unter: www.gostudent.org/ besucht am 8. Juli 2025

Gegenwind und dicke Bretter 4

Die unsichtbaren Mauern am Weg zu echter Veränderung

Es wäre gelogen, zu behaupten, dass Wandel im Bildungssystem ein leichtes Spiel ist. Wer versucht, Bildlernen als neue Kulturtechnik für alle Fächer zu verankern, spürt ihn sofort: den massiven Gegenwind. Alles wirkt festgefahren, träge, fast bewegungsunfähig – das ganze System erinnert an einen mächtigen Ozeandampfer, der seit Jahrzehnten in eine Richtung fährt. Alle, die auf Veränderung drängen, kennen dieses zähe Gefühl: Da schiebt man an, ruft, erklärt, überzeugt – und merkt doch, wie wenig sich bewegt.

Es braucht Geduld, richtigen Atem und jede Menge Hartnäckigkeit, um diesen Kurs auch nur ein Stück zu verändern. Viele Menschen müssen für den neuen Weg gewonnen werden, alte Denkmuster und Strukturen weichen nicht kampflos. Ganze Gesellschaftsschichten hängen am Vertrauten, ziehen mitgerissen von der Trägheit weiter, als wäre Veränderung ein riskantes Experiment. Jeder Versuch, diesen Dampfer umzulenken, fühlt sich an wie Gegenwind, der einen immer wieder zurückdrückt.

Oder anders gesagt: Wer Schule verändern will, muss durch dicke Bretter bohren – nicht einmal, nicht zweimal, sondern immer wieder. Es reicht nicht, kurz Schwung zu holen oder laut nach Reform zu rufen. Es braucht das Dranbleiben, das tägliche Bohren, das Beharrliche. Nur so können die unsichtbaren Mauern Stück für Stück durchbrochen werden. Aufgeben ist keine Option – wer Bildung besser machen will, bleibt dran.

4.1 Mitten im Gegenwind – Mein persönlicher Sturmlauf

Wie ich selbst an der Wand der Widerstände stand: Von Lehrplanwerkstätten, Macht und dem täglichen Ringen um Anerkennung für das Bildlernen.

Manchmal fühlt sich Veränderung an wie ein Wettlauf gegen den Sturm. Genau das habe ich erlebt, als ich vom Bildungsministerium eingeladen wurde, an der

Erstellung eines neuen Lehrplans mitzuarbeiten – ein Moment, der sich anfangs wie ein echter Hoffnungsschimmer anfühlte. Endlich sollten meine Initiativen und mein Einsatz als Landesarbeitsgemeinschaftsleiter für mehr Bildkompetenz Früchte tragen! Ich war voller Tatendrang, überzeugt: Jetzt ist der Zeitpunkt, um dem Bildlernen in der Bildung den Platz zu verschaffen, den es längst verdient.

Doch schon nach den ersten Sitzungen wurde klar: Hier weht ein eisiger Wind. An der Spitze der Runde ein Ministerialrat aus Wien, wie aus einer anderen Zeit. Machtbewusst, unbeirrt, kein Millimeter offen für frische Ideen. Die Botschaft war unmissverständlich: Von einer Aufwertung der Bildkompetenz wollte er nichts wissen – eher im Gegenteil, sogar eine Schwächung schien im Raum zu stehen. Die Richtung war klar: Vorgaben von oben. Wir, das Team der geladenen Lehrerinnen und Lehrer, sollten ausführen – nicht gestalten. Kein Freiraum für echte Neuerungen, keine Offenheit für Zukunft, sondern die alten Gleise, das alte Tempo.

Erschwerend kam hinzu, dass die uns zur Seite gestellte Fachinspektorin alles durchdrückte, kompromisslos, ohne Rücksicht auf das Know-how und die Erfahrungen aus der Praxis. Unsere Gruppe war mehr Befehlsempfänger als echte Gestaltungsrunde. Doch wir haben uns gewehrt: Wir Lehrer begannen, uns zu vernetzen, Argumente zu sammeln, unsere Erfahrung und Begeisterung füreinander spürbar zu machen. Besonders der Austausch mit engagierten Kolleginnen und Kollegen aus ganz Österreich hat mir Mut gegeben und zeitweise Rückenwind verschafft – eine lebendige, kämpferische Solidarität, die weit über alle Bundesländergrenzen hinaus reichte.

Doch der Gegenwind war heftig und das System fühlte sich wie eine Betonwand an. Die Angst vieler KollegInnen, um Stunden, Anerkennung oder gar ihren Job zu bringen, lähmte jede echte Reform. Die Strukturen im Lehrkörper sind träge, Geld und Einflussverteilung richten sich weiterhin nach Textlastigkeit. Das traditionelle Text-Buch thront als alleiniger König im Unterricht, Bilder bleiben Deko, schmückendes Beiwerk, bestenfalls ein hübscher Farbtupfer am Rand.

Die größte Bitterkeit bleibt für mich: Trotz aller Leidenschaft, Expertise, Vernetzung und echtem Rückenwind stand am Ende wieder das alte Bildungssystem unverändert da – stur, langsam, festgeklemmt im Schatten eines Text-Denkens, das der Lebenswirklichkeit der Kinder und Jugendlichen längst nicht mehr gerecht wird. Unsere Vorschläge, Erfahrungen, unsere Stimme für das Bildlernen prallten ab; sie wurden abgetan, beiseitegeschoben, als störend empfunden.

Am eigenen Leib habe ich erfahren, wie hart der Weg zu echter Veränderung ist. Doch eines weiß ich: Selbst wenn das System noch standhaft widersteht, darf man den Glauben nicht verlieren – denn Veränderung beginnt immer mit dem ersten Schritt und dem Mut, auch im Gegenwind weiterzugehen.

4.2 Wer bremst, wer blockiert? – Die typischen Gegenspieler der Veränderung

Wenn du als Elternteil die Initiative für mehr Bildkompetenz in der Schule unterstützt, wirst du schnell merken: Gegenwind ist vorprogrammiert – und zwar aus verschiedenen Ecken. Hier sind die wichtigsten Widerstände, auf die du treffen wirst, und warum sie dich und viele andere Eltern besonders betreffen:

1. Das träge Bildungssystem – „Das haben wir immer so gemacht"
Das Schulsystem ist wie ein uraltes Verwaltungsgebäude mit endlosen Fluren und verschlossenen Türen. Über Jahrzehnte wurde auf Text, Frontalunterricht und klassische Prüfungen gesetzt. Alles, was neu, kreativ oder visuell daherkommt, wird erstmal kritisch beäugt und oft als „Spielerei" abgetan. Viele in Entscheidungspositionen, Schulaufsicht oder Ministerien haben selbst fast nur Buch, Tafel und Text erlebt – für sie ist Bildlernen Neuland und damit suspekt. Sie befürchten Chaos statt Struktur, ein Absinken der Leistungsstandards, den „Verlust der Kulturtechnik Text".

Für dich als Elternteil bedeutet das: Du stößt auf Mauern, die meist nicht rational, sondern aus reiner Gewohnheit entstehen.

Wenn du als Elternteil voller Hoffnung auf mehr Bildlernen in der Schule setzt, brauchst du ein dickes Fell – denn auf dem Weg zur Veränderung stehen einige massive Widerstände, die dir immer wieder begegnen werden. Und diese Widerstände sind oft nicht sachlich und ruhig, sondern fühlen sich für dich als Vater oder Mutter sehr real, sehr emotional und oft auch höchst frustrierend an.

2. Lehrkräfte im Widerstand – Angst vor Mehraufwand und Kontrollverlust
Viele Lehrerinnen und Lehrer arbeiten längst am Limit. Sie erleben Tag für Tag den engen Takt des Lehrplans, große Klassen, ständige Leistungsüberprüfungen und hohe Erwartungen von allen Seiten. Kommt nun auch noch der Ruf nach Bildkompetenz und neuen Methoden, entstehen oft tiefe Risse. Für viele bedeutet ein solcher Wandel, dass sie ihr gewohntes Terrain verlassen und sich auf unsicheres Neuland einlassen sollen.

Die Vorstellung, plötzlich mit Mindmaps, Comics, Bildanalysen, digitalen Tools und neuen Medien zu arbeiten, löst Unsicherheit aus. Es fühlt sich an wie zusätzlicher Ballast: „Wann soll ich das noch machen? Wer hilft mir dabei?"

Hinter vorgehaltener Hand kommt die Angst hoch, den Überblick und die Kontrolle über den Unterricht, vielleicht sogar über die Klasse zu verlieren. Wer immer alles im Griff hatte, soll jetzt loslassen – das ist für viele ein echter Kraftakt. Die Digitalausstattung ist oft noch schlecht, Schulungen fehlen, die Angst, mit „Experimenten" zu scheitern, sitzt tief.

Nicht selten heißt es dann: „Wir haben keine Zeit für Experimente", „Das sprengt unseren Rahmen", „Die Kinder lernen doch am besten mit Text". Dahinter steckt nicht nur Bequemlichkeit, sondern auch eine große Sorge, zu überfordern, ausgeliefert und mit der neuen Verantwortung allein gelassen zu werden.

3. Die Angst der Fachvertreter – Wer gibt Macht und Einfluss ab?

Vor allem Vertreter der klassischen Text- und Sprachfächer empfinden das Bildlernen als Eingriff in ihre Kernkompetenzen – ein leiser, aber ständiger Machtkampf schwebt mit. Wenn plötzlich Comics, Grafiken oder Bilder gleich viel zählen sollen wie Interpretationen, Erörterungen oder Grammatikregeln, dann fühlen sich viele Deutsch-, Fremdsprachen- und Geisteswissenschaftslehrer bedroht: „Verlieren wir dann Einfluss? Wird unser Fach ausgedünnt? Zählt am Ende Bildkompetenz gleich viel wie Text?"

Es geht nicht nur um Inhalte, sondern auch um Ansehen, Stundenzahlen und Gewicht im Kollegium. Es ist ein Streit um Wertigkeit, Tradition und Status. Viele dieser Fächer berufen sich auf das Bewährte, auf Standards und Prüfungsformate – aus Angst, einen Teil ihrer Identität, ihres Einflusses zu verlieren. Der Wandel zu mehr Bilderlernen fühlt sich für sie an wie ein Angriff auf das eigene Fundament.

4. Finanzielle Bedenken und Ressourcenneid – Wer fürchtet ums letzte Stück vom Kuchen?

Wenn Bildlernen modern und praxisnah eingeführt werden soll, entstehen sofort Diskussionen ums Geld. Die Verwaltung, Schulträger und selbst die Politik wittern gleich höhere Kosten: „Fortbildungen für Lehrkräfte, digitale Tafeln, Tablets für alle, neue Lernmaterialien – wer soll das bezahlen?"

Die Antwort ist oft ein müdes Kopfschütteln, garniert mit Sätzen wie: „Unsere Mittel sind begrenzt, für solche Spielereien ist kein Budget vorgesehen." Das ist nicht nur ein Argument gegen Visionen, sondern wirkt auf dich als Elternteil oft wie ein Schlag ins Gesicht. Hier geht es um knallharten Ressourcenneid: Wer Geld für neue Tablets ausgibt, kann nicht gleichzeitig mehr Lehrer bezahlen. Wer Technik kauft, muss woanders sparen.

Du hörst Sätze wie: „Wollen Sie lieber mehr Tablets – oder doch lieber zusätzliche Förderstunden für Deutsch?" Das ist die typische Mangelverwaltung, in der regelmäßig die falschen Gegensätze aufgebaut werden – immer auf Kosten der wirklich notwendigen Fortschritte.

5. Technikangst und Überforderung – Wenn Digitalisierung Angst macht und Künstliche Intelligenz zum Schreckgespenst wird

Ein besonders zäher, oft unterschätzter Widerstand gegen mehr Bildlernen und digitale Methoden kommt aus den Reihen derer, die schon lange im System sind – viele erfahrene Lehrkräfte, Verwaltungsangestellte, Mitglieder im Elternverein oder gar in der lokalen Politik. Für sie bedeutet die digitale Wende mehr als nur ein neues Gerät – sie ist ein echter Kulturschock. Jahrzehntelang war Lernen etwas Greifbares, Papier, Buch, Tafel – jetzt soll plötzlich alles mobil, multimedial, vernetzt und vor allem „bildbasiert" werden.

Die Reaktionen schwanken zwischen Unsicherheit, Skepsis und offener Ablehnung. Es ist wie ein Blick in einen Spiegel, in dem viele sich selbst nicht mehr ganz erkennen.

Sätze wie „Ich verstehe das alles nicht mehr", „Das geht doch alles viel zu schnell", oder „Das habe ich nie gebraucht, warum jetzt plötzlich alles anders?" fallen immer wieder. Für viele ist Technik, gerade alles rund um Bildbearbeitung, Video, Apps und KI wie eine undurchdringliche fremde Sprache geworden.

Die Angst vor Kontrollverlust ist greifbar: „Was mache ich, wenn die Geräte nicht funktionieren? Wer hilft mir, wenn plötzlich ein technischer Fehler auftritt? Wie kann ich Bilder und Videos richtig einsetzen, wenn ich sie selbst nur halb verstehe?" Immer häufiger schwingt auch eine tief sitzende Angst vor Künstlicher Intelligenz mit: „Was, wenn KI die Kontrolle übernimmt? Können Kinder dann überhaupt noch kritisch denken? Werden sie nicht abhängig davon? Wie entlarve ich Fakes, Deepfakes, Manipulation? Muss mein Kind Bilder jetzt nicht nur erstellen, sondern plötzlich KI-gesteuerte Bildinhalte auf Wahrheit prüfen?"

Die klassische Sorge:

„Bilder, Videos, Apps, das ist doch reine Ablenkung. Am Ende verlernen die Kinder das wirkliche Denken, verlieren Tiefe und Konzentration. Früher ging Lernen in die Tiefe, heute bleibt alles an der Oberfläche hängen."

Manche warnen vor einer „Bildüberflutung", befürchten, dass dauernd neue Eindrücke und Animationen jede echte Aufmerksamkeit ruinieren. Sie fühlen sich von der Geschwindigkeit der digitalen Entwicklung abgehängt – jedes neue Tool, jede neue App löst statt Staunen eher leisen Schrecken aus.

Dieses Unbehagen überträgt sich stark ins Kollegium, in Elternabende, in Gremien:

- Es werden Zweifel an der Sinnhaftigkeit moderner Methoden gesät („Müssen wir das wirklich alles mitmachen?").
- Immer wieder blockiert jemand die Anschaffung neuer Technik, scheut den Aufwand von Fortbildungen oder stellt berechtigte, aber selten lösungsorientierte Fragen zu Datenschutz und Mediennutzung.
- Die Debatte kippt schnell auf die emotionale Ebene: Digitalisierung raubt dem Lernen das Herz, Technik zerstört die Beziehung.

Und vor allem die Angst vor KI ist mittlerweile allgegenwärtig. „Werden wir überhaupt noch gebraucht?", fragen sich einige ältere Lehrkräfte. „Kann eine Maschine das jetzt besser?" Die Unkenntnis über das, was KI ist und kann, steigert die Skepsis ins Unermessliche. Elternvertreter fürchten, die Verantwortung für ihre Kinder aus der Hand zu geben, und erleben Ohnmacht gegenüber technologischen Entwicklungen, die sie nicht mehr durchschauen.

Die mächtigsten Widerstände
Am stärksten sind immer die Bündnisse der Bewahrer: Schulbürokratie, Fachvertreter der klassischen Fächer, Verwaltungsverantwortliche mit Haushaltsdruck. Sie halten den Wandel aus Angst vor Bedeutungsverlust, Überforderung und Mehrarbeit zurück.

Auch konservative Eltern und Teile der Medien tragen dazu bei: Sie fürchten, dass Bildung „zu locker" und „zu spielerisch" wird.

Wer sieht Nachteile und blockiert?

Vor allem diejenigen, die traditionell vom bisherigen System profitieren:

- Sprach- und Literatur-Fachschaften (wegen Statusverlust)
- Verwaltung und Finanzverantwortliche (wegen Kosten und zusätzlichem Aufwand)
- Überforderte Lehrkräfte (wegen Angst vor Veränderung und Kontrolle)
- Eltern, die mit klassischen Methoden „gut gefahren sind" und alles Neue skeptisch sehen

Fazit
Diese Widerstände drücken, sie bremsen aus, sie tun weh – weil sie dazu führen, dass Kinder, Eltern und engagierte Lehrkräfte immer wieder an denselben Mauern abprallen. Es braucht Kampfgeist, Ausdauer und echtes Engagement von allen Seiten, um diesen Gegenwind zu durchbrechen. Doch es lohnt sich – denn nur wer bohrt, kommt irgendwann durch das dicke Brett.

KI-Widerstand ist durchdrungen von echter Angst vor Überforderung, Kontrollverlust, Bedeutungsverlust – und von der Sehnsucht nach Sicherheit, Halt und vertrauten Lernwegen. Veränderung fühlt sich für viele an wie ein Sprung ins Ungewisse. KI ist in ihren Augen nicht Chance, sondern Bedrohung für das „wahre" Lernen.

Für dich bedeutet das: Die wichtigste Brücke ist Verständnis und Mut zur gemeinsamen Weiterentwicklung – denn hier braucht es Aufklärung, Begleitung und echte Unterstützung, damit Technik nicht Angst, sondern Begeisterung auslöst und KI zu einem Werkzeug wird, das Kinder und Erwachsene gemeinsam souverän nutzen können.

Eltern müssen sich auf mühsame Überzeugungsarbeit einstellen, brauchen Verbündete, Beharrlichkeit und einen langen Atem. Denn Veränderung passiert nicht von allein – aber gemeinsam lässt sich selbst durch dicke Bretter bohren. Bleib dran, denn am Ende sind echte Verbesserungen für dein Kind den Gegenwind wert!

6. Entscheider ohne Weitblick: „Haben eh genug!" – Wenn Unwissen zu Sturheit wird

Es gibt Momente im Leben, da spürst du den Wind der Veränderung im Rücken – und trotzdem steht vor dir eine Wand, hart, unbeweglich, scheinbar undurchdringlich. So fühlte es sich an, als ich den Versuch wagte, auf Grund einer Landesinitiative Kunstschulen für 26 Gemeinden in Niederösterreich ins Leben zu rufen. Ein Herzensprojekt des Landes, getragen von der Überzeugung: Unsere Kinder brauchen Zugang zu Bildern, zu Kreativität, zu ihrer Fantasie und Ausdruckskraft. Eine Kunstschule, die jedem offensteht, unabhängig von Herkunft, Talent oder sozialem Status.

Doch der Anfang war steinig, von Skepsis und Widerständen geprägt. Es waren nicht die Kinder, nicht die Eltern, nicht die Kunstinteressierten, die blockierten – es waren die Entscheider. Maßgebliche Kulturmanager, Gemeindevertreter, Menschen mit Macht in den Gremien. Immer wieder der gleiche Tenor: „Haben eh genug!" –

genug im Angebot, genug für die Kinder, genug für die Gemeinde. Hauptsache, es kostet nicht mehr, Hauptsache, niemand muss sich bewegen.

Wie oft habe ich in jenen Monaten mit Funken der Hoffnung das Gespräch gesucht, habe versucht, Herz und Sinn für das Bild zu öffnen. Ein Bürgermeisterkollege, ganz offen: „Keine Ahnung, was das bringen soll. Wer malt, blockiert halt den Zeichensaal." Ein anderer Gemeindemandatar, völlig verständnislos: „Die sollen sich bitte nicht so aufführen. Zuerst sollen die Kinder lesen und schreiben lernen."

Und dann – die Angst um das Budget. Immer und immer wieder: „Kosten, Kosten, Kosten." Als ginge es um einen Luxus, um elitäre Programme für eine kleine Minderheit. Dabei wusste ich, im tiefsten Inneren: Hier entscheidet sich, wie eine Gesellschaft mit Kreativität, mit Offenheit, mit Zukunft umgeht. Viele Entscheidende jedoch blickten nur auf das, was war – nicht auf das, was möglich werden könnte.

Das Pilotprojekt, ein zartes Pflänzchen voller Elan, startete mit aller Kraft. Zwei Jahre lang warf ich mich in zahllose Gespräche, Planungen, Anträge. Doch mit jedem Schritt kam mehr Gegenwind. Zögerliche Gemeindevertretungen, ein Management ohne Feuer im Herzen, Verantwortliche, die Projekte lieber beendeten, als sie mutig zu führen. Am Ende wurde das Pilotprojekt wegen Finanzängsten und administrativer Kurzsichtigkeit gestoppt. Zwei Jahre voller Mühe, Begegnungen, Hoffnung – scheinbar verloren im Sumpf der Sturheit. Frust, Resignation und Enttäuschung machten sich breit. So viele Türen blieben zu, so viele Chancen wurden verschenkt.

Aber aufgeben? Keine Option! Herausforderungen sind da, um bewältigt zu werden, war meine Devise. Mein Wille hier etwas zu bewirken war groß. Ich setzte mich ein, sehr ein. „Aber wird es etwas bringen? Lohnt sich der Aufwand?", waren meine Fragen. Die Antwort und wie mein Unterfangen ausgegangen ist, dazu darf ich dir am Ende des Kapitels präsentieren. Bleib dran!

4.3 Wenn Eltern an Mauern stoßen – Was sie im Widerstand erleben

Welche Schwierigkeiten gibt es für dich, könnte es geben, wenn du Veränderungen forderst?

Natürlich gibt es diese Befürchtungen, Schwierigkeiten und Ängste, die dich als Mama oder Papa treffen können, wenn du Veränderungen für mehr Bildlernen einforderst oder selbst anstößt. Hier findest du ein paar zusammengefasst:

a) Angst um die Behandlung und Beurteilung deines Kindes

Du setzt dich lautstark für Veränderung ein, kämpfst für mehr Bildkompetenz, prangerst Missstände an – und plötzlich fragst du dich: Könnte das auf mein Kind zurückfallen? Wird die Lehrperson streng, weil „die Mutter/der Vater wieder so unbequem war"? Bekommen kritische Elternkinder schlechtere Noten, weniger Geduld, weniger Chancen? Diese Angst schleicht sich schnell ein. Was, wenn dein

Wunsch nach besserem Lernen deinem Kind eher schadet als hilft? Viele Eltern beschleicht das Gefühl, sie müssten stillhalten, um ihr Kind nicht in eine Außenseiterrolle zu bringen.

b) Ministerium und Behörden: Abwarten, Aussitzen, Abwiegeln, von Vertröstungen bis zu Ignorieren
Du hast endlich den Mut, legst den Finger in die Wunde, schreibst Briefe, appellierst, stehst bei Elternabenden auf. Was passiert? Oft: Nichts. Abwehr, Ausreden, ewiges Warten. Man liest nette Antworten, hört „Auch das wird geprüft", „Wir sind dran", „Im neuen Lehrplan ist was vorgesehen" – doch letztlich bleibt alles, wie es war. Das frustriert, macht müde. Manche Eltern fühlen sich wie Rufer in der Wüste und resignieren irgendwann: „Es bringt ja doch nichts, ich laufe gegen Mauern!"

c) Angst vor eigenen Kosten, Mehraufwand und Unbekanntem
Veränderung klingt gut – aber wird's am Ende teuer? Müssen neue Materialien angeschafft, Kurse bezahlt, Technik geholt werden? Kommt jetzt alles zusätzlich auf deine Schultern? Viele Eltern fürchten, dass auf sie plötzlich mehr Arbeit wartet: Neue Lernmethoden daheim ausprobieren, Materialien organisieren, sich selbst erstmal ins Thema Bilderlernen einarbeiten. Das kann abschrecken.

d) Falsche Vorstellungen: Bildlernen als Luxus, nicht als Notwendigkeit
Vielleicht hörst du auch in deinem Umfeld Sätze wie: „Ach, das ist doch was für Kreativlinge, nichts fürs richtige Leben!" Änderungswünsche werden als Schnickschnack abgetan, Bilderlernen als Spielerei, Luxus für Kinder, die schon alles haben. Du spürst: Viele erkennen (noch) nicht, wie wichtig visuelle Kompetenzen heute wirklich sind. Das Gefühl, allein für etwas kämpfen zu müssen, das andere gar nicht ernst nehmen, kränkt und macht oft mutlos.

e) Eigenes Engagement und die Herausforderung, überhaupt gehört zu werden
Engagement kostet Kraft – und ist manchmal ein einsamer Weg. Du schreibst, rufst an, gehst in Elternvereine, meldest dich zu Wort – doch Bürokratie, Langsamkeit und Ignoranz stehen im Weg.

Typische Stolperfallen: Formulare, ewige Sitzungskreise, abwinkende Lehrer, müde Elternbeiräte, starre Schulleitungen, denen Veränderung zu anstrengend ist. Das Gefühl, mit deinem Anliegen „unterzugehen" oder am Widerstand eines Apparats zu scheitern, kann zermürben.

Am Ende stehen oft Zweifel, Frust und Sorgen: Lohnt sich der Kampf? Wird meine Stimme wirklich gehört? Oder bleibt alles beim Alten – und mein Wunsch nach einer besseren Schule klingt irgendwann nur noch wie ein leises Echo in den Gängen der Bürokratie?

Doch vergiss nie: Jede Veränderung beginnt mit einer Person, die sich traut – und tapfer bleibt, auch wenn Gegenwind bläst. Auch wenn's schwer ist. Auch wenn du mehrmals am liebsten aufgeben würdest. Für dein Kind, für alle Kinder, für eine Schule, die Zukunft aus Bildern baut.

4.4 Hindernisse vor Ort – So schwer wird Wandel in der Schule wirklich

Widerstände zu Hause mit dem Kind oder der Schule

1. Die Schulmauer bleibt dicht – Wo Ideen am Alltagsstress zerschellen
Vielleicht kennst du dieses Gefühl nur zu gut: Du bist motiviert, suchst nach neuen Wegen, hast dich über Bildlernen informiert oder sogar eigene kleine Methoden probiert. Aber sobald du mit deinem Anliegen vor die Schule trittst, stößt du gegen eine unsichtbare, aber massive Wand. Die Schulmauer bleibt dicht. Gute Ideen, Impulse aus Büchern, Gesehenes von anderen Eltern – all das zerschellt gnadenlos an hektischen Stundenplänen, Text-lastigen Alltag und der scheinbar endlosen Routine im Lehrerzimmer.

Im Alltag sind die Zeit und die Nerven der Lehrer ohnehin bereits am Limit. Jede weitere Anregung, erst recht, wenn sie über die klassischen Methoden hinausgeht, wird als zusätzliche Belastung erlebt. Die Antwort? „Dafür haben wir keine Zeit." „Das ist mit dieser Klasse nicht machbar." Oder einfach Schweigen.

Auch du selbst merkst, wie das Leben dich einholt: Eigentlich wolltest du mit deinem Kind kreativ werden, aber nach dem langen Tag, Essen, Wäsche, Terminen bleibt nur noch Kraft für das Notwendigste. Der Alltagsstress überrollt selbst die besten Absichten und die Vision, endlich mehr mit Bildern und Visualisierungen zu lernen, erstickt im Strudel der Routine.

So bleibt die Schulmauer – im Lehrerzimmer wie in deinem eigenen Wohnzimmer – oft so fest wie eh und je.

2. Hausaufgaben-Konflikt, Eltern-Zweifel, Kinder-Widerstand
Zu Hause ist der Kampf selten vorbei.

Hausaufgaben werden regelmäßig zum Krisenherd: Du willst neue Methoden ausprobieren, Comic-Hausaufgaben, Mindmap, Farbcode – aber dein Kind blockt ab. „Das ist doch kein richtiges Lernen!", wird protestiert, oder die Lust, etwas anderes auszuprobieren, fehlt nach dem Schultag völlig. Zwischendrin meldet sich die eigene Unsicherheit: Mache ich es zu „bunt"? Bringe ich mein Kind in Schwierigkeiten, wenn ich etwas anderes ausprobieren möchte? Oder bin ich schon froh, wenn überhaupt irgendetwas erledigt wird?

Oft prallen die Wünsche nach Innovation und Entlastung auf eine Wand von innerem Widerstand. Nicht nur beim Kind, das sich im gewohnten Fahrwasser sicherer fühlt, sondern auch bei dir selbst: Der Alltag schafft Zweifel an der Umsetzbarkeit.

Im Klassenzimmer wird's nicht leichter: Selbst mutige Lehrkräfte, die bildhafte Methoden ausprobieren wollen, stoßen schnell auf Ungeduld, auf Skepsis – nicht nur bei Kollegen, sondern auch bei Kindern, die von zwölf Jahren Textdomäne geprägt sind. „So haben wir das doch nie gemacht!", „Wozu brauchen wir das?"

3. Warum kämpfen wir nicht nur in den oberen Etagen, sondern auch zu Hause und im Klassenzimmer?
Weil Umdenken unbequem ist! Jede Veränderung bedroht eingespielte Abläufe – sei es in der Schule, in der Familie oder im Kopf deines Kindes. Es ist der stille Druck, dass „schon genug los ist", die Angst, noch mehr Baustellen aufzumachen, der Frust über die immer gleichen Diskussionen.

Eltern und Kinder kämpfen gleichermaßen: Eltern gegen Selbstzweifel („Überfordere ich uns?"), Kinder gegen Überdruss („Ich hab jetzt keine Lust auf etwas Neues, das dauert nur noch länger"). Lehrer zwischen dem Wunsch nach Innovation und der Angst, den Überblick zu verlieren.

4. Typische Missverständnisse und Stolperfallen beim Einfordern von Bildlernen
Oft wird Bildlernen als „Nebenfach" abgetan – „Das ist was für Kunst, aber nicht für Mathe oder Deutsch". Auch der Glaube, dass Bildlernen „nur für die Kreativen" ist, blockiert – dabei profitieren gerade die sogenannten Text-Schwachen massiv von Visualisierungen. Einen weiteren Stolperstein bildet die Unsicherheit, wie visuelles Lernen konkret gehen soll – Eltern und Lehrer scheuen sich, weil sie glauben, nicht „talentiert" genug zu sein. Die Folge: Man tut lieber nichts.

5. Wie Alltagssorgen die Vision torpedieren
Die Realität kracht mit voller Wucht in die schönste Vision. Termine, Zeitdruck, das Gefühl, ohnehin alles alleine stemmen zu müssen, machen aus ambitionierten Plänen schnell Nebensache. Du willst anders lernen – aber neben Job, Haushalt, Hobbys und überquellenden To-do-Listen tritt der Wunsch nach neuen Wegen leise zurück.

So verlieren nicht nur große Utopien, sondern auch kleine Bildfunken den Kampf gegen das tägliche Funktionieren. Der Frust wächst, der innere Schweinehund türmt sich auf, und am Ende bleibt alles, wie es war.

Was tröstet? Zu spüren: Du bist mit diesen Widerständen absolut nicht allein. Veränderung passiert nie reibungslos – aber wer dran bleibt, sägt mit jedem Anlauf ein Stück weiter am dicken Brett. Und selbst kleine Schritte im Familienalltag können große Türen für mehr Freude am Lernen öffnen.

4.5 Von „Das geht doch nie!" zu „Jetzt erst recht!" – Was am Ende wirklich zählt

Stell dir vor, du stehst als Papa oder Mama vor einer dieser unüberwindbar scheinenden Mauern, wenn es um neue Wege beim Lernen – speziell ums Bildlernen – geht. Am Anfang ist da oft das große Kopfschütteln, vielleicht auch eine stille Wut: „Warum sollen ausgerechnet wir jetzt noch mehr ändern?" Du hörst die alten Sätze: „Das hat doch nie funktioniert." „Bilder? Das ist doch Spielerei!" „Unsere Schule war doch auch gut genug." Und all die Zweifel mischen sich mit deinem ganz realen Alltagsstress – der Familie, der Arbeit, den ewigen Listen.

a) Wie scheinbar unüberwindbare Mauern einstürzen

Die Mauer beginnt oft als inneres Bollwerk: Zweifel an der Sinnhaftigkeit, Sorgen, ob du die Zeit und Kraft für noch eine Reform hast. Doch Mauern stürzen nicht, indem man einmal dagegen donnert – sondern durch Geduld, Ausdauer, den festen Glauben daran, dass Veränderung Zeit braucht.

Es sind die kleinen, mutigen Schritte, die sie langsam bröckeln lassen: Ein erster Versuch mit Mindmap statt Frontalabfrage, ein Bild an die Kühlschranktür, ein gemeinsames Lachen über einen Lerncomic. Jeder Widerstand deines Kindes, jedes müde „Bringt doch eh nichts", ist eine Prüfung für deine Geduld.

Was hilft, um nicht aufzugeben?

- Sich mit anderen Eltern austauschen – geteiltes Durchhalten ist doppelter Mut
- Den Blick auf kleine Fortschritte schärfen und feiern
- Sich erlauben, Fehler zu machen, den Alltag als Übungsfeld zu sehen
- Durchhalteparolen leben: „Es dauert eben, aber es lohnt sich", „Kleine Siege sind die wichtigsten", „Dranbleiben ist alles"
- Und immer wieder daran erinnern: Jede Mauer ist einmal gefallen, wenn nur beharrlich genug daran gearbeitet wurde.

b) Warum Aufgeben keine Option ist – Was wäre die Alternative?

Aufgeben? Klar, das klingt manchmal verlockend, wenn der Tag endlos war und die nächste Diskussion um Hausaufgaben schon wieder ansteht. Doch was wäre die Alternative? Wieder zurück zu den alten Routinen, dem Streit, den toten Textwüsten, dem Frust und der inneren Leere?

Wenn wir loslassen, überlassen wir die Zukunft unserer Kinder dem Zufall. Dann bleiben sie, wie du es vielleicht selbst früher erlebt hast, in einer Schule stecken, die zu viel fordert, zu wenig gibt – und die ihre Kreativität und ihre Neugier verdorren lässt.

Du bleibst dran, weil du weißt:

- Jede Verbesserungs-Idee, jede neue Methode, zündet langsamer, als uns versprochen wird – aber sie zündet!
- Veränderung braucht Menschen, die trotz Zweifel nicht weglaufen.
- Dein Kind hat das Recht auf ein Lernen, das es wirklich erreicht, das Spaß macht, das den Kopf und das Herz anspricht.
- Wer aufgibt, akzeptiert, dass alles bleibt, wie es ist – eine zu große Hypothek für die nächste Generation.

c) Mut machen – Deine Veränderung kann Schule machen!

Vielleicht siehst du dich als Einzelkämpfer, doch: Jede Veränderung fängt bei einer Person an, beim ersten Schritt, beim ersten „Trotzdem!"

Mut kommt, wenn du erkennst, dass du mit deinem Engagement und deinen Experimenten nicht allein bist. In der Community, im Austausch mit anderen Eltern, im Netzwerk derer, die auch nach neuen Wegen suchen, wächst Hoffnung.

Ein kleiner Soforthilfe-Tipp: Nimm nach einem scheinbar gescheiterten Lernabend ganz bewusst das Bild deines Kindes vor Augen, wie es an etwas Freude hatte – und erinnere dich, dass solche Momente wiederkehren, wenn du neue Türen öffnest.

Am wichtigsten: Gib dir selbst die Erlaubnis, zu hoffen – auch gegen Widerstände. Du bist Teil einer Bewegung, die Schule nicht nur kritisiert, sondern Stück für Stück verwandelt. Jedes „Jetzt erst recht!" von dir ist ein Lichtsignal für andere und der Mörtel für die neuen Wege, die wir für unsere Kinder bauen.

Das, was bleibt? Das ist die Gewissheit: Am Ende zählt nicht, wie schwer die Mauer war – sondern dass du durchgehalten und den ersten Stein herausgebrochen hast. Und manchmal, mit genug Mut und Mitstreitern, bricht die Mauer schneller als du denkst.

4.6 Raus aus der Sackgasse – Strategien für Eltern und Lehrkräfte

a) Wie du mit Widerstand konstruktiv umgehen kannst
Widerstand ist kein Zeichen des Scheiterns – im Gegenteil: Er ist der natürliche Begleiter jeder echten Veränderung. Wenn du als Mama oder Papa auf Barrieren stößt, wenn Kollegen mit verschränkten Armen im Lehrerzimmer sitzen oder dein Kind erstmal aus Prinzip blockiert, dann frage dich: Was steckt dahinter? Oft ist es Angst vor Neuem, fehlende Erfahrung oder einfach die Kraft der Gewohnheit.

Nimm den Widerstand als Einladung zum Dialog: Sprich offen über deine Beweggründe, hör zu, mach die Sorgen anderer sichtbar. Erzähle von kleinen Erfolgen, von Bildern, die deinem Kind plötzlich Lernen erleichtert haben, von Momenten, in denen Frust gewichen ist. Geh in den Austausch – je mehr andere erleben, wie du dranbleibst und wachsen kannst, desto mehr öffnen sich die Türen.

Bleib geduldig, setze nicht auf Konfrontation, sondern auf neugieriges Probieren. Widerstand verschwindet, wenn klar wird: Es ist ungefährlich, Neues auszuprobieren – das Vertraute muss nicht sofort aufgegeben werden, sondern kann durch neue Ansätze sinnvoll ergänzt werden. Zeig, dass Bildlernen kein Selbstzweck ist, sondern ein Weg, Schule und Alltag leichter, bunter und menschlicher zu machen.

b) Praxisnahe Tipps, um Hürden zu meistern (und Frust in Energie zu verwandeln)

▶ **Tipp**
- Fang klein an: Nimm dir eine Sache vor. Male bei der nächsten Vokabelliste drei kleine Bildchen dazu, lass dein Kind einen Comic zur Sachkunde zeichnen oder kreiere mit der Klasse eine bunte Mindmap. Kleine Schritte machen Veränderung weniger beängstigend – und zeigen oft schnelle Erfolge!
- Mach Erfolge sichtbar: Notiere gemeinsam mit deinem Kind, was mit den neuen Methoden besser läuft – ein schnelleres Wiederholen,

mehr Lust am Lernen, weniger Streit. Teile Erfahrungen mit anderen Eltern oder Kolleginnen: Erfolgsgeschichten sind die beste Motivation gegen Zweifel.
- Lass dich nicht von Rückschlägen ins Bockshorn jagen: Klar, nicht jede Idee zündet sofort. Sei offen für holprige Phasen, lache über Missgeschicke, bleib flexibel und passe an. So wird Lernen mit Bildern zu deinem eigenen Abenteuer – und der Frust bleibt nicht der Endpunkt, sondern wird Antrieb für neue Versuche.
- Such dir Verbündete: Niemand muss alles allein stemmen. Vernetze dich, gründe eine kleine Elternrunde oder ein Team kreativer Lehrkräfte. Gemeinsam geht's leichter und Hürden schrumpfen, wenn man nicht allein davorsteht. Im nächsten Abschnitt kann ich dir eine gute Möglichkeit des Austausches und der Zusammenarbeit anbieten. Meine Community.
- Feiere jeden Fortschritt: Ein Lächeln beim Lernen, ein „Aha!", ein entspannter Abend ohne Hausaufgaben-Streit – das sind echte Meilensteine. Mach sie dir bewusst, erzähle davon, lass dein Kind daran wachsen. Das baut nicht nur Stolz, sondern verwandelt den alten Frust förmlich in Aufbruchsstimmung!

Bleib mutig, bleib dran. Jeder Widerstand lädt dich ein, neue Wege zu finden. Mit Kreativität, Humor und Gemeinschaft kommst du raus aus jeder Sackgasse – und schaffst für dich, dein Kind oder deine Schule den Durchbruch, von dem viele nur träumen.

4.7 Meine Community – Dein Anti-Frust-Team im Hintergrund

Stell dir vor, du bist plötzlich nicht mehr allein mit all deinen Sorgen, Fragen und dem Frust, den Schule und das Lernen manchmal über deine Familie bringen. Genau das ist die Idee meiner Community – deinem persönlichen Anti-Frust-Team im Hintergrund. Hier treffen Eltern mit Herz, Erfahrung und Vision aufeinander. Hier geht es nicht nur ums Mitreden, sondern ums Mitgestalten, ums Mutmachen, ums Dranbleiben.

Erfahrung und Power, die dir Rückenwind geben
Ich bringe fast 40 Jahre geballte Erfahrung als Bildpädagoge und Bildexperte in die Community ein. All das Wissen aus hunderten Klassenräumen, aus dem Alltag als dreifacher Familienvater und als langjähriger Obmann eines Elternvereins steht dir zur Verfügung. Es geht hier nicht nur um pädagogische Tricks – du lernst hautnah, welche Methoden wirklich funktionieren, wie visuelle Kommunikation im Schulalltag gelingt, wie du Bildanalysen anwendest, wie Bilder entwickelt und gestaltet werden und wie du die Kraft der Kreativität für dein Kind nutzen kannst.

Doch es ist weit mehr als nur Theorie und Lehrbuchwissen: Ich weiß, wie Elternarbeit zu echter Solidarität wird. Ich weiß, wie schwer es ist, im Alleingang gegen Widerstände zu kämpfen – und wie kraftvoll es werden kann, wenn wir das gemeinsam tun.

Kurse, Workshops, Austausch – Damit du nicht alleine kämpfst
Schau auf unserer Community-Plattform. Dort findest du weit mehr als gute Ratschläge: Hier kannst du dich mit Eltern austauschen, die genau wissen, wie sich Verzweiflung und Hoffnung beim Lernen abwechseln. Hier kannst du deine Sorgen teilen, Fragen stellen, dich auf Augenhöhe austauschen und spüren: Ich bin nicht allein!

Und weil Theorie nur der Anfang ist, gibt es laufend Workshops, die Mut machen und dich und dein Kind praktisch voranbringen. Ob Crash-Kurs in Mindmap-Methoden, knallharte Praxis zu Bildanalyse, Kreativitätstechniken oder gemeinsames Ausprobieren neuer Hilfen – hier wächst du an jedem Versuch, an jedem Aha-Moment. Online oder in Präsenz – Hauptsache, du kommst in Bewegung und kommst dem Ziel Stück für Stück näher.

Erfolgsgeschichten & echte Mutmacher – Wie Widerstand zur Energiequelle wird
Jede Veränderung beginnt mit einer, die sich was traut. In unserer Community findest du inspirierende Beispiele von Eltern, die drangeblieben sind, die kreative Ideen umgesetzt oder mit kleinen Schritten große Probleme gelöst haben. Diese Geschichten sind der beste Beweis, dass sich das „Nicht-Aufgeben" lohnt und dass aus Gegenwind Rückenwind werden kann.

Niemand sagt, dass der Weg leicht wird. Aber gemeinsam fühlt er sich leichter an. Mit dem Support, dem Know-how, dem ehrlichen Austausch und der geballten Ladung Alltagspraxis wächst hier aus Frust echte Bewegung. Unsere Community ist der Ort, an dem Sorgen zu Lösungen, Fragen zu Ideen und der alte Frust zu neuer Energie werden.

Komm dazu, werde Teil davon – und nutze den größten Schatz: die Kraft und Kreativität, die in Eltern steckt, wenn sie sich zusammentun! Für deine Kinder, für deine Familie und für eine Schule, die endlich in Bildern und Möglichkeiten denkt.

Am Ende des Buches findest du deinen Einstieg. Einscannen und dabei sein!

4.8   Die Hoffnung lebt! – Große Hürden, großer Gewinn

Fortsetzung: Die Kunstschule für Niederösterreich
Und nun, am Ende dieses Kapitels, möchte ich dich, liebe Mutter, lieber Vater, an den Punkt zurückbringen, wo meine Geschichte offen geblieben ist. Erinnerst du dich? Gegenwind, verschlossene Türen, jede Menge Skepsis – „Haben eh genug!" – eine Wand aus Ablehnung und Angst vor Neuem. Zwei Jahre voller Anträge, Austausch, Frust und scheinbar verlorener Hoffnung.

Doch ich habe nicht aufgegeben. Ich bin drangeblieben, immer wieder. Habe diskutiert, überzeugt, Verständnis geweckt – und, was am wichtigsten ist, habe Gleichgesinnte gefunden, die bereit waren, sich mit mir gegen die alten Muster zu stellen. Es war ein langer Weg, voller nervenaufreibender Gespräche, mancher Rückschläge, endloser Geduldsproben. Es hat Kraft, Ausdauer und manchmal auch eine Portion Trotz gebraucht.

Und dann, eines Tages, war es so weit: Die Idee der Kunstschule für alle Gemeinden wurde landesweit gesetzlich verankert. Aus dem oft belächelten, als Luxus abgetanen Projekt wurde eine feste Größe. Heute ist die Kunstschule kein Traum mehr, sondern an vielen Orten leuchtende Realität. Ich sehe Kinder, die voller Begeisterung Farben mischen, ihre Welt malen, ihrer Fantasie Gestalt geben. Ich sehe leuchtende Kinderaugen, stolze Eltern, neue Räume des Lernens, in denen Bild und Kreativität endlich ihren Platz haben.

Da ist diese tiefe Freude, dieses stille Glück zu erleben, dass Durchhalten stärker ist als jede Mauer der Sturheit. Jeder kreative Funke, jedes gemalte Bild ist für mich zum Zeichen geworden: Es lohnt sich, anzutreten gegen Ausreden, gegen das „Haben wir schon genug", gegen den lähmenden Blick zurück.

Mein Weg hat mir eines gezeigt: Wer nicht locker lässt, kann etwas bewegen. Es braucht Geduld, Mut und Mitstreiter – aber aus ausgesäten Hoffnungen werden Wege. Und aus Wegen wächst Zukunft.

Bleib dran, glaub an deine Idee – und du wirst erleben, wie selbst die dickste Wand der Gegenwart irgendwann Licht durchlässt.

Gegen den Strom – Warum sich Dranbleiben lohnt
a) **Was du als Mama oder Papa aus den Widerständen lernen kannst**

Widerstände eröffnen dir eine neue Perspektive: Sie zeigen nicht nur, wie festgefahren das System ist, sondern halten dir auch einen Spiegel vor, in dem du deine eigene Kraft entdecken kannst. Jede Hürde schärft deinen Blick für das, was Veränderung wirklich braucht: Geduld, Mut und den festen Glauben daran, dass dein Engagement zählt. Du lernst, dich nicht von erstem Gegenwind entmutigen zu lassen, sondern mit jedem Mal klüger, flexibler und beharrlicher zu werden. Manchmal bringt dich ein Rückschlag erst auf die beste Idee oder lässt dich neue Mitstreiter finden – Widerstände machen dich stärker, kreativer und noch überzeugter von deinem Weg.

Du spürst mit jedem Wort, das du erhebst, mit jeder Initiative, die du startest, wie sehr deine Stimme Gewicht bekommt. Die Erfahrung lehrt: Wer unbequem bleibt, der wird gehört – auch wenn es manchmal ein zweites oder drittes Nachfassen braucht. Du wirst zum Vorbild für dein Kind: Zeigst, dass Wachbleiben, Dranbleiben und das Verteidigen einer guten Idee keine Schwäche, sondern wahre Stärke ist.

b) **Der lange Atem und die Kraft der gemeinsamen Bewegung**

In Abschn. 4.7 konnte ich dir schon darlegen, dass nicht immer der Einzelne Berge versetzt. Es ist die große Chance des Miteinanders, der Bewegung, die wächst, weil Menschen wie du nicht aufgeben. Du bist Teil einer Gemeinschaft von Eltern, denen das Wohl ihrer Kinder mehr bedeutet als die Bequemlichkeit des „Das haben wir schon immer so gemacht". Gemeinsam wachsen eure Stimmen zu einer Welle, die Mauern ins Wanken bringt.

Der lange Atem – diese Mischung aus Hoffnung, Ausdauer und kleinen Schritten – verwandelt Stillstand in Fortschritt. Jeder Erfahrungsaustausch, jedes geteilte Erfolgserlebnis, jedes besonnene Dranbleiben trägt dazu bei, dass Veränderung Realität werden kann. Zusammen teilt ihr Rückschläge, aber auch die Erfolge. Ihr merkt, wie viel leichter es geht, wenn ihr euch gegenseitig aufrichtet und feiert: Von „Das bringt doch eh nichts" zum kollektiven „Jetzt erst recht!".

Und am Ende? Da steht das gute Gefühl, den Unterschied gemacht zu haben. Für dein Kind, für andere Familien, für die Schule, für eine Welt, in der Lernen mit Kopf, Herz und Bildern möglich ist. Dranbleiben lohnt sich – weil du nicht allein bist. Weil aus vielen kleinen Wellen ein großer Strom entsteht, der Bildung neu gestaltet und Herzen öffnet.

Und genau dieses gute Gefühl, etwas bewegt zu haben, ist wichtig. Vielleicht fragst du dich jetzt: Gibt es Beweise und klare Grundlagen dafür, warum gerade das Dranbleiben am Bildlernen so wirkungsvoll ist? Im nächsten Kapitel tauchen wir gemeinsam ein in Studien und wissenschaftliche Erkenntnisse, die zeigen, wie und warum unsere Begeisterung auf festen Boden trifft. Hier erfährst du, worauf du vertrauen kannst – und warum Bildlernen keine hohle Ansage, sondern eine kluge Investition in die Zukunft deines Kindes und unserer Gesellschaft ist. Lass dich überraschen, wie stark die Belege sind und wie sehr sich das Dranbleiben lohnt!

Das Geheimnis der Bildkraft: Wie Wissenschaft und Erfahrung das Lernen neu denken

5.1 Mitten ins Herz – Die Kraft der Bilder erleben

Wie Bilder uns erreichen – tiefer, emotionaler, direkter

Manchmal gibt es im Leben Momente, die einen mitten ins Herz treffen, einen so überraschen, so ergreifen, dass man sie nie wieder vergisst. Genau so einen Moment durfte ich erleben – und er hat meine Sicht auf Bilder, auf das Lernen, auf Emotionen für immer verändert.

Ich nehme dich mit nach Florenz, Italien. Gemeinsam mit meinem Studienkollegen streife ich durch die endlosen Hallen der Uffizien. Wir gehen von Saal zu Saal, staunen mit ehrfürchtigem Herzen über die großen Werke der alten Meister. Überall Kunst, Größe, Geschichte – und dann, plötzlich, bleibt mein Blick an einem Gemälde hängen. Es ist ein Werk aus der Renaissance, gemalt von Leonardo da Vinci. Und was jetzt passiert, lässt sich schwer in Worte fassen. Es ist, als packe mich das Bild ganz unmittelbar, als greife eine unsichtbare Hand mitten in mein Innerstes. Die Farben, die Formen – so leuchtend, so ausgewogen, so vollkommen lebendig, dass ich wie angewurzelt stehenbleibe.

Die Minuten vergehen. Ich merke gar nicht, wie lange ich dort stehe. Alles rundherum verschwimmt, die Stimmen, die Geräusche, mein Kollege – ich bin wie elektrisiert, vollkommen im Bann dieses einen Bildes. Die Verkündigung Marias, groß, strahlend, überwältigend. Je länger ich schaue, desto tiefer dringt das Bild in mich ein. Da kommt das Gefühl: Gänsehaut, feuchte Augen, schließlich fließen mir sogar Tränen übers Gesicht – Tränen der Ergriffenheit, der tiefen Freude, des Staunens. Kennst du das? Vielleicht aus der Musik? Wenn dich ein Lied oder eine Stimme so berührt, dass dein Innerstes vibriert, dir der Atem stockt, du einfach nur weinen musst – vor Glück, vor Aufruhr, vor Dankbarkeit, dass es so etwas gibt?

So stehe ich da, stundenlang – während andere Museumsbesucher neugierig werden, langsamer gehen, verweilen. Sie bemerken meine Tränen, bleiben stehen, lassen sich von der Kraft dieses Moments anstecken. Es passiert etwas im Raum, als ob alle gespürt hätten: Hier wirkt ein Bild, das trifft nicht nur das Auge, sondern das Herz, die Seele.

Dieses Erlebnis – es war das stärkste, das ich je mit einem Kunstwerk hatte. Ich verstand plötzlich: Bilder sind viel mehr als schöne Oberflächen. Sie sind emotionale Energieströme, sie machen uns offen, verletzlich, neugierig, sie lassen uns wachsen und verwandeln uns. Durch diesen Tag in Florenz öffnete sich für mich nicht nur der Blick in die Welt der Kunst, sondern die Erkenntnis: Bilder können tiefer, unmittelbarer, nachhaltiger in uns wirken als jedes noch so kluge Wort, jeder Text, jede Erklärung.

Später habe ich Schritt für Schritt gelernt, was dahinter steckt – die Werkzeuge, Mechanismen und Geheimnisse der Bildsprache, das Wie und Warum Bildkommunikation unser Lernen und Fühlen so stark prägt. Aber an diesem Tag war sie einfach da – die überwältigende, tief bewegende Macht des Bildes. Seitdem weiß ich: Lernen mit Bildern ist nicht nur schön – es ist zutiefst menschlich, tief berührend und unendlich stark.

Diese Erfahrung nehme ich jeden Tag mit. Sie ist mein Motor, warum ich mich für Bildlernen und visuelle Kompetenzen einsetze. Weil ich weiß, wie viel Kraft, wie viel Wandel, wie viel Hoffnung von einem einzigen, starken Bild ausgehen kann.

5.2 Was Lernen wirklich bedeutet

5.2.1 Was sagt die Wissenschaft?

Stell dir Lernen wie eine innere Reise vor: Jedes Mal, wenn dein Kind etwas Neues entdeckt, ausprobiert, fragt oder beobachtet, verändern sich kleine Verbindungen im Kopf – im wörtlichen Sinn! Die Wissenschaft beschreibt Lernen als dauerhafte Veränderung im Gehirn: Aus Erfahrungen, Wiederholungen und echten Aha-Momenten entstehen neue Pfade, die Wissen und Können speichern.

Lernen ist mehr als bloßes Pauken. Es heißt, mit allen Sinnen zu begreifen, Fehler zu machen, noch einmal hinzuschauen, querzudenken, nachzufragen. Es beginnt oft mit Neugier und kleinen Versuchen: Kann ich das? Wie geht das? Und jedes Mal, wenn dein Kind etwas wirklich verstanden hat, wird ein neues Stück dieser Welt zum eigenen Werkzeug.

Wissenschaftler sagen[1]: Lernprozesse sind dann am wirkungsvollsten, wenn sie bedeutsam sind, Spaß machen und echte Erfahrungen mit Gefühl verbinden – je bunter, anschaulicher und persönlicher, desto tiefer verankert sich das Neue im Gedächtnis.

---

[1] Hüther, Gerald: Was wir sind und was wir sein könnten. Ein neurobiologischer Mutmacher. Frankfurt am Main: Fischer Taschenbuch Verlag, 2016.
  Der Autor ist einer der bekanntesten Neurobiologen im deutschsprachigen Raum:Lernen ist ein aktiver Prozess der Gehirnentwicklung, bei dem sich neue neuronale Verschaltungen bilden. Begeisterung, Sinnhaftigkeit, Erleben mit allen Sinnen und emotionale Beteiligung sind zentrale Voraussetzungen für nachhaltiges und tief verankertes Lernen.

Kurz gesagt: Lernen ist lebendiges Verknüpfen – zwischen Kopf und Herz, zwischen Hand und Bild, zwischen Versuch und Irrtum. Es ist nicht das halbe Leben, sondern sein Puls. Und du kannst deinem Kind dabei helfen, indem du Lust, Neugier und kleine Erfolge immer wieder neu entfachst.

Lernen ist viel mehr als das bloße Auswendiglernen von Fakten oder das Pflichterfüllen für Schulnoten. Echtes Lernen bedeutet, die Welt verstehen zu wollen, sich Wissen lebendig anzueignen – und dieses Wissen dauerhaft, begeistert und sinnvoll im eigenen Leben zu verankern. Doch wie funktioniert Lernen eigentlich? Was hilft wirklich dabei, dass die Inhalte ins Herz und ins Gedächtnis gehen?

5.2.2 Wie lernt der Mensch, wie funktioniert Lernen?

Lernen ist zutiefst menschlich: Schon als Kind schaust du, probierst aus, stellst Fragen. Dein Gehirn ist von Natur aus ein echtes Entdeckerwerkzeug! Informationen werden aufgenommen, sortiert, verglichen, bewertet – neue Eindrücke werden mit bestehenden Erfahrungen verknüpft.

Aber Lernen ist keine Einbahnstraße. Es braucht viele Schritte: Wahrnehmen, Verstehen, Behalten – und dann hinterfragen, wiederholen, anwenden. Nur das, was wirklich Sinn macht (und berührt!), bleibt im Kopf. Je mehr Sinne beteiligt sind – Sehen, Hören, Fühlen –, desto leichter verankert sich Gelerntes dauerhaft.

Verstehen entsteht, wenn du Zusammenhänge erkennst, wenn Dinge plötzlich „Klick machen". Behalten bedeutet, die Inhalte ins Langzeitgedächtnis zu holen. Motivation ist der Motor, der dich immer wieder antreibt, auch dann weiterzumachen, wenn es schwierig wird. Echte Freude am Lernen wächst, wenn du Fortschritte erlebst, dich mit anderen austauschst und spürst: Ja, ich kann das!

5.2.3 Welche Rahmenbedingungen sind notwendig?

Sieben entscheidende Faktoren, die jedes Lernen braucht

Damit Lernen wirklich ankommt – im Kopf, im Herzen, im Alltag deiner Familie – braucht es mehr als bloß gute Vorsätze und einen Stapel Arbeitsblätter. Wirklich nachhaltiges, kraftvolles Lernen lebt von ganz bestimmten Zutaten. Hier die sieben Faktoren, die jedes Lernen gelingen lassen – anschaulich und praxisnah für dich als Mutter oder Vater erklärt:

1. Vielfalt – Finde deinen eigenen Weg
Jeder Mensch lernt anders: Während das eine Kind gerne malt und zeichnet, braucht das andere Bewegung oder Musik, um den Stoff wirklich zu begreifen. Je mehr verschiedene Wege du ausprobierst – ob Bilder, Geschichten, Spiele, Diskussionen oder Hören – desto größer die Chance, dass etwas wirklich „hängen bleibt". Vielfalt ist kein Luxus, sondern der Schlüssel, damit jedes Kind seinen Zugang zum Wissen entdecken kann.

2. Verbindung zur Lebenswelt – Lernen muss passen

Lernen bleibt abstrakt, wenn es nichts mit dem echten Leben zu tun hat. Sobald Schulstoff mit dem Alltag deines Kindes verbunden ist, mit seinen eigenen Erfahrungen, Zielen oder Wünschen, wird Lernen relevant. Ob ein Rechenbeispiel mit den Lieblingskeksen oder eine Sachaufgabe zur nächsten Urlaubsreise – erst, wenn Kinder den Stoff in der eigenen Welt wiederfinden, bekommt er Bedeutung und bleibt im Kopf.

3. Beteiligung der Sinne – Je mehr, desto besser

Nur Hören oder nur Lesen reicht selten aus. Wenn dein Kind beim Lernen etwas sieht, hört, selber anfasst, vielleicht sogar riecht oder schmeckt, dann verankert sich das Wissen tiefer. Farben, Bewegungen, kleine Skizzen, Experimente mit echten Gegenständen – je mehr Sinne beteiligt sind, desto bunter und nachhaltiger wird das Lernen. So entstehen echte Aha-Erlebnisse und Erinnerungen, die nicht mehr verblassen.

4. Motivation und Emotionen – Lernen will fühlen

Gutes Lernen braucht positive Gefühle: Freude, Lust, Bestätigung, kleine Erfolge, Neugier. Lob, ein ermutigendes Wort, auch das Genießen des eigenen Fortschritts machen einen riesigen Unterschied. Wenn dein Kind mit Spaß, Stolz und echter Anerkennung an Aufgaben herangeht, passiert Lernen fast von selbst. Denn ohne Emotion kein tiefes, kein echtes Verstehen.

5. Struktur und Klarheit – Ordnung schafft Lernsicherheit

Nur wer weiß, wo er steht, kann den richtigen Weg gehen. Lernstoff braucht Übersicht und klare Linien: Mindmaps, einfache Lernpläne, farbige Marker, kleine Etappenziele und To-Do-Listen helfen, das große Ganze im Blick zu behalten. Dein Kind kann leichter wiederholen, Aufgaben ordnen und sich selbst kontrollieren – das gibt Sicherheit und lässt Prüfungsstress schrumpfen.

6. Durchschauen und Erkennen – Verstehen ist der Schlüssel

Wenn dein Kind nur auswendig lernt, ohne die Zusammenhänge zu begreifen, bleibt alles hohl und wird rasch vergessen. Richtiges Behalten kommt erst durchs echte Durchschauen: Wenn Zusammenhänge klarwerden, die Hintergründe sichtbar sind und das Kind mitdenkt. Dann kommt dieser magische „Aha-Effekt", bei dem die Augen leuchten und das Wissen wie von selbst im Kopf bleibt.

7. Wiederholung und Anwendung – Routinen machen klug

Was immer wieder geübt, angewendet und ins Leben eingebaut wird, wandert fast automatisch ins Langzeitgedächtnis. Das kann ein tägliches Wiederholen, ein kleines Quiz zwischendurch oder das Anwenden des Gelernten im Alltag sein. Übung macht den Meister – und sorgt dafür, dass dein Kind auch nach Wochen noch weiß, was wirklich zählt.

Wenn du diese sieben Faktoren im Blick behältst, schaffst du für dein Kind die besten Voraussetzungen, damit Lernen nicht nur leichter, sondern auch lebendig und nachhaltig wird. Wissen bleibt hängen, Freude am Entdecken wächst – und Schulstoff wird endlich zu etwas, das Sinn macht und im Alltag wirkt.

Wie das alles mit der Funktionsweise unseres Gehirns zusammenhängt und warum gerade bestimmte Rahmenbedingungen so unheimlich wirkungsvoll sind, erfährst du gleich im nächsten Abschnitt. Tauche mit mir ein in die faszinierende Welt unseres Gehirns und entdecke, welche idealen Bedingungen Lernen wirklich braucht, damit es langfristig gelingt!

5.3 Wie funktioniert Lernen im Gehirn – Unser Hirn, der wahre Bilder-Profi

Stell dir das Gehirn wie eine Art Wunderwerkstatt vor – voller Ideen, Verbindungen, Speicherplätze und Kreativräume. Es ist nicht einfach nur ein Denkorgan, sondern das Zentrum, das alles möglich macht: Verstehen, Erinnern, Fühlen, Kombinieren, Erfinden! Sobald dein Kind eine neue Sache ausprobiert, eine Geschichte hört oder ein Bild ansieht, laufen Millionen kleiner Prozesse ab: Neue Verbindungen werden geknüpft, Straßen zwischen den Gedanken wachsen, Erfahrung legt sich als Fundament unter alles, was nachkommt.

Wissenschaftlich betrachtet ist unser Gehirn beim Lernen unglaublich flexibel. Es liebt es, Neues zu entdecken, Muster zu erkennen und Bilder miteinander zu verknüpfen. Je mehr Sinne beteiligt sind – wenn etwas gesehen, gehört, gefühlt wird – desto stabiler und langlebiger werden die Gedächtnisspuren. Deshalb bleiben Bilder, Farben, eigens gezeichnete Skizzen oder Emotionen so viel besser haften als bloßer Text.

Du kannst dir das Gehirn deines Kindes wie ein riesiges, fein verästeltes Netzwerk vorstellen: Jedes Mal, wenn es etwas versteht, wächst dieses Netzwerk weiter, wird stärker und schneller. Lernen – das heißt nicht nur, Wissensschnipsel aufzunehmen, sondern wirklich neue Wege im Kopf zu bauen. Und dabei spielt das Visuelle eine Riesenrolle! Bilder werden blitzschnell verarbeitet, Gefühle regen das Denkzentrum an, und selbst das Träumen oder Fantasieren sorgt dafür, dass Wissen tiefer verankert wird.

Kurz gesagt: Das Gehirn ist kein Speicher für abgelegte Fakten, sondern ein lebenslanger Baustellenleiter. Es will entdecken, kombinieren, erleben. Je mehr du deinem Kind die Chance gibst, mit Bildern, Farben, Geschichten und echten Emotionen zu lernen, umso heller, motivierter und nachhaltiger arbeitet dieses Wunderwerk für euer gemeinsames Abenteuer Schule und Leben!

Wie wir visuell ticken[2]
Das Gehirn deines Kindes kannst du dir auch als geniale Steuerzentrale vorstellen, die seit tausenden Generationen darauf ausgelegt ist, blitzschnell mit Bildern zu

---

[2] Grill-Spector, K.; Weiner, K. S.: The functional architecture of the ventral temporal cortex and its role in categorization. In: Nature Reviews Neuroscience, 15(8), 2014, S. 536–548. DOI: 10.1038/nrn3747.
   Visuelle Reize dominieren unsere Wahrnehmung: Sie beanspruchen ein Drittel der Großhirnrinde, werden in Bruchteilen einer Sekunde analysiert und sind eng mit Emotionen verknüpft – daher prägen sie sich besonders nachhaltig ein.

arbeiten. Schon unsere Vorfahren als Jäger und Sammler mussten im Bruchteil einer Sekunde erkennen: Freund oder Feind? Gefahr oder Nahrung? Ein raschelnder Busch, ein Schatten, die Bewegung am Horizont – das Sehen entschied über Leben und Tod. Kein Wunder, dass unsere grauen Zellen geradezu auf visuelle Reize programmiert sind!

Rund 90 % aller Informationen, die tagtäglich unser Gehirn erreichen, sind visueller Natur. Ein unglaublicher Rechenanteil: Etwa 30 % der Großhirnrinde stecken nur in der Auswertung von Seheindrücken – fürs Hören braucht unser Kopf gerade einmal magere 3 %. Das zeigt: Bilder stehen im absoluten Mittelpunkt. Sie retten, steuern, begeistern, sorgen für Sicherheit.

Was passiert im Gehirn, wenn ein Bild auf die Netzhaut trifft? Ganz automatisch wird es in Bruchteile zerlegt – Farben, Formen, Licht, Schatten, Bewegung, Richtung, Größe. Diese Einzelteile werden in verschiedenen Gehirn-Arealen parallel verarbeitet, sodass in Sekundenbruchteilen aus kleinen Splittern ein echtes Gesamtbild entsteht: eine Szene, ein Gesichtsausdruck, eine Landkarte oder ein bunter Smiley. Mit diesem System reagieren wir blitzschnell: Ist es gefährlich? Ist es interessant? Muss ich loslaufen, stehenbleiben, mich ducken oder kann ich weiterträumen?

Das Gehirn liebt Bilder, weil sie evolutionär unser Überleben gesichert haben. Sie liefern „auf einen Blick" alles Wesentliche – sie sind sofort mit Gefühlen, Erinnerungen und sogar Träumen verbunden. Ein Bild wird im Kopf oft mit starken Emotionen gekoppelt – Angst, Freude, Überraschung. Genau deshalb prägen sich Bilder viel besser und nachhaltiger ein als reine Wörter oder Zahlen. Sie sind für unser Gedächtnis wahre Energiespender und dauerhafte Spurenleger – die ultimativen Gedächtnis-Booster!

Noch erstaunlicher: Unser Gehirn kann sogar Bilder erkennen und verarbeiten, die nur 13 Millisekunden lang auftauchen – so schnell, dass kein Textblatt, keine Seite in einem Buch je mithalten kann. Kein Wunder, dass Kinder, die mit Bildern lernen, schneller begreifen, leichter speichern und nachhaltiger verstehen als mit endlosen Textreihen.

All das zeigt:

Unser Gehirn ist ein wahrer Bilder-Champion. Diese Stärke ist ein Geschenk der Evolution, die unsere Vorfahren vor wilden Tieren, Fallen und Irrwegen bewahrt hat. Es ist gemacht dafür, die Welt über Visuelles blitzschnell zu verstehen, zu erkunden und dauerhaft zu speichern.

5.4 Was Bilder wirklich sind und was sie können

Ursprung, Macht und Zauber der Bildsprache

5.4.1 Was ist ein Bild? – Mein erweiterter Bildbegriff

Für mich ist ein Bild viel mehr als ein gemaltes Rechteck am Papier oder ein schönes Foto an der Wand. Ein Bild ist alles, was du mit deinen Augen wahrnimmst,

5.4 Was Bilder wirklich sind und was sie können

alles Visuelle in deinem Leben – egal, ob es stillsteht oder sich bewegt, ob es flach ist oder räumlich greifbar wird.

Ein Bild kann ein klassisches Gemälde sein, natürlich. Aber es ist genauso ein kurzer Videoclip, ein Trickfilm, ein Snapshot auf dem Handy, eine Animation am Bildschirm. Es sind die riesigen 3D-Welten, die du im Computerspiel entdeckst, oder das Modell, das sich im Raum drehen lässt. Es sind die bunten Diagramme an der Wand, das digitale Augmented-Reality-Hologramm, das du plötzlich mit Händen und Blicken greifen kannst.

Bilder sind für mich nicht auf Papier gebannt – sie leben überall um uns herum: Auf dem Smartphone, im Kino, in Präsentationen, auf Plakaten, im Museum, im virtuellen Raum und im echten Leben. Ob bewegtes Bild oder dreidimensionale Skulptur, ob naturgetreues Modell im Biologieunterricht oder animierte Grafik im Netz – alles, was unser Auge, unser Gehirn und letztlich unser Herz als visuelle Botschaft erreicht, ist Bild.

Mein Bildbegriff ist offen, lebendig und voller Möglichkeiten. Ein Bild ist immer Einladung zum Entdecken, Staunen, Begreifen – ganz egal, ob es sich bewegt, flackert, leuchtet, projiziert ist oder direkt greifbar wird. Ein Bild ist jede Form von sichtbarer Welt – ein Tor zum Lernen, zum Fühlen und zum Verstehen.

5.4.2 Am Anfang war das Bild (und nicht das Wort!) (Abb. 5.1)

Bevor ein einziges Wort gesprochen wurde, bevor Geschichten erzählt, Bücher geschrieben oder Gedanken verschriftlicht werden konnten, war da das Bild. In jedem Anfang, in jeder Menschheitsgeschichte, in jeder frühen Erinnerung stand das Bild am Anfang. Noch bevor die Sprache kam, haben Menschen, die sehen, mit ihren Augen die Welt entdeckt: Zeichnungen in Höhlen, Spuren im Sand, das Lichtspiel im Blätterdach, das Gesicht der Mutter.

Alles, was wir sehen, erspüren, erahnen, entsteht zuerst als Bild vor unserem inneren Auge. Ein Gedanke wird zum Bild, ein Gefühl nimmt Gestalt an, eine Idee taucht als buntes Szenario im Kopf auf, lange bevor Worte sie greifen können. Unser Gehirn denkt, erinnert, träumt und lernt in Bildern – sie sind unsere eigentliche Muttersprache.

Das Bild ist Ursprung, Orientierung, Sinnesanker, Türöffner. Wer das Bild versteht, hat Zugang zu allem anderen. Wer Bilder lesen, gestalten, deuten und weiterspinnen kann, ist mitten im Leben und begreift, wie alles zusammenhängt. Deshalb beginnt alles Große und Kleine, jede Neugierde, jeder Aha-Moment, jede Innovation – mit dem Bild, das zuerst im Kopf auftaucht.

Wenn wir Kindern beibringen, Bilder nicht nur zu konsumieren, sondern sie wirklich zu erkennen, zu deuten und mit eigenen Vorstellungen zu füllen, dann geben wir ihnen das mächtigste Werkzeug überhaupt an die Hand: den Ursprung des Verstehens, die Wurzel des Staunens, das Tor zur Welt. Am Anfang war das Bild – und am Bild beginnt alles Neue.

Abb. 5.1 Postulat 6. (© Karl Josef Stegh 2025. All Rights Reserved)

5.4.3 Der „Feldhase" und der Funke, der alles veränderte

Es gibt auch im Leben eines Kindes diese besonderen Bilder, die eine starke Wirkung haben, alles auf den Kopf stellen. Für mich war es eine Zeichnung. Nicht irgendeine, sondern Albrecht Dürers „Feldhase". Sie lag als Umschlag auf meinem ersten Zeichenblock, ein Geschenk, das damals viel mehr in mir ausgelöst hat, als ich zugeben konnte. Von dem Augenblick an, als ich diesen Hasen zum ersten Mal betrachtete, war ich wie elektrisiert. Ich weiß noch genau, wie ich oftmals davor saß, jeden Pinselstrich, jede zarte Farbschattierung, den Glanz im Auge, die Struktur im Fell bestaunte. Da war sie plötzlich: die tiefe Sehnsucht, das auch einmal so gut zu können – und die unstillbare Neugier, zu erforschen, wie dieses kleine Wunderwerk auf Papier entstanden war.

Der Feldhase wurde für mich Leuchtturm und Ziel zugleich. Ich nahm meinen Bleistift, später die Buntstifte, und saß stundenlang an meinem Zeichenblock. Stunden, in denen alles um mich herum verschwamm – Welt, Zeit, Eltern, Aufgaben. Abgetaucht in diese eine Leidenschaft, voller Ehrgeiz, voller Hingabe. Ich übte und übte, zeichnete nach, malte Blumen, Tiere, und immer wieder den Hasen. Ich wollte lernen, wie dieser Strich so lebendig werden kann, wie ein Bild mehr erzählt als tausend Worte. Mein Herz schlug höher bei jedem neuen Versuch, und manchmal – da vergaß ich alles andere, selbst die Hausarbeit, sehr zum Leidwesen meiner Eltern.

Der Feldhase – mit feinstem Haarpinsel von Dürer geschaffen – war mein Ansporn, mein Sehnsuchtsbild, meine stille Inspiration. Ich verfolgte diesen Funken weiter durch die ganze Schulzeit. Der Hase blieb mein ständiger Begleiter, schaute mich jedes Jahr aufs Neue vom Zeichenblock an, erinnerte mich: Du kannst wachsen, du kannst besser werden, du kannst durch Bilder die Welt verändern – und dich selbst gleich mit.

Am Ende war es genau dieser Funke aus Kindertagen, der meine Berufswahl lenkte, mich zum Zeichnen, zum Gestalten, zum Bildpädagogen und Bilddenker werden ließ. Es war dieser eine Moment, dieses eine Bild, das gezeigt hat: Ein Funkenschlag reicht aus, um ein Leben in Bewegung zu setzen. Und so begann durch einen stillen „Feldhasen" für mich ein Abenteuer, das bis heute anhält – weil Bilder eben nicht nur unsere Augen, sondern unser ganzes Leben verwandeln können.

5.5 Die Superkräfte des Bildes – die glorreichen Sieben

Wenn man bedenkt, wie visuell orientiert wir als Menschen sind, ist es nicht verwunderlich, dass Bilder einen so starken Einfluss auf uns haben. Untersuchungen zeigen, dass es eine breite Palette von Vorteilen gibt, die sich aus einer verbesserten visuellen Kompetenz ergeben, darunter:

▶ **1) Bilder brennen sich ein – Visuelle Informationen sind einprägsamer** Bilder sind wie Anker fürs Gehirn. Sie sorgen dafür, dass Wissen nicht einfach vorbeirauscht, sondern hängenbleibt – und zwar richtig. Studien zeigen: Während wir von gesprochenem oder geschriebenem Text oft nur 10–20 % wirklich behalten, bleiben bis zu 65 % der Inhalte „drin", wenn sie bildhaft vermittelt werden. Noch genialer: Wenn dein Kind selbst ein Bild malt, ein Diagramm zeichnet oder eine Mindmap gestaltet, schnellt die Erinnerungsleistung sogar auf unfassbare 90 % hoch! Genau so wird aus kurzfristigem Pauken echtes Langzeitwissen.

▶ **2) Blitzschnell verstanden – Visuelle Informationen werden schneller übertragen** Bilder sind der absolute Turbo für unser Gehirn. Im Vergleich zum Text werden Bilder um ein Vielfaches schneller verarbeitet – das Gehirn braucht nur ein paar Millisekunden, um ein visuelles Motiv zu erkennen 90 % der Informationen, die beim Denken ankommen, sind visuell! Kein Wunder, dass der Mensch sogar Bilder wahrnehmen kann, die nur 13 Millisekunden erscheinen.

So wird Erkennen sofort greifbar, der berühmte „Aha-Effekt" stellt sich ein – und komplexe Themen entwirren sich im Handumdrehen.

▶ **3) Vielschichtige Botschaften – Visuelle Informationen vermitteln mehr** Bilder sprechen nicht in Worten – sie treffen uns direkt! Das Gehirn liest Bilder multisensual, verbindet verschiedene Sinne und Erlebnisse, bringt Emotionen mit ins Spiel. Im Gegensatz zum starren Text fassen visuelle Darstellungen ganze Geschichten, Gefühle, Zusammenhänge und Details gleichzeitig zusammen. Bildlernen ist interdisziplinär, bringt Kreativität, Logik und Emotion zusammen – und wird so zur wahren Universalsprache. Gerade weil die Aufmerksamkeitsspanne sinkt und die Informationsflut steigt, sind Bilder die Rettung: Einfach, schnell, ganzheitlich und nachhaltig.

Doch so kraftvoll Bilder wirken, so wichtig ist auch ein zweiter Blick: Bilder sind im Grunde wie Prädikate in der Sprache – sie brauchen ein „Worüber", ein Subjekt, das sie greifbar und eindeutig macht. Wenn dieses Subjekt fehlt, können Bilder alles und nichts bedeuten. Hier liegt auch beim Lernen eine kleine, aber entscheidende Stolperfalle: Das Vielschichtige ist Segen und Risiko zugleich, denn selbst falsche oder missverständliche Bilder brennen sich tief ins Gedächtnis ein. Deshalb sollten wir die Sprache der Bilder lernen. Visuelle Klarheit und bewusste Kommunikation sind deshalb unerlässlich – beim Lehren genauso wie beim Lernen.

▶ **4) Bildlernen als Booster fürs Verstehen – Bereichert das Verständnis, vermittelt Erkenntnis** Wir verstehen die Welt zuerst im Bild, nicht im Text. Schon die Allerkleinsten deuten erst die Gesten, Mimik, Farben – und lernen dann erst, Worte zuzuordnen. Auch als Erwachsene bleibt das Bild unser stärkstes Werkzeug: Es macht aus abstrakten Regeln und komplizierten Zusammenhängen endlich durchschaubare Aha-Momente. Bilder bringen Struktur, machen Wissen greifbar, helfen, Komplexes zu durchschauen und sinnvoll anzuwenden. Sie holen die Vielschichtigkeit der Wirklichkeit ins Klassenzimmer – und ins Herz.

▶ **5) Lernen mit Genuss – Warum Bilder Freude machen können** Lernen kann richtig Lust machen! Gerade, wenn Bilder, Farben, Formen, Geschichten ins Spiel kommen, wird das Gehirn nicht nur schlau, sondern auch glücklich. Je mehr Sinne beteiligt sind, desto größer der Genuss am Lernen: Der Kopf wird klar, das Herz schlägt höher, Mitmachen macht Spaß. Kinder (und Erwachsene!) blühen auf, wenn sie Zusammenhänge erkennen, selbst gestalten, mit dem Stift experimentieren dürfen. Und: Wenn sie die Wirkung von Bildern verstehen, kommt richtig Freude am eigenen Lernen auf!

▶ **6) Mehr Begeisterungsfähigkeit, Überzeugungskraft und emotionale Stärke** Bilder berühren. Sie zielen mitten ins Gefühlszentrum unseres Gehirns. Das macht Lernen nicht nur effektiver, sondern auch wirkmächtiger: Ein Bild „zündet", wenn Worte längst verpuffen. Plötzlich ist da Begeisterung, Überzeugungskraft, eine tiefe emotionale Verbindung. Bei Bildern springt nicht nur ein Funke, sondern eine ganze Flamme über: Aus dem Text wird Erlebnis, aus der Aufgabe ein Abenteuer. Genau das gibt Kindern Energie, Mut und bleibende Kraft – für Prüfung, Vortrag und fürs Leben.

▶ **7) Bilder sind universell – über Sprachen und Kulturen hinweg verständlich** Das größte Geschenk: Bilder sind so gut wie überall auf der Welt verständlich. Ob deutsch, englisch, türkisch, ob jung oder alt – die visuelle Wahrnehmung ist unser gemeinsames Werkzeug. Mit Bildern können Kinder sofort Kontakte knüpfen, Zusammenhänge überblicken, Gefühle lesen und ausdrücken – weit über die Grenzen von Sprache und Alter hinaus. Lernen wird bunt, offen, frei – und endlich so, wie es sein sollte: menschlich, verständlich und voller Möglichkeiten.

Jede dieser sieben Superkräfte macht klar: Bilder sind kein Schnickschnack, sondern der wahre Motor für erfolgreiches, nachhaltiges und glückliches Lernen!

5.6 Conclusio: Warum Bilder ideale Helfer des Lernens sind

> **Übersicht**
> Hier liegt das Geheimnis moderner, erfolgreicher Lernkultur: Lernen mit Bildern, Farben, Visualisierungen ist für unser Gehirn ein echter Turbo! Wir denken (und erinnern uns) in Bildern. Ein einziger starker Eindruck, eine Skizze, eine Mindmap, ein Icon – und schon ist Klarheit im Kopf. Wissenschaftlich ist längst belegt: Lerninhalte werden viel schneller verstanden, bleiben länger im Gedächtnis und lassen sich leichter abrufen, wenn sie visuell präsentiert oder eigenhändig gestaltet werden.
> Wie oben ausgeführt bieten Bilder eine Menge an kraftvollen Eigenschaften und andererseits benötigt Lernen genau solche Bedingungen. Es liegt also auf der Hand Bilder und Lernen zusammenzuführen. So erhältst du die besten Rahmenbedingungen für erfolgreiches Lernen. Eine klare Sache, die leider noch viel zu wenig in den Köpfen der Bildungsträger ist. Überblick

Die folgende Tabelle zeigt dir in der Gegenüberstellung nochmals wie die großen Vorteile des Bildes optimal fürs Lernen geeignet sind (Tab. 5.1):

Und das Beste: Jeder kann es – zeichnen, gestalten, anordnen, kombinieren! Ob es ein bunter Lernzettel an der Kühlschranktür, eine Geschichte zu Matheaufgaben oder das Zeichnen von Biologiebegriffen ist – oft machen gerade die einfachen, bildhaften Hilfen den entscheidenden Unterschied. Im Alltag sind diese Mittel schnell zur Hand und bringen sofort mehr Klarheit – und damit Lernfreude.

Deine Kinder erleben: Lernen darf Spaß machen, darf lebendig ganzheitlich und sinnlich sein. Und du selbst wirst staunen, wie leicht Fortschritte plötzlich sichtbar

Tab. 5.1 Gegenüberstellung von Erfolgsfaktoren des Lernens und Vorteile des Bildes

Faktoren erfolgreichen Lernens	Vorteile des Bildes
Verbindung zur Lebenswelt	Einprägsamkeit – Erinnerung – Verankerung
Struktur und Klarheit – Ordnung schafft Lernsicherheit	Schnelligkeit – Direktheit – Struktur
Beteiligung der Sinne – Je mehr, desto besser, Vielfalt – Finde deinen eigenen Weg	Mehr Info – Vielschichtigkeit – Sinnesvielfalt
Durchschauen und Erkennen – Verstehen ist der Schlüssel	Verständnis – Erkenntnis – Aha-Moment
Motivation und Emotionen – Lernen will fühlen	Genuss – Motivation – Erlebnis
	Emotion – Begeisterung – Überzeugung

werden. Lernen mit Bildern ist kein „Extra", es ist die Zukunft – weil es uns Menschen ganzheitlich erfasst, Herz und Kopf verbindet und aus banalem Pauken echte Begeisterung und Freude am Entdecken macht.

5.7 Wissenschaft, die überzeugt – Studien und Fakten, die Bildlernen belegen

5.7.1 Der Picture Superiority Effect – Warum Bilder das Gehirn zum Strahlen bringen

Der Picture Superiority Effect beschreibt das erstaunliche Phänomen, dass wir uns an Bilder viel besser erinnern als an reine Texte oder gesprochene Worte. Das Gehirn liebt Bilder – es erkennt, verarbeitet und speichert sie mit einer Geschwindigkeit und Gründlichkeit, die kein Text je erreichen kann. Bereits nach wenigen Tagen erinnern wir uns an bis zu 65 % der visuellen Informationen, aber oft nur an 10–20 % des bloßen Textes.

Wie funktioniert das?

Unser Gehirn arbeitet wie ein neugieriger Sammler. Es mag alles, was bunt, emotional und anschaulich ist. Bilder werden im sogenannten visuellen Kortex verarbeitet – und hier stehen uns riesige Kapazitäten zur Verfügung! Bilder werden sofort mit Gefühlen, Erfahrungen, Erinnerungen aus unserem Alltag verknüpft. Wenn dein Kind eine Grafik sieht oder selbst ein Bild malt, aktiviert das gleich mehrere Hirnregionen auf einmal: visuelles Zentrum, Emotionszentrum, sogar Bewegungsareale. Im Gegensatz dazu ist das Lesen von Text viel langsamer, mühsamer und braucht mehr Konzentration.

Was sagen die Studien?

Die berühmte Untersuchung von Allan Paivio (Cognitive Psychology, 1971) zeigte bereits vor Jahrzehnten, dass unser Gedächtnis für Bilder doppelt so leistungsfähig ist wie für Worte. Mary Potter vom MIT fand heraus, dass das Gehirn in nur 13 Millisekunden ein gesehenes Bild erkennen und zuordnen kann (Potter et al., 2014). Studien von Shepard (1967) und Standing (1973) ergaben zudem, dass Probanden nach dem kurzen Betrachten von 600 bis 10.000 Bildern nach Wochen noch über 70 % der Objekte wiedererkannten!

Moderne Forschung bestätigt immer wieder: Wer Lernstoff nicht nur liest, sondern sieht, merkt ihn sich nachhaltiger. Kombiniert man Bilder und Text, steigt der Behaltenswert noch weiter an. Wenn dein Kind auch noch eigene Bilder zum Thema gestaltet – egal ob Mindmap, Comic oder kleine Skizze –, bleibt oftmals 90 % davon im Kopf.

Der Picture Superiority Effect ist die Einladung, Lernen endlich bunt, anschaulich und lebensnah zu gestalten. Dein Kind darf sehen, staunen, begreifen – und du wirst schnell spüren, wie viel leichter und freudiger Lernen mit der Kraft der Bilder wird!

5.7.2 Was Forschung sonst noch zeigt

Es gibt eine ganze Reihe weiterer Studien, die eindrucksvoll zeigen, wie wertvoll Bilder fürs Lernen sind – auch wenn viele Eltern das meist nur aus dem Gefühl, nicht aber aus dem Lehrbuch kennen.

Mayer's Cognitive Theory of Multimedia Learning (Richard E. Mayer, 2001)[3]
Richard Mayer zeigte, dass Kinder und Erwachsene Lernstoff viel besser verstehen und behalten, wenn Bild, Ton und Text zusammen eingesetzt werden. Seine Experimente mit Schülern in den USA ergaben: Mit Bildern im Unterricht stieg der Lernerfolg teilweise um das Doppelte! Mayer betont, dass Bilder besonders dann helfen, wenn Dinge anschaulich und Schritt für Schritt erklärt werden.

Studie von Carney & Levin (2002)[4]
Diese Forscher haben untersucht, welchen Unterschied illustrierte Schulbücher im Vergleich zu reinen Textbüchern machen. Ergebnis: Die richtigen Bilder (wie Diagramme, Comics oder erklärende Illustrationen) halfen signifikant dabei, komplexe Sachverhalte zu durchschauen und zu behalten.

Studie der Stanford University (Hong et al., 2016)[5]
In einer Untersuchung mit Grundschulkindern konnte gezeigt werden: Wer beim Lernen mit Visualisierungen (Mindmaps, Bildern, Symbolen) arbeitet, behält neue

---

[3] Mayer, R. E.: Multimedia Learning. Cambridge: Cambridge University Press, 2001.
   Kernaussage: Lernen ist am wirksamsten, wenn Bild, Ton und Text kombiniert werden; dadurch verdoppelt sich der Lernerfolg oft gegenüber reinem Textunterricht.

[4] Carney, R. N.; Levin, J. R.: Pictorial Illustrations Still Improve Students' Learning from Text. In: Educational Psychology Review, 14(1), 2002, S. 5–26.
   Kernaussage: Illustrierte Schulbücher mit erklärenden Bildern verbessern signifikant das Verstehen und Behalten komplexer Inhalte im Vergleich zu reinem Text.

[5] Hong, H.; Hwang, M. Y.; Tai, K. H.; Tsai, C. C.: Using a Concept Map-Oriented Mind Tool to Improve Learners' Digital Media Literacy and Learning Achievement. In: Educational Technology & Society, 19(3), 2016, S. 87–103.
   Kernaussage: Visualisierungen wie Mindmaps und Symbole steigern das Erinnern von Vokabeln, fördern Kreativität und steigern die Lernmotivation bei Grundschulkindern.

Vokabeln oder Regeln nicht nur besser, sondern bekommt auch mehr Freude am Lernen. Kinder probierten lieber Neues aus und waren kreativer.

Meta-Analyse von Fiorella & Mayer (2015)[6]
Diese große Auswertung von 90 Einzelstudien zeigt: Visualisierungstechniken wie Skizzen, Concept-Maps oder Lernposter wirken wie ein Turbo fürs Verstehen und erinnern an fast jedem Schulthema – von Mathe über Naturwissenschaft bis Geschichte.

Was heißt das für dich als Mama oder Papa?
All diese Studien bestärken: Wenn dein Kind auch mit (selbstgemachten!) Bildern, Comics, Grafiken oder Mindmaps lernt, versteht es viel mehr, ist motivierter und hat sichtbar mehr Erfolgserlebnisse – und du als Elternteil merkst spürbar mehr Freude und Leichtigkeit beim gemeinsamen Lernen!

Bildkompetenz ist aber kein Privileg unserer Kinder – sie ist Geschenk und Ressource für uns alle! Auch wir Erwachsene lassen täglich rund 70 % unserer visuellen Gehirnpower ungenutzt liegen. Dabei steckt in jedem Bild eine echte Superkraft: bessere Kommunikation, mehr emotionale Stärke, neue Klarheit im Kopf und im Miteinander. Wer lernt, die „Sprache der Bilder" auch als Erwachsener bewusst zu nutzen, gewinnt nicht nur Selbstbewusstsein, sondern wird mündig gegenüber der Flut an Bildern, die uns im Alltag umgibt. Bildlernen öffnet Türen zu neuer Lebendigkeit, schützt vor Manipulation und gibt jedem von uns die Chance, seine Welt kreativer, klarer und kraftvoller zu gestalten. Diese Power wartet auch auf dich – lass sie uns gemeinsam entdecken und entfalten!

Das Wichtigste: Folge ruhig deinem Bauchgefühl, wenn du spürst, dass dein Kind mit Bildern, Farbe und Kreativität aufblüht – die Wissenschaft belegt, dass genau das Lernen nicht nur leichter, sondern auch nachhaltiger macht!

5.8 Bilder als Kraft für Visionen – Ungeahntes Potenzial entfalten

Nimm an, du könntest mit einem inneren Bild Welten aufschließen, die es noch gar nicht gibt. Genau das ist die verborgene Superkraft von Bildern: Sie sind weit mehr als Erinnerungen oder schöne Ansichten – sie sind der Motor unserer Imagination, unser Sprungbrett in eine bessere, selbst gestaltete Zukunft.

Was wir uns vorstellen können, kann irgendwann Realität werden. Schon ein einziger Gedanke, ein Bild im Kopf, gibt die Richtung vor: Plötzlich sehen wir Lösungen, wo vorher nur Probleme standen. Bilder bauen Brücken von der Sehnsucht zur Tat. Wir erleben: Was ich sehe, kann ich begreifen – und was ich innerlich begreife, kann ich auch umsetzen.

---

[6] Fiorella, L.; Mayer, R. E.: Learning as a Generative Activity: Eight Learning Strategies that Promote Understanding. Cambridge: Cambridge University Press, 2015.
Kernaussage: Visualisierungstechniken wie Skizzen oder Concept-Maps wirken in fast allen Fächern als Lern-Turbo und fördern das nachhaltige Verstehen und Erinnern.

5.8 Bilder als Kraft für Visionen – Ungeahntes Potenzial entfalten

Die Macht der Imagination ist vielleicht das größte Werkzeug, das uns beim Lernen, Wachsen und Gestalten zur Verfügung steht – und sie wird noch viel zu wenig genutzt. Ein Bild, das in uns aufsteigt – ob gezeichnet, geträumt, oder einfach nur erdacht – hat die Kraft, Träume Wirklichkeit werden zu lassen. Es formt Wünsche zu Visionen, gibt Zielen Gestalt, Erfahrungen Tiefe.

5.8.1 Bilder bringen mehr Zukunft – Wer sieht, denkt weiter

Nicht Texte, sondern Bilder in unseren Köpfen sind es, die unsere Zukunft erfinden. Jedes Mal, wenn du deinem Kind die Freiheit lässt, sich eine Lösung vorzustellen oder eine Szene auszumalen, ermutigst du es dazu, über den Tellerrand hinaus zu denken. Bilder wecken Ideen, machen den nächsten Schritt sichtbar, lösen Blockaden. Sie machen Mut, das Unmögliche zumindest einmal zu denken – und setzen damit den ersten Impuls für Veränderung.

In diesen inneren Bildern steckt die Fähigkeit, komplexe Probleme viel schneller, klarer und freier zu lösen, als in der nüchternen Abfolge starrer Buchstaben. In jedem Bildprozess – egal ob Skizze, Mindmap, Tagtraum oder Vision – steckt ein Vorgeschmack auf das, was sein könnte: unser eigenes Morgen.

5.8.2 Das Bild als Strategie für Zukunft und Lösung

Oft wirken Bilder in uns, lange bevor wir sie überhaupt benennen oder verstehen können. Sie tauchen als Ahnungen auf, als Gedankenblitze, als Tagträume. Was wir „vor-auge haben", lässt sich irgendwann auch in die Tat umsetzen. Je emotionaler und leidenschaftlicher dieses Bild besetzt ist, desto kraftvoller und ausdauernder verfolgen wir das Ziel. Vielleicht hast du das schon erlebt: Ein Kind, das sich stark genug „einbildet", Fahrrad zu fahren, wird es unermüdlich üben, bis es tatsächlich gelingt.

Wir bauen uns unsere Zukunft vorweg – erst im Bild, dann in der Wirklichkeit. Diese Fähigkeit dürfen wir nicht unterschätzen oder abtun: Sie ist der eigentliche Schlüssel für alles Neue, für Mut, für Wachstum, für Entdeckerfreude.

5.8.3 Das Imaginäre – Bilder aus dem Inneren

Bilder sind nicht nur das, was wir mit den Augen aufnehmen. Unser Gehirn ist ein Fantasie-Orchester: Es kann Bilder erschaffen, die es niemals gab, kann in Träumen, Visionen und Zukunftsbildern Räume öffnen, die weit über jede Wirklichkeit hinausreichen. Die Kraft imaginierter Bilder wird in Zukunft sogar an Bedeutung gewinnen – medizinische Versuche, KI-Anwendungen, digitale Simulationen nähern sich heute schon diesem spielerisch-kreativen Denken an. Hier entstehen völlig neue Chancen für Lernen, Therapie, Kreativität, Berufsleben.

5.8.4 Dein Kind – ein Visionär!

Wenn wir unseren Kindern erlauben, sich stark genug „etwas einzubilden", geben wir ihnen Werkzeug und Flügel zugleich. Wir öffnen ihnen ein Feld, in dem sie groß denken, frei spielen, eigene Wege erfinden dürfen. Die Erlaubnis, sich Dinge wirklich vorzustellen, ist mehr als ein Traum – sie ist der Beginn jeder Veränderung. Fantasie ist der große Möglichmacher!

Im letzten Kapitel darf ich an diese große Stärke des Bildes anknüpfen. Du erfährst, wie du diese Zukunftschance nützen kannst.

Unterschätze nie die Kraft der Bilder – nicht nur der sichtbaren draußen, sondern vor allem der inneren, erträumten, visionierten Bilder deiner Kinder. Gerade hier liegt das ungeahnte Potenzial, Zukunft zu entwerfen, Probleme zu lösen, an sich zu glauben und vielleicht irgendwann sogar die Welt zu verändern. Jede Skizze, jeder Tagtraum, jede Idee ist der Anfang von etwas, das morgen schon wirklich werden kann.

Gib deinem Kind diese Freiheit – und dir selbst die Erlaubnis, groß und bunt in Bildern zu denken! Denn darin liegt der eigentliche Schatz unserer Zeit: Visionen, die im Bild geboren werden und als Wirklichkeit ins Leben treten.

5.8.5 Zwei Postulate, die das große Potenzial untermauern (Abb. 5.2)

Stell dir einen langen, mühsam geschriebenen Absatz vor. Und dann daneben ein einziges, ausdrucksstarkes Bild – eine Zeichnung, eine Momentaufnahme, ein ge-

Abb. 5.2 Postulat 7. (© Karl Josef Stegh 2025. All Rights Reserved)

zeichneter Gesichtsausdruck deines Kindes, wenn es etwas wirklich verstanden hat. Plötzlich ist alles klar. Es gibt nichts, was schneller wirkt, tiefer berührt, nachhaltiger im Gedächtnis bleibt als ein starkes Bild.

Texte sind großartige Werkzeuge; sie geben Struktur, beschreiben, ordnen und erklären. Aber sie können immer nur andeuten, was ein Bild im Bruchteil einer Sekunde vermittelt. Worte sind wie Schatten, Abdrücke auf Papier, während Bilder Lichtquellen sind, die ein ganzes Zimmer mit Farbe, Stimmung und Gefühl füllen.

Ein Bild weckt Emotion, ruft Erinnerungen wach, verknüpft Wissen und Gefühle gleichzeitig. Bilder schaffen Beziehungen, wo Text nur distanziert erzählt. Wissenschaftliche Studien sagen: Nach einem Tag erinnern sich die meisten an nur 10 % von Gelesenem, aber an über 65 % von Gesehenem! Und wenn Kinder aktiv selbst Bilder machen, steigt der Erinnerungseffekt noch weiter.

So ist das Bild der wahre Treibstoff: Es bringt Lernen ins Rollen, macht neugierig, eröffnet neue Wege. Text ist oft nur Nachklang – der schwache Schatten, der dem mächtigen Bild hinterherhinkt. Wer will, dass Lernen im Herzen und im Kopf seiner Kinder ankommt, der muss auf Bilder setzen, nicht allein auf Buchstaben (Abb. 5.3).

Seit Urzeiten ist das Sehen unser Tor zur Welt. Schon die ersten Menschen haben nicht zuerst gesprochen oder geschrieben – sie haben gesehen, gedeutet, gezeichnet. Höhlenmalereien, Gesten, Symbole, Zeichnungen auf Steinen – schon immer war es das Bild, das Zusammenhang schafft, Ideen formt und Mut zur Veränderung macht.

Wenn wir heute davon sprechen, was moderne Menschen ausmacht, dann sind es nicht nur Lesen, Schreiben und Rechnen. Es ist die Fähigkeit, zu sehen, Zusammenhänge zu erkennen, sich Bilder im Kopf zu erzeugen, mit diesen inneren Bildern Lö-

Abb. 5.3 Postulat 8. (© Karl Josef Stegh 2025. All Rights Reserved)

sungen zu entwickeln. Sehen ist die Macht, die Welt zu deuten und frei zu gestalten – in der Schule, im Alltag, in der Zukunft.

Nur wenn Kinder (und Erwachsene!) lernen, die Flut der Bilder nicht nur zu konsumieren, sondern wirklich zu entschlüsseln, zu hinterfragen, mit eigenen Bildern zu antworten, erleben sie Selbstwirksamkeit. Das Gefühl: Ich kann deuten, ich kann gestalten, ich lasse mich nicht manipulieren, ich bin frei im Kopf und im Herzen. Wer diese Kulturtechnik des Sehens meistert, tut mehr als „irgendwie durchkommen" – er hat unendlich viel mehr Möglichkeiten, Neues zu schaffen, schneller zu verstehen und mit der Welt umzugehen.

Nutze diese ungeahnten Chancen: Gib dir und deinem Kind die Kraft, das Sehen als zentrales Werkzeug zu entdecken. Es ist der erste Schritt zu echter Freiheit und zu einem Lernen, das ankommt und bleibt. Visuelles Empowerment macht den Menschen wirklich frei – weil alles, was du bildhaft erfassen kannst, dir auch gehört.

Bleib dran! Im nächsten Kapitel erfährst du, was uns für dieses visuelle Empowerment noch helfen könnte.

Quellenverzeichnis

Hüther, Gerald: Was wir sind und was wir sein könnten. Ein neurobiologischer Mutmacher. Frankfurt am Main: Fischer Taschenbuch Verlag, 2016.

Grill-Spector, K.; Weiner, K. S.: The functional architecture of the ventral temporal cortex and its role in categorization. In: Nature Reviews Neuroscience, 15(8), 2014, S. 536–548. https://doi.org/10.1038/nrn3747.

Mayer, R. E. (2001). Multimedia Learning. Cambridge: Cambridge University Press.

Carney, R. N., & Levin, J. R. (2002). Pictorial Illustrations Still Improve Students' Learning from Text. Educational Psychology Review, 14(1), 5–26. https://doi.org/10.1023/A:1013176309260

Hong, H., Hwang, M. Y., Tai, K. H., & Tsai, C. C. (2016). Using a Concept Map-Oriented Mind Tool to Improve Learners' Digital Media Literacy and Learning Achievement. Educational Technology & Society, 19(3), 87–103.

Fiorella, L., & Mayer, R. E. (2015). Learning as a Generative Activity: Eight Learning Strategies that Promote Understanding. Cambridge: Cambridge University Press.

Potter, M. C., Wyble, B., Hagmann, C. E., & McCourt, E. S. (2014). Detecting meaning in RSVP at 13 ms per picture. Attention, Perception, & Psychophysics, 76, 270–279.

Mit Rückenwind: Inspiration, Unterstützer & starke Netzwerke für die Bildrevolution

6.1 Wege finden – Wie Bilder mein Leben gerettet und gestärkt haben

Vom Schwächeln zum Staunen dank Zeichnen und Malen.

Manchmal, liebe Eltern, bringt das Leben einen Umweg mit sich, der sich erst im Rückblick als der eigentliche, schönste Weg entpuppt. Ich war so ein Kind, das einen solchen Umweg gehen musste. Ein kleiner Bub, der von Kindesbeinen an mit körperlichen Schwächen zu kämpfen hatte, die meine Welt oft kleiner machten, als ich es mir wünschte. Ein „Zeichner statt Sportler" wurde ich – und dieses Schicksal hat mich und meine Sicht auf Bilder für immer geprägt.

Stell dir vor: Ein Kind mit Asthma. Für mich hieß das: Der heiß ersehnte Schikurs? Ein Traum, der unerreichbar blieb. Während die anderen Buben die Pisten hinuntersausten, musste ich zu Hause bleiben. Und beim Sport im Turnsaal war es immer das Gleiche: Das bangende Gefühl im Brustkorb, die leise Panik, ob ich noch genug Luft bekam. Ein unsichtbarer Schleier, der sich über jeden ausgelassenen Sprint legte. Dabei spielte ich doch so gerne Fußball!

Doch das war nicht alles. Zu diesem stillen Kampf kam noch ein weiteres, viel sichtbareres Leiden hinzu: Neurodermitis. Eine juckende, quälende Hautkrankheit, die mein kleines Gesicht, die Kniekehlen und Hände oft mit roten, schuppigen Flecken überzog. Ich konnte oftmals nicht schlafen, weil der Juckreiz mich nachts wachhielt. Ich erinnere mich noch genau, wie ich mich dafür schämte, wie ich im Sommer keine kurzen Hosen tragen wollte, während die anderen Kinder unbeschwert spielten. Und das Essen? Ein oftmaliger Spießrutenlauf. Schokolade: Was die anderen genüsslich verschlangen, war für mich oft tabu. Der Geschmack von „normalem" Essen – ein fernes Sehnen.

In dieser Welt der Einschränkungen, der verpassten Gelegenheiten und der stillen Scham fand ich einen Zufluchtsort. Völlig alleine, in mich gekehrt, oft in meinem Zimmer, entwickelte ich eine Leidenschaft, die alles veränderte: das Zeichnen.

Es war ein stiller, unaufgeregter Akt, doch er gab mir eine Stimme, die ich auf dem Sportplatz nie gefunden hätte.

Jede Linie, jede Form, jeder Schattenschlag wurde zu einem kleinen Sieg. Und plötzlich geschah etwas Magisches: Meine Zeichnungen begannen, Anerkennung zu ernten. Sogar Bewunderung. Die Augen der Erwachsenen, der Lehrer, sogar der anderen Kinder – sie leuchteten. Es war ein Gefühl, das ich im Messen mit anderen Burschen im Sportbereich, im Kräftemessen der Kindheit, nie erfahren konnte. Hier war ich stark. Hier konnte ich glänzen.

Meine Eltern, so geduldig und verständnisvoll, sahen diese neue Leidenschaft. Sie erkannten, was das Zeichnen mir gab. Und so kam es, dass ich oft mit meinem Zeichenblock in der Hand saß, während meine Geschwister im Garten den Rasen mähten oder das Haus kehrten. Ich durfte zeichnen, musste nicht fegen (denn auch eine Stauballergie hatte ich, das wäre nicht ratsam gewesen) – sehr zum Ärger meiner Geschwister, die das natürlich nicht immer fair fanden. „Der Karli darf immer nur malen!", schallte es dann durchs Haus.

Doch dieses Privileg war mehr als nur eine Ausnahme. Es war der Nährboden, auf dem mein Talent wachsen durfte. Durch viel, viel Übung, Fleiß und die pure Hingabe an die Welt der Bilder schmiedete ich aus meiner Not eine Tugend. Was als Ausgleich für körperliche Schwächen begann, wuchs zu meiner größten Stärke. Ich wurde nicht zum Sportler, aber zum Zeichner, zum Bildermacher, zum Menschen, der die Welt mit anderen Augen sieht und gestalten kann.

Diese Erfahrung hat mir gezeigt: Bilder sind nicht nur Deko. Sie können Rettungsanker sein, Mutmacher, Wegweiser. Sie ermöglichen es einem Kind, sich selbst zu finden, wenn der gängige Weg verschlossen bleibt. Sie geben eine Stimme, wenn Worte fehlen. Und sie können eine unsichtbare Kraft freisetzen, die aus vermeintlicher Schwäche eine unerschütterliche Stärke werden lässt – ein Geschenk, das weit über jede Schulnote hinausreicht.

6.2 Wenn das alte Denken bremst – Was uns (noch) nicht hilft

Warum enge Kunstraster die Kraft der Bilder blockieren

Liebe Eltern, diese Frage höre ich immer wieder in Gesprächen: „Wozu brauchen unsere Kinder Bildlernen? Dafür gibt es doch das Fach Kunst!" Und ja, auf den ersten Blick scheint das logisch. Im Zeichensaal wird gemalt, gezeichnet, geknetet, über Künstler wie Picasso und Klimt gesprochen. Doch genau hier liegt ein riesiger, fast schon tragischer Denkfehler, der die Zukunft eurer Kinder beeinflusst – ein blinder Fleck in unserem Bildungssystem, der die wahre Kraft von Bildern komplett übersieht.

Was ist „Kunst und Gestaltung"? – Ein wichtiger, aber zu enger Blick

In den österreichischen Schulen, von der Mittelschule bis zur Unterstufe des Gymnasiums, hat das Fach „Kunst und Gestaltung" (früher „Bildnerische Erziehung" genannt) seinen festen Platz. Und es ist ein wertvoller Platz! Eure Kinder lernen hier

6.2 Wenn das alte Denken bremst – Was uns (noch) nicht hilft

Grundlagen, die wichtig sind, wie es auch der Lehrplan ausdrückt: Sie sollen „sinnlich-ästhetische Zugänge zur Welt[1]" erhalten und ihre „individuelle und gemeinsame Ausdrucksfähigkeit[1]" fördern. Es geht darum, „grundlegende Kenntnisse, Fähigkeiten und Fertigkeiten in den Bereichen bildnerische Praxis, bildende Kunst, gestaltete Umwelt und visuelle Kommunikation[1]" zu erwerben. Das klingt doch erst mal vielversprechend!

Konkret bedeutet das für die Schulstufen
In der 1. Klasse der mittleren Schulstufe sollen eure Kinder beispielsweise „mit verschiedenen Materialien, einfachen analogen und digitalen Werkzeugen und Techniken spielerisch experimentieren" und „Bildideen entwickeln, basierend auf eigenen Erlebnissen, Gedanken, Gefühlen, Vorstellungen und Fantasien". Sie sollen auch lernen, wie „Bilder erzählen" und wie „Schrift und Zeichen" Bedeutung tragen – bis hin zur „Werbung". Das ist gut, denn es öffnet den Blick auf den Alltag.

In der 2. Klasse geht es weiter: Eure Kinder sollen „Piktogramme" und „Logos" verstehen lernen, also Zeichen, die im Alltag allgegenwärtig sind. Auch hier wird die „bildnerische Praxis" großgeschrieben: Selber Gestalten steht im Vordergrund.

In der 3. Klasse wird die Gestaltung von „Logos, Bild- und Wortmarken" thematisiert, um deren „Wirkung" zu verstehen. Außerdem sollen Schüler „Spuren lesen und legen", also lernen, wie Bilder das Verständnis beeinflussen und „Bildinhalte entschlüsseln".

In der 4. Klasse kommt der entscheidende Punkt: Eure Kinder sollen lernen, wie Bilder „Auffordern, beeindrucken, manipulieren" können und welche „Funktionen und Wirkungen der Kombination von Wort, Bild und Ton" haben – besonders in der „Werbung und ihren Verkaufsstrategien". Auch das „visuelle Erzählen in Politik und Medien" ist ein Thema.

All das ist fantastisch! Es fördert Kreativität, ästhetisches Empfinden, den Blick für Details und die Fähigkeit, sich künstlerisch auszudrücken. Der Lehrplan spricht sogar von „visueller Kommunikation" und der „Wirkung" von Bildern. Doch genau hier schließt sich auch die Tür zum eigentlichen Herzstück der „Bildkompetenz".

Leider sieht es in den anderen deutschsprachigen Ländern nicht besser aus. Die Lehrpläne in Deutschland, der Schweiz sowie Südtirol fokussieren sich ebenfalls auf „Kunst" in ihren visuellen Lehrzielen, während alltägliche visuelle Fähigkeiten vernachlässigt werden.

Der blinde Fleck: Wo die Schule eure Kinder bildblind lässt
Im Kunstunterricht geht es vor allem um künstlerisches Gestalten, darum, sich kreativ auszudrücken, Meisterwerke zu bewundern, Technik zu üben. Er konzentriert sich, wie der Name schon sagt, auf die „Kunst". Es geht um das Schöne, das Ausdrucksstarke, das Künstlerische, um „bildnerische Praxis" als Kern. Selbst die historische Betrachtung dreht sich meist um alte Meister und berühmte Epochen. Die

---
[1] Bundesministerium für Bildung, Wissenschaft und Forschung (BMBWF): Lehrpläne der Mittelschule sowie der AHS-Unterstufe (Sekundarstufe I), verkündet mit BGBl. II Nr. 1/2023, gültig ab Schuljahr 2023/24. Auszug aus dem Lehrplan in Österreich.

Beispiele aus dem Lehrplan, die ich gerade genannt habe, sind zwar super – aber sie bleiben oft in einem künstlerischen oder abgehobenen Rahmen verhaftet. Es geht nicht um das, was dein Kind tagtäglich sieht, erlebt oder braucht. Wann lernt dein Kind, eine Werbeanzeige zu „lesen"? Wann versteht es, wie eine Infografik funktioniert, die in den Nachrichten auftaucht? Wann begreift es die manipulative Kraft eines Fotos in den sozialen Medien? Wann analysiert es, wie ein Diagramm in der Zeitung bestimmte Daten darstellt – oder eben auch verschleiert?

Denn unser Alltag, unsere Gesellschaft, ja das gesamte Berufsleben sind voll von Bildern, die keine Kunst sind: Verkehrszeichen, Werbebilder, Gebrauchsanweisungen, Logos, digitale Oberflächen, soziale Medien, medizinische Visualisierungen und vieles mehr. All diese Bildangebote bestimmen heute, wie wir denken, fühlen, entscheiden – und sie gehören zum Leben deines Kindes wie Lesen und Rechnen.

Was im Unterricht kaum oder gar nicht vermittelt wird, ist die tägliche, umfassende Bildkompetenz für JEDEN Bereich des Lebens, die dein Kind wirklich braucht:

Es fehlt die Alltags-Sprache der Bilder in ALLEN FÄCHERN: Dein Kind lebt in einer Welt voller Logos, Emojis, Piktogramme auf Verkehrsschildern, Bedienungsanleitungen, Apps, Daten…Datenvisualisierungen, Apps, die Navigation in digitalen Welten, komplexe Gebrauchsanleitungen. Wann lernt es, diese allgegenwärtigen Bilder zu entschlüsseln, die ihren Alltag steuern – und später im Beruf unentbehrlich sind? Der Lehrplan erwähnt zwar „visuelle Kommunikation" und „gestaltete Umwelt", aber in der Praxis fokussiert der Unterricht leider immer noch stark auf den künstlerischen Ausdruck und die Analyse von „Kunstwerken".

Es fehlt die kritische Medien-Kompetenz – weit über die Ästhetik hinaus:

Im Kunstunterricht geht es um die Schönheit des Ausdrucks, um Ästhetik. Aber wer lehrt dein Kind, Fake News zu erkennen, die gezielte Manipulation durch Bildausschnitte, Filter oder Inszenierungen zu durchschauen? Wer zeigt, wie Bilder subtil Meinungen bilden, Gefühle steuern und unser Konsumverhalten beeinflussen? Die vierte Klasse spricht zwar von „Manipulation" durch Bilder in der Werbung, aber das ist nur ein kleiner Ausschnitt. Dein Kind braucht Werkzeuge, um sich im gesamten digitalen Dschungel – von Social Media bis zu politischen Propaganda-Bildern – sicher zu bewegen. Das ist keine Kunst, das ist Überleben in der Mediengesellschaft, wo „Wer nicht sieht, muss alles glauben" zur bitteren Realität werden kann!

Es fehlt die praktische visuelle Kommunikation – für Schule und Beruf:

Dein Kind soll später vielleicht eine Präsentation halten, ein Forschungsprojekt vorstellen, komplexe Daten aufbereiten oder eine technische Anleitung erklären. Dafür braucht es keine Kunstwerke, sondern klare Diagramme, verständliche Infografiken, aussagekräftige Fotos, einfache Skizzen oder Animationen. Der Lehrplan betont zwar das „bildnerische Darstellungs- und Ausdrucksvermögen", aber lehrt er auch, wie man ein Klimadiagramm für den Geografieunterricht erstellt, eine chemische Reaktion visualisiert oder ein Geschichtsthema in eine überzeugende Zeitleiste umwandelt? All diese Fähigkeiten sind im Berufsleben unerlässlich und in anderen Fächern kaum Thema.

Es ist die Reduktion auf „Talent" – der größte Bremser: Das Fach Kunst ist oft mit dem Gefühl verbunden: „Dafür muss man zeichnerisch begabt sein." Wenn dein Kind nicht gut malen kann, fühlt es sich schnell abgehängt und wertlos in diesem Bereich. Doch wahre Bildkompetenz hat nichts mit Talent zu tun – jeder Mensch braucht sie, um im Alltag zu bestehen und die Welt zu verstehen! Es ist wie beim Deutschunterricht: Niemand fragt, ob dein Kind Dichter wird, wenn es Schreiben lernt. Es geht um die Beherrschung einer grundlegenden Lebenskompetenz! Aber dieses Verständnis fehlt im Bereich der visuellen Sprache.

Hier liegt der Denkfehler, der die immense Kraft der Bilder komplett blockiert: Wenn wir Bildsprache nur auf Kunst reduzieren, bleibt sie Nische – ein Elitestück für die Talentierten. Viele sagen: „Mein Kind kann nicht zeichnen, so wie es auch nicht singen kann – darum muss es sich nicht länger damit beschäftigen. Das ist nichts für ihn oder sie, nicht so wichtig, er oder sie muss ja kein Künstler werden." Aber niemand fragt in Deutsch: „Muss ich wirklich lesen oder schreiben können?", weil jeder ganz selbstverständlich weiß, wie wichtig das ist. Genauso sollte es auch beim Bildlernen sein. Wenn wir das nicht erkennen, lernen alle anderen, dass sie über kein visuelles Werkzeug verfügen dürfen. Was für eine Verschwendung! Denn Bilder sind Alltag. Sie sind Informationsmittel, Werkzeug, Denkform, Türöffner und echte Lebenskompetenz! Wer heute Bilder verstehen und gestalten kann, ist überall klar im Vorteil – in der Kommunikation, in der Wissenschaft, im Beruf, aber vor allem im ganz normalen Leben.

Selbst viele meiner geschätzten Kollegen aus dem Kunstbereich ziehen die Grenze viel zu eng: „Kunst, das ist unser Reich, das ist das Ziel!", höre ich oft. Doch so, wie Musikschulen nicht auf die wenigen Hochbegabten setzen, sondern jedem Kind Instrumente für Freude, Freundschaft und Alltagskompetenz anbieten – so brauchen alle den Zugang zum Bild als Werkzeug für Kommunikation, Orientierung und Selbstbewusstsein.

Ein besonders klares Beispiel war für mich die Gründung der Kunstschulen in Niederösterreich: Da sollte plötzlich jedes Kind zum Picasso werden, alle Gemeinden moderne Ausstellungen anbieten. Doch auch dort zeigte sich: Der eigentliche Schatz waren nicht die „Kunstwerke", sondern die neuen Fähigkeiten der Kinder – ihr Mut, ihre Offenheit, ihre Freude, Bilder zu nutzen, um etwas auszudrücken, zu erkennen, zu gestalten. Viele lernten, Bilder zu lesen, zu verstehen, in Projekten Leben und Lösung zu sehen statt nur Deko oder Elfenbeinturm.

Die fatale Konsequenz: Visuelle Analphabeten trotz Bilderflut
Weil die Lehrpläne im deutschsprachigen Raum und leider auch viele Lehrkräfte im Fach „Kunst" sich meist auf den engen Kunstbegriff konzentrieren, bleiben eure Kinder – trotz ihres Engagements und ihrer natürlichen Neugier – in vielen entscheidenden Bereichen der visuellen Kommunikation buchstäblich blind. Sie können zwar einen Baum malen oder ein berühmtes Gemälde interpretieren, aber sie sind oft hilflos, wenn es darum geht, die komplexe Welt der Alltagsbilder zu verstehen, zu hinterfragen oder selbst funktional zu gestalten. Sie konsumieren Bilder passiv, anstatt sie aktiv und mündig zu nutzen.

Mein dringender Appell
Wir brauchen keine engstirnige Kunstdidaktik, sondern eine breite, alltagsstarke Bildkompetenz für alle! Stelle dir vor, dein Kind könnte sich überall verständlich machen, klug einschätzen, was es sieht, kreativ antworten und uns alle ein bisschen schlauer machen – nicht nur in einer Kunstausstellung, sondern draußen im echten Leben.

Nur wenn wir das Bild aus dem engen Raster der Kunst befreien und als breites, universelles Werkzeug für jedes Fach begreifen, öffnen wir die Türen zu neuen Chancen im Lernen, Denken und Handeln. Bildlernen ist für alle da – dein Kind hat ein Recht darauf!

Es ist entscheidend, dass unser Bildungssystem über den Tellerrand des klassischen Kunstbegriffs hinausblickt. Das Fach „Kunst" ist wichtig für die Persönlichkeitsentwicklung, aber es darf nicht der einzige Ort sein, an dem Kinder visuell denken lernen. Wir brauchen Bildkompetenz als umfassende Kulturtechnik, die sich durch alle Fächer zieht – von Mathe über Geschichte bis zu den Naturwissenschaften.

Nur so kann dein Kind wirklich lernen, die Sprache der Bilder zu „sprechen" – nicht nur als Künstler, sondern als mündiger Mensch in einer visuellen Welt. Es ist höchste Zeit, den blinden Fleck zu beseitigen und das immense Potenzial des Bildes für echtes, umfassendes Lernen zu nutzen! Schauen wir nach Schweden - hier sehen wir, wie es gehen könnte!

6.3 Blick nach Norden – Schwedens mutiges Unterrichtsfach „Bild"

Warum Schwedens Kinder schon weiter sind und was wir davon lernen können.

Wer einen wirklich inspirierenden Blick auf innovative Bildung werfen möchte, sollte unbedingt nach Schweden schauen – dort, wo seit Jahrzehnten „Bild" als eigenständiges, mutiges Unterrichtsfach das Lernen revolutioniert. Während bei uns noch nicht einmal diskutiert wird, ob Bildlernen überhaupt wichtig ist und „Kunst" meist ein kleines Nischenfach bleibt, versteht Schweden unter „Bild" weit mehr als Zeichnen oder Malen. Schon in der Zeit, als Olaf Palme Unterrichtsminister und später Ministerpräsident war, wurde ein grundlegend neuer Kurs eingeschlagen: Schulen müssen Kinder zu selbstständigen, mündigen Menschen erziehen, die kritisch denken und Manipulationen durchschauen können. Und das, so hat Schweden erkannt, gelingt nicht allein mit Texten, sondern mit dem geschulten, bewussten Umgang mit Bildern. Das Fach „BILD" in seiner heutigen Form und Benennung hat sich in Schweden schrittweise entwickelt, aber seine offizielle Etablierung als eigenständiges und umfassendes Fach erfolgte maßgeblich mit dem Lehrplan von 1969.[2]

Im schwedischen Lehrplan steht an oberster Stelle:

---

[2] Skolöverstyrelsen, Läroplan för grundskolan: Lgr 69. Allmän del, Liber, Stockholm 1969.

6.3 Blick nach Norden – Schwedens mutiges Unterrichtsfach „Bild"

„Bilder spielen eine wichtige Rolle für die Art und Weise, wie Menschen denken, lernen und sich selbst und die Welt um sie herum erleben. Wir sind ständig von Bildern umgeben, die uns informieren, überzeugen, unterhalten und ästhetische und emotionale Erfahrungen schenken … Die Kenntnis von Bildern und visueller Kommunikation ist wichtig, um die eigene Meinung zu äußern und aktiv an der Gesellschaft teilzunehmen."[3]

Mit „Bild" als eigenem Fach hat Schweden einen entscheidenden Perspektivwechsel vollzogen: Hier geht es eben nicht nur um Kunst als Selbstzweck, sondern um einen auf die Lebenswelt der Kinder zugeschnittenen Zugang zu allen Formen der visuellen Kommunikation – vom Kunstwerk bis hin zur kritischen Analyse von Medienbildern, Werbung, Film und Design. Die SchülerInnen wachsen auf mit dem Gefühl, dass sie Bilder nicht nur konsumieren, sondern hinterfragen, gestalten und „lesen" können müssen.

Was macht „Bild" in Schweden so besonders?
Für schwedische Schüler ist „Bild" ein ganz selbstverständlicher Teil des Stundenplans – jedes Kind lernt, wie Bilder entstehen, wie man sie interpretiert und wie man selbst mit den unterschiedlichsten Techniken, Materialien und Werkzeugen kreative Lösungen entwickeln kann. Dabei steht nicht nur die künstlerische Einzelbegabung im Fokus, sondern Teamarbeit, Eigeninitiative und ein reflektierter Umgang mit visuellen Medien. Die Aufgaben sind alltagsnah: Schwedische Kinder gestalten Plakate für den Umweltschutz, üben, wie man Werbung durchschaut, drehen eigene kleine Filme oder Comics, erstellen Bild-Reportagen zu gesellschaftlichen Fragen und lernen, Designs zu bewerten. Sogar Architektur, Mode, Animation, Social Media und visuelle Codes aus anderen Kulturen haben ihren festen Platz im Unterricht.

Besonders wichtig:
Die SchülerInnen werden gezielt dazu befähigt, Manipulationen durch Bilder, Fakes, politische Propaganda oder Konsumreize kritisch zu erkennen und zu diskutieren. Nicht das schöne Produkt allein zählt, sondern das Verstehen, Hinterfragen, Kommunizieren, Debattieren!

Der große Unterschied zu den deutschsprachigen Lehrplänen wird hier eindrucksvoll deutlich: In Schweden steht die visuelle Mündigkeit im Mittelpunkt.

> „Ziel des Unterrichts im Fach „Bild" ist es, dass die Schüler Kenntnisse darüber entwickeln, wie Bilder entstehen und interpretiert werden … Der Unterricht sollte den Schülern helfen, ein Verständnis dafür zu entwickeln, wie visuelle Botschaften in verschiedenen Medien gestaltet werden. Der Unterricht sollte den Schülern auch die Möglichkeit geben, verschiedene visuelle Botschaften zu diskutieren und kritisch zu untersuchen … und ihnen helfen, Kenntnisse über Bilder in verschiedenen Kulturen, sowohl in der Gegenwart als auch in der Geschichte, zu entwickeln."[3]

---

[3] Skolverket, Läroplan för grundskolan… Kursplan Bild. Lgr 22, Skolverket, Stockholm 2022.

Was können wir daraus lernen?
Schweden zeigt eindrucksvoll, wie ein Unterrichtsfach, das seine Wurzeln im Alltag der Kinder hat, Zukunftskompetenz vermitteln kann: selbst denken, kreativ handeln, kritisch hinterfragen. Während bei uns noch viel zu oft Kunst und „Bild" verwechselt werden und Bildkompetenz ein Nischenthema bleibt, hat Schweden längst erkannt: Wer nicht lernt, Bilder zu entschlüsseln, bleibt ein Spielball von Werbung, Social Media und gesellschaftlichen Trends.

Stell dir vor, auch unsere Kinder hätten im Schulalltag selbstverständlich die Chance, Manipulationen zu entlarven, ihre Meinung kreativ auszudrücken, vielfältige Techniken zu entdecken und so wirklich mit offenen Augen in die Welt zu gehen. Schwedens Ansatz macht Mut: Mit „Bild" als Herzstück des Lernens könnten wir Kinder stärken, damit sie zu mündigen, kritischen, mitgestaltenden Menschen werden – und die oft unsichtbare Macht der Bilder nicht nur aushalten, sondern verantwortungsvoll nutzen.

> **Das Fazit für dich als Elternteil?**
> Bildlernen ist keine Frage von Talent und Kunst – es ist eine Frage von gesellschaftlicher Teilhabe, Freiheit und Zukunftsfähigkeit. Wer das Bild versteht, gestaltet mit. Schweden macht es vor. Zeit, dass auch wir endlich die Augen öffnen! Nicht nur Schweden, auch ein großes EU-Projekt gibt Hoffnung. Betrachten wir den nächsten Kandidaten.

6.4 Hoffnungsträger EU – Projekt Visual Literacy

Europas große Partnerschaft für das Lernen mit Bildern
Lass uns annehmen, es gibt nicht nur vereinzelt engagierte Eltern, Lehrer oder einzelne Schulversuche, sondern eine europäische Bewegung, die sich mit ganzem Herzen und gewaltiger Expertise genau für das einsetzt, was du dir für dein Kind wünschst: Bildlernen als neue, wirkungsvolle Kulturtechnik. Das EU-Projekt „Visual Literacy" bringt Menschen aus ganz Europa zusammen, damit Kinder in Österreich genauso wie in Schweden, Italien oder Deutschland die Bildsprache der modernen Welt verstehen, kritisch lesen und kreativ nutzen lernen.

Was gibt Hoffnung?
Das Besondere an diesem Projekt ist die geballte Gemeinschaft: Lehrende, Forscher und Praktiker aus vielen Ländern entwickeln gemeinsam einen europäischen Bezugsrahmen für Bildkompetenz – mit klarem Ziel: Bilder und Visualisierung sollen einen festen Platz im Unterricht ALLER Fächer bekommen, nicht als schmückendes Beiwerk, sondern als echtes Werkzeug zum Verstehen, Gestalten, Erleben. Es geht darum, Kinder für eine Welt auszurüsten, in der täglich Millionen Bilder auf sie einstürmen – und die Fähigkeit, diese Bilder zu verstehen, wird genauso wichtig wie Lesen oder Rechnen.

Das EU-Projekt setzt auf Verbindung und Austausch. Es entstehen Lehrpläne und Handreichungen, von denen du als Elternteil direkt profitierst: Wenn die Schule endlich auch visuelle Methoden selbstverständlich nutzt, wird Lernen bunter, verständlicher, spannender – und unsere Kinder wachsen in dem, was sie wirklich brauchen: Mut, Kreativität, Sicherheit im Umgang mit Bildern. Das Ziel: Kein Kind bleibt auf der Strecke, weil es nicht „textstark", sondern „bildfit" ist!

Was verbindet das Projekt mit den Herausforderungen und Hoffnungen der Eltern?

Ganz einfach: Genau die Themen, die dich und viele andere Eltern bewegen – Vergessen, Motivationslöcher, Überforderung, Hausaufgabenfrust, Prüfungsangst, das Ausbleiben von Erfolgserlebnissen – stehen im Mittelpunkt. Das EU-Projekt zeigt, dass es überall in Europa dieselben Sorgen gibt und dass Bildlernen überall genau an diesen Stellen für mehr Freude, Selbstvertrauen und Erfolg sorgen kann. Die Gemeinschaft aus ExpertInnen und Bildungspionieren heißt dich willkommen: Hier darfst du Hoffnung haben, dass Lernen mit Bildern kein Traum bleibt, sondern konkrete Praxis in Schulen und Familien wird.

Es ist diese Kraft der Gemeinschaft, die alles möglich macht: Austausch, gegenseitige Ermutigung, neue Lösungen, internationale Zusammenarbeit. Du bist nicht allein – Eltern in ganz Europa wünschen sich, dass ihre Kinder bildstark, kritisch, kreativ und zukunftsfähig aufwachsen! Genau dafür kämpft das EU-Projekt Visual Literacy – und du darfst darauf vertrauen, dass echte Veränderung möglich ist, wenn wir unsere Stimmen und Erfahrungen zusammentun.

Was ist Visual Literacy überhaupt?[4]

Visual Literacy bedeutet, Bilder nicht nur sehen, sondern wirklich lesen und „verstehen" zu können. Es ist die Fähigkeit, aus all dem, was unser Auge täglich erfasst – Fotos, Plakate, Infografiken, digitale Clips, Zeichnungen – echte Bedeutungen zu entschlüsseln, Botschaften zu hinterfragen, eigene Ideen auszudrücken und visuell zu kommunizieren. Dein Kind soll lernen, wie Bilder wirken, wie sie in Medien, Werbung, Wissenschaft und Alltag funktionieren – und wie man selbst mit Bildern kreativ und kritisch umgehen kann.

Wie sieht der Lösungsansatz aus? Was macht das Visual-Literacy-Projekt?

Bilder als Sprache anerkennen: Im Projekt wird das Bild zur selbstverständlichen Sprache jeder Unterrichtsstunde – nicht als Ersatz, sondern als Ergänzung zur Textsprache. Es soll in allen Fächern Platz finden – von Biologie bis Geschichte, von Mathe bis Sozialkunde.

Geplant ist, dass in Zukunft neben Lesen, Schreiben und Rechnen auch „Sehen lernen" als Grundkompetenz jeden Stundenplan prägt – von der Grundschule bis zur Matura.

---

[4] Ernst Wagner, Diederik Schönau (Hrsg.): Gemeinsamer Europäischer Referenzrahmen für Visual Literacy – Prototyp. Waxmann, Münster/New York 2016.
Der Referenzrahmen definiert umfassend, was visuelle Kompetenz (Visual Literacy) in einer europäischen Bildungsperspektive bedeutet: von Wahrnehmung und Analyse über Gestaltung bis zur Reflexion – und zeigt, wie Bildkompetenz systematisch gefördert und bewertet werden kann.

Kompetenzen klar definieren: Kinder werden durch gezielte Aufgaben dazu befähigt, Bilder nicht nur zu konsumieren, sondern zu analysieren, zu gestalten, zu präsentieren und als Werkzeug für Problemlösungen einzusetzen. Die Lehrpläne bekommen dazu ganz konkrete Kompetenz-Beschreibungen.

Selbst gestalten und ausdrücken: Im Mittelpunkt stehen Bildaufgaben, die kreatives und eigenständiges Arbeiten in den Vordergrund stellen. Kinder sollen Collagen, Comics, Datenbilder, Skizzen, Videos und digitale Projekte selbst entwickeln.

Kreativität und kritisches Denken im Team: Projekte, Austausch und Diskussionen sorgen dafür, dass Kinder lernen, die Wirkung und Aussage von Bildern untereinander zu reflektieren und gemeinsam an Lösungen zu tüfteln.

Alltagsrelevanz: Visual Literacy setzt auf Themen, die im echten Leben wichtig sind – von Werbung über Verbraucherschutz bis hin zu gesellschaftspolitischen Fragen. Die Kinder sollen fit werden für eine Welt voller visueller Reize – in der Schule, im Beruf und im Alltag.

Lass dich inspirieren: Die europäische Partnerschaft für Bildlernen bringt Hoffnung und eröffnet neue Wege für die Schule und für dein Familienleben. Es ist die Botschaft, dass die Welt von morgen nicht denen gehört, die am meisten Text abarbeiten – sondern jenen, die mit Bildern fühlen, denken und gestalten!

6.5 Starke Allianzen – Internationale Bildverbände machen Druck

Wer weltweit für mehr Bildkompetenz kämpft (InSEA & Co)

Wenn du glaubst, dass der Ruf nach mehr Bildkompetenz und Bildlernen nur in Europa laut wird, dann lohnt sich ein Blick über den europäischen Tellerrand: Weltweit engagieren sich starke Allianzen und internationale Verbände dafür, dass Bilder, visuelle Kommunikation und kreative Bildung endlich den Stellenwert bekommen, den sie verdient haben – für alle Kinder und Familien. Einer der größten Treiber ist dabei InSEA – die International Society for Education through Art.

InSEA – Eine Bewegung für die ganze Welt
Seit 1954 setzt sich InSEA (www.insea.org) unermüdlich dafür ein, dass Bildsprache, bildnerische Erziehung und vor allem das selbstbestimmte, kreative Arbeiten mit Bildern in allen Schulen, Kinder- und Jugendeinrichtungen selbstverständlich werden. INSEA ist mit über 80 Ländern vernetzt und arbeitet eng mit der UNESCO und vielen anderen internationalen Organisationen zusammen. Das Ziel ist immer dasselbe: Kinder sollen nicht nur konsumieren, sondern Bilder „lesen", begreifen, reflektieren und auch selbst gestalten können. Nur so werden sie wirklich mündig, können Kreativität entfalten und Manipulation erkennen.

Was macht InSEA für die Bildbewegung relevant?

- Weltweite Kongresse, Workshops und Austauschprojekte sorgen dafür, dass Lehrer, Eltern, Forscher und Bildpädagogen ständig neue Impulse bekommen.

6.5 Starke Allianzen – Internationale Bildverbände machen Druck

- Es geht um viel mehr als Kunst: InSEA kämpft dafür, dass Bildkompetenz als grundlegende Alltags- und Zukunftskompetenz in allen Lehrplänen fest verankert wird und Kinder schon in jungen Jahren Bildsprache kritisch begegnen können.
- Besonders hoffnungsvoll für dich als Mutter oder Vater: Überall, wo InSEA aktiv ist, gehen Eltern, Lehrer und Kinder einen Schritt weiter – sie vernetzen sich über Landesgrenzen, teilen Erfahrungen, gute Beispiele, Sorgen und Erfolgsrezepte. Das ist gelebte internationale Community!

Während InSEA als internationaler Verband einen besonderen Stellenwert besitzt und sich seit Jahrzehnten für die Bilddompetent als Ganzes einsetzt, gibt es viele weitere Organisationen, deren Arbeit für uns unmittelbarer relevant ist. Ihr Fokus reicht von klassischer Kunst über Medienbildung bis hin zur Designkompetenz.

Nationale und regionale Kunstlehrerverbände:
Der BDK (Bund Deutscher Kunsterzieher, https://bdk-online.info/) und BÖKWE (Berufsverband Österreichischer Kunst- und Werkpädagogik, www.boekwe.at) kämpfen landesweit für den Wert von Kunstunterricht und bieten dir als Elternteil die Gewissheit: Da sind echte Fürsprecher am Werk, die sich für qualifizierte, kreative Bildung stark machen. Das gilt genauso für die NAEA in den USA (www.arteducators.org). Ihr Anliegen? Dass alle Kinder einen Mindestanspruch auf gestalterisches, ausdrucksstarkes Lernen bekommen – und dadurch auch ein Stück Selbstbewusstsein entwickeln.

Verbände für Medienbildung und Digitale Kompetenz:
Hier dreht sich alles ums Bildlernen im digitalen Alltag! Die GMK (Gesellschaft für Medienpädagogik und Kommunikationskultur, www.gmk-net.de/) zählt zu den bedeutendsten Ansprechpartnern für Familien. Diese Organisation bietet auch verständliche Materialien, Elternfortbildungen und Tipps, wie du mit deinem Kind sicher und kompetent durch den Medienschungel navigieren kannst – im Alltag, bei Hausaufgaben, vor dem Bildschirm.

Das amerikanische Pendant, NAMLE (https://namle.org/), tut genau das Gleiche: Sie helfen Familien, Risiken von Medien zu erkennen und Chancen klug zu nutzen. Sie vermitteln, wie du deinem Kind beibringst, die Bilderflut in den sozialen Netzwerken zu hinterfragen und visuelle Fake News zu entlarven.

Verbände für Designbildung (wie der ico-D, www.theicod.org/en):
Vielleicht möchtest du als Elternteil dein Kind unterstützen, wenn es Spaß an Design, Grafik oder neuen digitalen Berufen hat? Dann findest du hier wertvolle Informationen, hintergründige Insights und weltweite Vergleichsmöglichkeiten über Bildung und Karriere – oft schon ab dem Jugendalter.

Was kannst du als Elternteil daraus mitnehmen?
Du bist mit deinem Wunsch nicht allein! Weltweit setzen sich Verbände, Wissenschaftler, Lehrer und Eltern dafür ein, dass Bilder als gesellschaftliche Sprache, als Werkzeug zum Denken und Verstehen endlich selbstverständlich werden.

Diese Allianzen sind der Beweis: Bildlernen ist kein Randthema! Es ist der Schlüssel zu Verständnis, Kreativität, gemeinsamer Kommunikation und echter

Freiheit in einer Welt, in der wir alle durch visuelle Informationen begleitet werden. Doch ich weiß: Die Vielzahl an weltweiten Initiativen, Verbänden und Projekten kann für Eltern schnell überfordernd und schwer zugänglich wirken. Wer soll da noch den Überblick behalten oder konkrete Hilfe für den eigenen Familienalltag finden?

Genau hier setze ich mit meiner Community an: Damit du nicht im globalen Dickicht der Bild-Initiativen verloren gehst, sondern direkt, persönlich und unkompliziert Unterstützung bekommst. Melde dich bei mir, scanne den QR Code am Ende des Kapitels – gemeinsam finden wir Wege, wie du und dein Kind ganz praktisch und ohne Umwege von der Kraft des Bildlernens profitieren könnt.

Wenn du dich als Teil unserer Bewegung siehst – mutig, vernetzt, neugierig –, trägst du dazu bei, dass auch deine Kinder bestärkt, inspiriert und bild-fit durch Schule, Alltag und Beruf gehen können.

> **Zusammengefasst**
> Starke Allianzen wie InSEA & Co. machen weltweit Druck: Sie zeigen, wie Schule und Bildung aussehen könnte, wenn Bildlernen und visuelle Kompetenz als Herzstück unseres Denkens und Miteinanders begriffen werden. Und sie machen Mut, dass Veränderung nicht an Ländergrenzen oder alten Lehrplänen haltmacht – sondern überall dort beginnt, wo Eltern, Lehrer und Kinder gemeinsam den Wert der Bilder erkennen und nutzen!
>
> Und zum Abschluss: All das Wissen, die Inspiration und die konkret umsetzbaren Impulse findest du in meinem Angebot wieder. Egal, ob du gezielte Unterstützung, Austausch mit anderen Eltern, praxisnahe Materialien oder neue Motivation suchst – mit meinen Kursen, Workshops und dem lebendigen Netzwerk meiner Community bist du bestens gerüstet.

6.6 Und bei uns? – Eltern auf dem Bildweg

Praktische Erfahrung und Hoffnung durch eine Familie, die schon losgegangen ist

Wir hören und lesen immer wieder von beeindruckenden Initiativen aus Schweden, Brüssel oder von internationalen Verbänden wie InSEA. Es ist gut und wichtig, dass sich europaweit so viele forschende Köpfe, engagierte Lehrerinnen und Bildungspolitiker zusammentun. Es gibt dabei wirklich starke Verbündete und Initiativen, die den Blick für dieses große Thema öffnen.

Aber mal ehrlich – für dich als Mutter oder Vater fühlt sich das alles oft weit weg an. Reformen, neue Lehrpläne, internationale Netzwerke und große Durchbrüche? Das ist ein langer Weg, bis man hier bei uns im Alltag wirklich etwas davon spürt. Was du als Elternteil jetzt brauchst, ist Hilfe, die sofort wirkt – etwas, das dich und dein Kind JETZT stützt, motiviert und begleitet.

Deshalb biete ich von Herzen Unterstützung und Inspiration im Alltag an. Du steckst mit deinen Sorgen, den Stolpersteinen der Hausaufgaben, dem Lernfrust und der Angst vor Prüfungen nicht allein fest. Ich lade dich ein, mit auf den Weg zu gehen – auf den Bildweg. Schon jetzt kannst du mit kleinen Schritten große Veränderungen anstoßen. Was Mut macht? Schau dir an, wie eine Familie, eine Mutter mit ihrer Tochter, konkret mit Bildern die Wende geschafft hat. Sie hat nicht abgewartet, sondern sich auf den Weg gemacht, Hilfe gesucht und einen ganz neuen Zugang zum Lernen gefunden. Und genau das darf dir Hoffnung und Kraft geben – für dich und dein Kind!

Eine Mutter wandte sich an mich, weil ihre Tochter vor einer alles entscheidenden Grammatik-Prüfung stand. Der Druck war riesig, weil die heiß ersehnte Reitwoche davon abhing, endlich die Note zu verbessern. Doch was bekam das Mädchen aus der Schule? Eine Textwüste: Grammatikbegriffe, abstrakte Fachausdrücke, eine Liste voller fremder lateinischer Namen. Alles klang für die Schülerin wie Bahnhof – leblos, bedeutungslos, fremd. Keine Verbindung, keine Vorstellung, nur Frust, Angst und das Gefühl, trotz aller Mühe sowieso zu scheitern.

Gemeinsam luden wir Mutter und Tochter in mein Institut für Bildlernen ein. Wir nahmen einen radikalen Perspektivwechsel vor. Statt noch mehr Frust gab es ein kreatives, entspanntes Klima: Wir tauchten ein in eine Welt abseits von Lehrplänen und Vokabellisten: die Bilderwelt. Schritt für Schritt suchten wir für jeden dieser abstrakten Begriffe einen Anknüpfungspunkt. Mal ein Bild aus einer Zeitschrift, mal ausgedruckt aus dem Netz, dann wieder gemalt oder frei erfunden. Die Lernlust kehrte zurück, als wir spielten, lachten, Kombis erdachten, die Wörter mit Geschichten oder kleinen Szenen verbanden. Wir bastelten Collagen, suchten aus Zeitungen die Motive heraus, die in der Tochter wirklich etwas auslösten. Es war kein klassisches „Lernen", sondern eher ein spielerisches Entdecken. Die pure Textflut wurde auf einmal bunt, lebendig, greifbar. Aus dem Pauken wurde eine Bastelstunde voller Kreativität und Spaß.

Stell dir das vor: Aus einer endlosen Liste von Grammatikbegriffen entstanden kleine Geschichten, die zu Bildern wurden – nicht aus Zufall, sondern von der Tochter selbst ausgewählt. Sie entschied mit, welche Bilder sie mit welchem lateinischen Ausdruck verknüpfen wollte. Ihr persönliches Highlight, und das Herzstück dieses Nachmittags, war die „Hundefamilie": Der dicke Hundevater als Nominativ, die fürsorgliche Mutter als Genitiv, die tollpatschigen Hundekinder als Dativ und Akkusativ – alle fanden ihren Platz im roten Hundekorb, genau wie die Begriffe auf der Wörterliste. Aus den Satzbausteinen wurde eine abenteuerliche Eisenbahn – Lokomotive für das Substantiv, Speisewagen für das Verb, Passagier- und Lastwagen für Adjektiv und Pronomen. Begriffe, die vorher wie Steine auf dem Weg lagen, wurden plötzlich Freunde, Begleiter, kleine Bilder im Kopf, die sich einprägten.

Die Mutter machte mit, schnitt aus, lachte mit ihrer Tochter, staunte über die Ideen, die plötzlich aus dem Mädchen sprudelten. Es wurde nicht gedrillt, keine Reden geschwungen, kein Zeigefinger erhoben.

Ja, das Zurechtschneiden, Suchen, Kleben, Beschriften dauerte ein paar Stunden. Aber dann geschah das eigentliche Wunder: Schon bei der ersten Wiederholung hatte ihre Tochter mehr als die Hälfte der Begriffe sicher parat, aus Freude darüber, wie sehr die Bilder sie beim Erinnern anstupsten. Mit jedem neuen Bild an ihrer Zimmertür wuchs ihr Selbstvertrauen. Wir machten daraus ein Ritual: Gemeinsam zu basteln, bildlich zu ordnen, zu pinnen und immer neu an die Tür zu hängen – das wurde zur täglichen kleinen Feier: Ein weiteres Bild gemerkt, ein weiteres Hindernis aus dem Weg geräumt. Was verstanden wurde, wanderte als kleine Collage ans Türblatt. Drei Tage später hing die ganze drei Tage später hing die ganze Tür voller Bilder, liebevoll gestaltet und beschriftet – unsere eigene Galerie des Gelingens. Jeden Morgen und Abend blieb ihre Tochter vor dieser Sammlung stehen, lachte über den Hundevater im roten Körbchen, rief sich ihre kleine Eisenbahn ins Gedächtnis und erzählte mir, wie jedes Bild eine Geschichte in sich trug.

Diese bunten Collagen wurden zu ihrem Anker – und zu ihrem Rettungsring während der Prüfungsvorbereitung. Wo früher Leere und Angst herrschten, war jetzt ein Gefühl von Sicherheit, Stolz und Aufregung: „Mama, das klappt! Ich seh das Bild und schon weiß ich, was es heißt." Der Druck fiel ab, wir lachten nicht nur beim Basteln, sondern auch beim Wiederholen. Das Lernen fühlte sich kein Stück mehr wie eine Pflichtübung an, sondern wie gemeinsames Entdecken.

Das Drücken, das Ziehen, das ewige „Du musst jetzt lernen" war vorbei. Lernkarten mit Bildern und eigenen Notizen zogen jeden Tag eine Spur des Erfolgs durchs Haus: Für jedes Bild, jeden Begriff, der neu „hinging", gab es ein kleines Gefühl von Stolz. Die Tochter wurde mit jedem neuen Bild sicherer – und der Frust wich einer kindlich-stolzen Neugier. Die Mutter konnte endlich wieder durchatmen, weil sie merkte: Ihr Kind ist nicht überfordert, nicht dumm, nicht faul – es hatte bisher einfach gefehlt, dass Wissen eine Gestalt bekam, einen Anker, ein Gesicht. Da, wo vorher nur Angst und Druck war, konnten jetzt beide wieder aufatmen.

Noch heute hängen einige der Bilder an der Tür. Ihre Kraft ist geblieben. Wenn die Mutter ihre Tochter jetzt beim Lernen beobachtet, weiß sie: Sie hat einen Schatz gewonnen, der über jede einzelne Prüfung hinausgeht – und sie, als Mutter, ist glücklich, sie auf diesem Bildweg begleiten zu dürfen.

Und dann, nach wenigen Tagen, war es soweit: Prüfungstag. Die Tochter ging diesmal nicht zitternd und mit Herzklopfen zur Schule, sondern mit bunten Bildern im Kopf und echtem Selbstvertrauen. Sie wusste: „Ich hab das, ich sehe es vor mir!" Als sie nach Hause kam, strahlten ihre Augen, und mit einem breiten Grinsen rief sie: „Es hat geklappt, ich hab's geschafft!" Die Reitwoche war gerettet – aber noch wichtiger war das Gefühl: „Ich kann das!" Nicht der Notendurchschnitt, sondern das neue Selbstbewusstsein und das Familienglück waren der größte Gewinn.

Du als Elternteil kannst aus dieser Geschichte mitnehmen: Hilfe und Veränderung sind möglich – auch wenn das Schulsystem langsam ist und der große Druck von außen dich manchmal mutlos macht. Es gibt Wege, die nicht auf Frontalbeschallung oder stures Wiederholen setzen, sondern auf Fantasie, Kreativität, Hand und Herz. Der Bildweg ist offen für alle, und du musst ihn nicht allein gehen. Hole dir Unterstützung, tausche dich aus, probiere neue Dinge aus – und traue deinem Kind kreative Lösungen zu!

Lernen darf wieder bunt, lebendig und hoffnungsvoll sein. Mit jedem Bild, das den Weg aus der Textwüste ins Leben findet, wächst nicht nur das Wissen deines Kindes, sondern auch die Freude und das Glück in deiner Familie. Jede Familie kann ihr Bild vom Lernen neu malen – es braucht nur ein wenig Mut, Offenheit und den ersten Schritt auf dem Bildweg.

6.7 Hoffnung, Anker & Gemeinschaft

Was du in diesem Kapitel erfahren hast, ist mehr als nur Analyse und Kritik an unserem trägen Schulsystem. Hier steckt die große Hoffnung, dass Veränderung für dich und dein Kind möglich ist – und dass du diesen Weg nicht allein gehen musst. Du hast gesehen: Es gibt Eltern, die losgehen, neue Wege testen, Kreativität zulassen und Mut zum Ausprobieren beweisen. Und du hast gespürt, wie mächtig das Zusammenspiel aus Bildern, Ideen und ehrlichem Austausch in einer unterstützenden Community ist.

Du bist als Mutter oder Vater nicht die oder der einzige, die vor Herausforderungen am Lern- und Küchentisch steht. Die unzähligen Initiativen und die neuen Partnerschaften – von Schweden über die EU bis zu InSEA und all den leidenschaftlichen Eltern bei uns – sind echte Hoffnungsträger. Sie zeigen: Es gibt bereits starke Bewegungen und viele kleine und große Erfolge, auf die du bauen kannst. Bilder sind dabei der Anker, der Orientierung und Halt gibt, aber auch das Sprungbrett, das Motivation, Lernfreude und sichtbare Erfolge wieder möglich macht.

Genau hierfür stehe ich mit meinen Angeboten – ob Kurse, persönliche Beratung, die offene Eltern-Community oder kreative Lernimpulse aus meiner Erfahrung als Bildexperte. Hier findest du einen Kreis aus Menschen, die wissen: Lernen mit Bildern verändert nicht nur Noten, sondern bringt Leichtigkeit, neue Perspektiven und echte Entwicklung für die ganze Familie. Du bist eingeladen, aktiv dabei zu sein und Unterstützung zu holen, wann und wie es für dich passt.

Sei dabei! Am Ende des Buches habe ich für dich deinen Zugang eingerichtet. Den QR-Code einfach einscannen.

Im nächsten Abschnitt wird es ganz praktisch: Hier warten konkrete Lösungsansätze, praxiserprobte Tipps, visuelle Tools und alltagstaugliche Hilfen auf dich, damit du die Herausforderungen im Lernalltag Schritt für Schritt selbst bewältigen kannst. Es ist Zeit, Mut zu fassen, neue Wege zu testen und für dich und dein Kind ganz neu zu entdecken, wie stark und freudvoll Lernen mit Bildern wirken kann!

Quellenverzeichnis

Bundesministerium für Bildung, Wissenschaft und Forschung (BMBWF): Lehrpläne der Mittelschule sowie der AHS-Unterstufe (Sekundarstufe I), verkündet mit Bundesgesetzblatt II Nr. 1/2023. Geltungsbeginn Schuljahr 2023/24. Online verfügbar über das Rechtsinformationssystem des Bundes (RIS). bmb.gv.at
Skolöverstyrelsen (Hrsg.): Läroplan för grundskolan: Lgr 69. Allmän del. Liber, Stockholm 1969.
Skolverket (Hrsg.): Läroplan för grundskolan samt för förskoleklassen och fritidshemmet – Kursplan Bild. Lgr 22. Skolverket, Stockholm 2022.
Wagner, Ernst; Schönau, Diederik (Hrsg.): Gemeinsamer Europäischer Referenzrahmen für Visual Literacy – Prototyp. Münster · New York: Waxmann, 2016.

7
Endlich Sehen: Wie konkrete Lösungen Lernalltag und Familienleben verwandeln

7.1 Selbst ist der Held – Wie „Ich kann's!" alles verändert

Vielleicht stehst auch du vor einem riesigen Traum: Dein eigenes Haus, von Grund auf selbst geplant und gebaut. Am Anfang schien das für mich unerreichbar – ich hatte keine Ahnung vom Bauen, keine Erfahrung, nur eine starke Vorstellung und den Wunsch, es wirklich zu schaffen.

Was mir entscheidend geholfen hat? Bilder im Kopf – und solche auf Papier. Ich habe Skizzen gemacht, Pläne gezeichnet, Listen geschrieben. Ich habe mir mit farbigen Markern Abläufe, Meilensteine und Aufgaben sichtbar gemacht. Jeder abgehakte Schritt, jede kleine Skizze an der Wand hat Mut gemacht und gezeigt: „Ich komme voran."

Es gab Momente voller Zweifel und Durststrecken; Rückschläge waren an der Tagesordnung. Doch durch das eigene Tun und das lebendige Bild davon, was möglich ist, wuchs mein Zutrauen Tag für Tag. Am Ende – nach Jahren voller Lernen, Ausprobieren und Selbermachen – stand ich tatsächlich in meinem eigenen Haus. Das größte Geschenk aber war das Gefühl: „Ich kann das. Ich traue mir etwas zu."

Genau dieses Gefühl möchte ich an dich weitergeben. Denn auch beim Lernen mit Kindern ist es diese erlebbare Selbstwirksamkeit, die alles verändert. Wenn Lernen sichtbar, greifbar und kreativ gestaltet wird, wächst nicht nur das Wissen, sondern auch das Selbstvertrauen – bei dir und deinem Kind.

Vielleicht fragst du dich, wie du das hinbekommen kannst? Die 30 Tipps im nächsten Abschnitt zeigen dir anschauliche, sofort umsetzbare Wege hin zu einem leichteren Lernalltag. Sie helfen dir, zusammen mit deinem Kind Lernwege zu entdecken, die Mut machen und jedem den Helden im eigenen Tun zeigen.

Probier es aus – und sieh, wie viel möglich ist, wenn Lernen sichtbar wird!

7.2 30 ausgewählte Tipps für deine Herausforderungen – Was Eltern jetzt erwarten dürfen

Inspiration pur – Aus dem Werkzeugkasten eines Bildpioniers
   Endlich, du bekommst einen echten Werkzeugkasten an die Hand – voller Ideen, die im Alltag mit deinem Kind schnell wirken. Nach fast vierzig Jahren als Bildpädagoge und siebzehn Jahren als Bürgermeister weiß ich: Kein Weg mit Kindern ist wie der andere, aber Lösungen gibt es viele – und die besten wachsen gemeinsam. Ich habe sie mit SchülerInnen, Eltern, und LehrerInnen selbst ausprobiert und immer wieder verfeinert.

   Hier findest du dreißig Tipps, die aus der Praxis stammen und sofort umsetzbar sind – verständlich, bunt und voller Aha-Momente. Es geht um deine Herausforderungen im Alltag – aber nicht theoretisch, sondern lebendig, zum Mitmachen, Anfassen und Gestalten. Dabei bist du gemeinsam mit deinem Kind gefragt! Probiert selbst aus, was anderen schon geholfen hat, und erlebt zusammen, wie Lernen, Mut und Erfolg wachsen können.

   Lass dich inspirieren, entdecke neue Möglichkeiten und finde heraus – so kann die Lösung wirklich aussehen!

7.2.1 Tipp 1–3: Vergessen ade! Bilder brennen Wissen ins Gehirn

- So wird aus Kurzzeitgeplänkel echtes Behalten
   Lerne, wie Bildlernen das Erinnerungsvermögen exponentiell steigert. Dein Kind wird zum „Gedächtnis-Champion" und die ständigen Frustmomente durch plötzliche Blackouts gehören endlich der Vergangenheit an.

Vokabelbild-Memory aus Abbildungen (Abb. 7.1)
Stell dir ein Memory-Spiel vor, das nicht im Handel liegt, sondern von euch gemeinsam gebastelt wird – maßgeschneidert auf die Vokabeln, die gerade hängen bleiben sollen. Du nimmst kleine Karteikarten und teilst sie in Paare: Auf eine Karte schreibst du das neue Fremdwort groß und deutlich auf die Rückseite, die Vorderseite bleibt leer. Die zweite Karte ist der kreative Teil: Gemeinsam mit deinem Kind malt oder schneidet ihr ein passendes Bild aus – vielleicht ein gezeichneter Apfel für „apple", ein kleiner Zug für „train" oder ein Regenschirm für „umbrella". Wichtig: Zu jedem Bild gehört auch die deutsche Übersetzung, damit klar ist, was gemeint ist.

   Damit nicht gemogelt wird und die Paare leicht zu finden sind, könnt ihr jedes Wort-Bild-Paar mit gleichfarbigen Rändern umranden oder ein Symbol in die Ecke malen. Je mehr dein Kind selbst malt, auswählt und gestaltet, desto tiefer brennt sich das Wort samt Bedeutung ins Gedächtnis.

   Jetzt wird gespielt! Die Karten werden gemischt und verdeckt ausgelegt. Gesucht werden immer ein Fremdwort und das passende Bild mit Übersetzung. Wer findet das Paar zuerst – du oder dein Kind? So wird Lernen zum spielerischen Er-

Abb. 7.1 Vokabelbild-Memory aus Abbildungen. (© Karl Josef Stegh 2025. All Rights Reserved)

lebnis: Mit jedem aufgedeckten Motiv wächst die Sicherheit, die Vokabel bleibt nicht nur trocken im Kopf kleben, sondern taucht als Bild, Farbe und Erfolgserlebnis immer wieder auf.

So macht Vokabellernen nicht nur Spaß, sondern bringt echte, lebendige Erinnerungen ins Spiel – und mit jedem Match wächst die Freude am gemeinsamen Erfolg!

Wissens-Poster selbst gestalten (Abb. 7.2)
Nach jeder Lerneinheit bastelt dein Kind ein eigenes Wissens-Poster – darauf bringt es mit Bildern, Farben, Lieblingsmotiven und Symbolen die wichtigsten Inhalte auf einen Blick. Das Poster hängt sichtbar im Zimmer und erinnert täglich an das Gelernte.

Wie funktioniert das genau?

Du gibst deinem Kind ein großes DIN-A3-Blatt, bunte Stifte und vielleicht ein paar Aufkleber. In der Mitte steht das Hauptthema (zum Beispiel „Die fünf Sinne" oder „Brüche in Mathe"). Rundherum werden die wichtigsten Begriffe, Regeln oder Beispiele mit einfachen Skizzen, Pfeilen, Farben und kleinen Figuren dargestellt – vielleicht auch mit dem Lieblingstier als Ankerfigur oder einem Idol als „Erklärhelden". Es kann ausgeschnittene Bildchen einkleben, Kästchen malen, Smileys nutzen – alles, was individuell und abwechslungsreich ist. Wichtig: Das Poster soll Spaß machen und „typisch Kind" aussehen!

Abb. 7.2 Wissens-Poster. (© Karl Josef Stegh 2025. All Rights Reserved)

Der große Vorteil:

Das Poster hängt immer sichtbar an der Wand oder an der Tür – und jedes Mal, wenn dein Kind daran vorbeigeht, werden die Lerninhalte wieder aktiviert. Die Symbol- und Farbkombinationen verankern sich wie kleine Gedächtnisanker im Kopf, das Wissen bleibt haften – und beim nächsten Test oder Abfragen kann sich dein Kind schnell, kreativ und sicher an alles erinnern.

Ketten-Geschichten aus Bildern entwickeln (Abb. 7.3)
Verknüpft Lerninhalte zu einer bunten Bilder-Geschichte. Jede Info ist eine Szene der Geschichte. Das funktioniert super bei Sachkunde, Geschichte, Naturwissenschaften – und jede Szene wird als Comicfeld oder Skizze visualisiert.

Statt einzelne Fakten stur auswendig zu lernen, verbindet ihr den Lernstoff zu einer spannenden, bunten Geschichte. Jeder Baustein des Themas wird zur Szene – als Comicbild oder kleine Skizze.

Abb. 7.3 Bildergeschichten. (© Karl Josef Stegh 2025. All Rights Reserved)

Wie funktioniert das genau?

Nimm gemeinsam mit deinem Kind ein großes Blatt oder DIN-A4-Blätter und teilt den Stoff (zum Beispiel Ablauf der Fotosynthese, geschichtliche Ereignisse, Schritte im Wasserkreislauf) in logisch aufeinanderfolgende Infoschritte auf. Jetzt denkt ihr euch eine lustige, fantasievolle Geschichte aus, in der jedes Sachstück einen Platz bekommt – das kann eine Reise, eine Abenteuer-Story oder ein Märchen sein. Jede neue Info wird in einem eigenen Comicfeld gezeichnet, als kleine Skizze, Figur oder Symbol – vielleicht mit Sprechblase, Geräusch, oder typischer Farbe. Am Ende entsteht eine Bilder-Kette, die die Infos miteinander verzahnt und leicht nachvollziehbar macht. Die fertige Bild-Geschichte könnt ihr an die Wand hängen oder als Heft sammeln.

Der große Vorteil:

Alles, was in einer selbst erfundenen, bildhaften Geschichte steckt, bleibt viel schneller und nachhaltiger im Kopf hängen – dein Kind merkt sich Fakten, weil sie mit Bildern und kleinen Abenteuern verbunden sind. Und Lernen wird auf einen Schlag kreativer, lustiger und viel leichter abrufbar – beim Test reicht ein Gedanke an die Bilderwelt, und die Erinnerungen sind sofort wieder da!

7.2.2 Tipp 4–6: Von Null Bock zu Wow: Visuelle Motivationsexplosion

- Lust, Energie, Neugier – Lernen als Erlebnis

Willkommen im Reich der „Augenöffner"! Entdecke, warum Bilder ein echter Zündfunke für Motivation sind. Lust, Energie und Neugier – wir machen aus Hausaufgaben ein Abenteuer und aus Unterricht ein Happening.

Motivations-Mindmap mit bunten Ideen (Abb. 7.4)
Lass dein Kind seine Lernziele fürs Schuljahr als große, bunte Mindmap gestalten: In die Mitte kommt „Schuljahr 20 …", rundherum mit Zeichnungen, Stickern oder Symbolen alles, was es lernen oder erreichen will. Jeder erfüllte Punkt wird später in bunten Farben markiert – so entsteht ein lebendiger Erfolgsweg.

Abb. 7.4 Motivations-Mindmap. (© Karl Josef Stegh 2025. All Rights Reserved)

Wie funktioniert das genau?

Nehmt ein großes weißes Blatt und schreibt in die Mitte „Schuljahr 2026" (oder das passende Jahr). Drumherum zieht ihr dicke, bunte Äste zu den wichtigsten Zielen – z. B. „Mathe verbessern", „Gedicht auswendig können", „Mit Mama kochen lernen", „Freundschaften stärken". Zu jedem Ziel malt das Kind kleine Bilder, Sticker oder Comicfiguren, die für Motivation sorgen. Immer, wenn ein Ziel gepackt ist, wird der Ast bunt angemalt oder bekommt einen fröhlichen Haken. Am Ende entsteht eine kunterbunte Mappe voller Stolz und Überblick – und Motivation für neue Ziele.

Der große Vorteil:

Dein Kind sieht auf einen Blick, was es alles schon geschafft und begonnen hat – jeder Fortschritt ist sofort sichtbar! Das weckt Durchhaltewille, macht Erfolgserlebnisse greifbar und bringt Lust aufs nächste Ziel.

Belohnungs-Glas mit Bildkarten (Abb. 7.5)
Stellt ein transparentes Einmachglas als Belohnungsglas im Wohnzimmer auf und daneben einen bunten Stapel Bildkarten, zum Beispiel Sonne für „gemeinsames Eis" oder Ball für „Bewegungspause". Nach jedem Lernschritt darf eine Karte ins Glas – so macht Erfolg sichtbar Lust auf mehr.

Wie funktioniert das genau?

Ihr bastelt zusammen viele kleine Bild-Karten mit Symbolen für schöne Belohnungen (z. B. Sonne, Stern, Smiley, Ball, Eiscreme). Immer wenn dein Kind eine Lernrunde, eine Aufgabe oder einen Tag motiviert beendet hat, wandert eine Karte

Abb. 7.5 Belohnungs-Glas mit Bildkarten. (© Karl Josef Stegh 2025. All Rights Reserved)

ins Glas. Ihr könnt gemeinsam nach einer Woche das Glas leeren und zusammen entscheiden, welche Belohnungen eingelöst werden – und feiern, was alles geschafft wurde!

Der große Vorteil:

Erfolge und Motivation werden nicht nur gefühlt, sondern sichtbar gesammelt – das stärkt das Selbstwertgefühl, macht Stolz spürbar und bringt Leichtigkeit in den Lernalltag.

Mutmach-Board über dem Schreibtisch (Abb. 7.6)
Über den Arbeitsplatz kommt ein Korkbrett oder eine Pinwand: Immer, wenn dein Kind eine Hürde genommen oder eine Aufgabe geschafft hat, heftet es eine selbstgemalte Mutmach-Karte darauf – etwa ein Pokal, ein lachendes Emoji oder einen kleinen Superhelden. So sammelt sich neben den Heften eine bunte Galerie voller eigener Erfolge.

Abb. 7.6 Mutmach-Board. (© Karl Josef Stegh 2025. All Rights Reserved)

Wie funktioniert das genau?

Hängt ein Korkbrett oder eine kleine Pinwand gut sichtbar über den Schreibtisch. Legt viele kleine Blanko-Karten und bunte Stifte bereit. Nach jeder gemeisterten Herausforderung – ob ein schwieriges Mathebeispiel, ein erfolgreiches Gedicht auswendig oder ein klärendes Gespräch mit der Lehrkraft – gestaltet dein Kind eine Motiv-Karte: Einen eigenen kleinen Held, Pokal, Stern oder einfach ein Symbol, das für seinen Mut steht. Die Karte wird ans Board gepinnt – und die Sammlung wächst mit jedem Erfolg.

Der große Vorteil:

Dein Kind sieht jeden Tag, wie viele positive Schritte es bereits geschafft hat. Gerade an schwierigen Tagen wird das Board zu einer echten Kraftquelle: Ein Blick genügt, und das Selbstvertrauen ist sofort wieder da. Das macht Mut, sorgt für Stolz und gibt Energie für die nächsten Lernabenteuer.

7.2.3 Tipp 7–9: Lernchaos killen – Ordnung und Klarheit durch Visualisierung

- Tools und Methoden gegen Textberge und Prüfungsangst

Mit der Macht der Visualisierung wird der Lernstoff sortiert, geordnet, entwirrt. Mindmaps, Grafiken und Bildstruktur geben Orientierung im Labyrinth aus Texten und Aufgaben. Eltern bekommen konkrete Tools in die Hand, mit denen sogar Prüfungsangst das Zittern vergeht.

Wochenplan als Farblandkarte (Abb. 7.7)

Mit einer großen, bunten Übersicht hast du alle Fächer und Aufgaben der Woche sichtbar auf einen Blick – kein stressiges Suchen und kein Vergessen mehr! Jeder Tag, jedes Fach bekommt eine eigene Farbe und ein kleines Bildsymbol.

Wie funktioniert das genau?

Ihr nehmt ein großes Blatt Papier und zeichnet eine Tabelle oder eine Landkarte für die Woche. Jedem Fach weist ihr eine feste Farbe zu (z. B. Mathe = Blau, Deutsch = Rot, Biologie = Grün). Zu jeder Aufgabe malt ihr ein passendes Bildsymbol: ein Buch für Deutsch, ein Reagenzglas für Chemie, einen Globus für Geografie. Die ganze Familie kann Aufgaben und Termine gemeinsam darauf eintragen. Hängt euren Plan groß in Küche oder Kinderzimmer – so haben alle immer den Überblick.

Der große Vorteil:

Dein Kind sieht sofort, was ansteht und was schon geschafft ist – alles auf einen Blick, klar und farbig. Das bringt Ordnung, Motivation und Struktur in die ganze Lernwoche – und du ersparst dir ewiges Nachfragen und Erinnern.

Chaos-Stopp-Schublade (Abb. 7.8)

Nie wieder lästiges Durcheinander mit losen Zetteln, Heften und Merkblättern – legt gemeinsam eine „Bild-Schublade" an, in der Ordnung und Übersicht herrschen.

Wie funktioniert das genau?

Abb. 7.7 Wochenplan als Farblandkarte. (© Karl Josef Stegh 2025. All Rights Reserved)

Ihr nehmt eine oder mehrere Schubladen, Mappen oder Ordnungsboxen und gebt jedem Thema oder Fach seine eigene Mappe. Auf die Vorderseite kommt ein auffälliges Bildsymbol: eine Maus für Informatik, ein Apfel für Biologie, ein Ball für Sport. Alles, was zu diesem Fach gehört, wird sofort einsortiert – so weiß dein Kind immer, wo was zu finden ist, und kann sich schnell orientieren.

Der große Vorteil:

Endlich Schluss mit Suchen, Frust und Chaos! Lernmaterial ist ordentlich verstaut, das Kind findet alles alleine – und das Kinderzimmer bleibt überschaubar und aufgeräumt. Eltern können durchatmen, weil weniger Streit und mehr Selbstständigkeit ins Haus einziehen.

Bilderstrecke zum Stoffverlauf (Abb. 7.9)
Der Lernfortschritt wird zur sichtbaren Erfolgsstraße: Für jedes neue Kapitel, Thema oder gelöste Aufgabe wird ein Abschnitt der „Bilderstrecke" gestaltet und als kleine Galerie aufgehängt.

Wie funktioniert das genau?

Ihr spannt eine Schnur quer durch das Kinderzimmer, an der jede Woche ein neues Thema (z. B. Vokabelliste, Mathe-Kapitel, Sachkundekartei) mit Bildern, Symbolen, Überschriften und kleinen Zwischenzielen illustriert und aufgehängt wird. Jeden Meter kann dein Kind mit einem Etappenkärtchen, einem Bild, einer gemalten Fahne und zuletzt mit einer individuellen „Siegerflagge" markieren.

Abb. 7.8 Chaos-Stopp-Schublade. (© Karl Josef Stegh 2025. All Rights Reserved)

Abb. 7.9 Bilderstrecke. (© Karl Josef Stegh 2025. All Rights Reserved)

Der große Vorteil:
Dein Kind sieht mit jedem Tag und jedem Schritt, wie viel es schon erreicht hat – Lernen wird greifbar, Motivation wächst, und Erfolg ist sichtbar. Das Beste: Ihr beide könnt gemeinsam feiern, was geschafft ist.

7.2.4 Tipp 10–12: Visuell wiederholen, statt versagen – Lernstress adé

- Mit Bildern durch jede Prüfung schweben

Jetzt kommt die Rettung: Visualisieren statt Pauken! Hier lernst du, wie dein Kind Lernstoff in Bilder gießt und so locker und sicher durch jede Wiederholung und Prüfung geht.

Wissensweg im Flur (Abb. 7.10)
Der Wissensweg verwandelt euren Flur in eine heimliche Lernstrecke: An jedem Türrahmen hängen kleine Erklärbilder zu wichtigen Themen. Jedes Mal, wenn dein Kind durch den Flur läuft, wiederholt es so ohne Aufwand und ganz nebenbei.
  Wie funktioniert das genau?
Du und dein Kind gestaltet zu den gerade lernrelevanten Themen kleine, bunte Bildkarten (z. B. „Was ist Photosynthese?", „Zeitformen erklärt", „Brüche im Alltag"). Diese Zettel klebt ihr gut sichtbar an die Türklinken, Türrahmen oder auch ans Fenster. Beim Hinein- oder Hinausgehen wird jedes Bild kurz angeschaut, laut ausgesprochen oder – einmal täglich – dem Familienmitglied erklärt.

7.2 30 ausgewählte Tipps für deine Herausforderungen – Was Eltern jetzt… 121

Abb. 7.10 Wissensweg im Flur. (© Karl Josef Stegh 2025. All Rights Reserved)

So entsteht fast wie von selbst eine tägliche Mini-Wiederholung – manchmal schaut ihr gemeinsam als Familienspiel, wer sich noch an die Antworten erinnert.

Der große Vorteil:

Das Wichtigste bleibt im Gedächtnis, weil das Wiederholen wie nebenbei läuft, ohne Stress und Zeitdruck. Prüfungsstoff und Hauptthemen sind ständig im Blick – je öfter gesehen, desto schneller verankert sich das Wissen!

Erklärvideo drehen (Abb. 7.11)
Nach jeder Lernphase kann dein Kind mit dem Handy ein kurzes Erklärvideo aufnehmen: Mit eigenen Worten und eigenen Bildern erklärt es den Stoff richtig lebendig – wie ein kleiner YouTube-Star im eigenen Zuhause.

Wie funktioniert das genau?

Nach Abschluss einer Lerneinheit schnappt sich dein Kind das Handy oder Tablet, vielleicht auch eine kleine Whiteboard-Tafel oder ein Blatt Papier. Es erklärt einen Begriff, einen Zusammenhang, eine Matheaufgabe oder einen Hauptpunkt, zeichnet dazu eine Skizze oder nimmt einen Alltagsgegenstand zur Hilfe („Das ist der Wasserkreislauf am Beispiel unserer Blumenvase!"). Das Video darf ganz persönlich und kreativ sein – Hauptsache, der Lernstoff wird mit eigenen Augen und Händen nochmals durchdacht und erklärt.

Die Videos speichert ihr als Nachschlagewerk. Vor der nächsten Prüfung reicht ein schneller Blick – alles ist im eigenen Stil verständlich präsent.

Abb. 7.11 Erklärvideo. (© Karl Josef Stegh 2025. All Rights Reserved)

Der große Vorteil:
Durch das Erklären wird das Gelernte wirklich verstanden und bleibt im Kopf. Das selbst erstellte Video gibt deinem Kind Sicherheit, bei Bedarf kann es jederzeit auf seinen eigenen Lernfundus zugreifen – ein echter Selbstvertrauens-Booster!

Lernposter als Prüfungslandkarte (Abb. 7.12)
Ein Lernposter als Prüfungslandkarte ist im Grunde eine große Übersichtsgrafik, die dein Kind selbst gestaltet und die den Lernstoff einer bevorstehenden Prüfung visuell darstellt. Der Clou: Jedes Thema wird nicht einfach nur als Stichwort aufgeschrieben, sondern mit einem passenden Bild und einer Farbe kombiniert.
Wie funktioniert das genau?

- Stell dir vor, dein Kind bereitet eine Biologieprüfung vor. Es nimmt ein großes Blatt Papier (A3 oder größer) und teilt es in Abschnitte – zum Beispiel für „Zellen", „Pflanzen", „Tiere", „Ökologie".

Abb. 7.12 Lernposter als Prüfungslandkarte. (© Karl Josef Stegh 2025. All Rights Reserved)

- Für „Zellen" zeichnet es eine Zelle, malt sie grün und schreibt das Wort daneben.
- Für „Pflanzen" vielleicht ein Blatt in Hellgrün mit dem wichtigsten Begriff.
- Für „Tiere" eine kleine Katze oder den Lieblingstier.
- Jedes Thema bekommt so ein klares, persönliches Bild, eine kräftige Farbe und ein einfaches Stichwort.

Das Poster bleibt während der Lernphase sichtbar im Zimmer hängen – vielleicht an der Zimmertür, am Schrank oder über dem Schreibtisch.
Der große Vorteil:
Dein Kind kann, wann immer es vorbeigeht, mit einem Blick wiederholen. Die Bilder helfen, den Überblick zu behalten und den Stoff Schritt für Schritt zu „durchwandern", wie eine eigene „Landkarte" mit Stationen, die Sicherheit geben. Dabei verliert es sich nicht im Text oder Detail, sondern sieht die wichtigsten Themen auf einen Schlag. Es merkt: Lernen kann bunt, klar und überschaubar sein – und bleibt besser im Gedächtnis, weil jedes Bild ein Anker ist.

7.2.5 Tipp 13–15: Vorstellung entwickeln – Verständlich lernen mit Bildpower

- Regeln, Begriffe und Zusammenhänge endlich begreifen
Wir transformieren Texte in Bilder, machen Lerninhalte endlich nachvollziehbar und wecken Neugier. Lernen wird bunt, klar, eindeutig – und endlich verständlich! Wir zeigen, wie visuelle Denkstrategien das Unverständliche sichtbar machen. Alles, was grau und trocken wirkt, wird bunt, lebendig und greifbar. Neue Türen öffnen sich – für Schüler, Eltern, Lehrer!

Regel-Comicstreifen – Mit Bildern und Humor zum Verständnis (Abb. 7.13)
Ein „Regel-Comicstreifen" ist eine selbst gemalte Comic-Geschichte, in der eine bestimmte Regel – zum Beispiel eine Grammatik-Regel oder Rechtschreib-Regel – anschaulich mit Figuren und kleinen Abenteuern dargestellt wird. Dein Kind erfindet eine Hauptfigur (wie das lustige „Das-statt-dass"-Männchen) und lässt sie regelgerecht durch verschiedene Situationen stolpern, helfen oder Unsinn machen.
Wie funktioniert das genau?

- Nehmt ein Blatt Papier und teilt es in Comic-Felder auf.
- Deine Hauptfigur erlebt in jedem Bild eine kleine Szene: Zum Beispiel „Das-Männchen" sucht seinen Hut („Das ist mein Hut"), während „Dass-Männchen" Sätze mit „dass" findet.
- Im Bild oder in einer Sprechblase wird die wichtige Regel deutlich abgebildet.
- Je witziger oder kreativer die Szenen, desto besser bleibt die Regel im Kopf.

7.2 30 ausgewählte Tipps für deine Herausforderungen – Was Eltern jetzt… 125

Abb. 7.13 Regel-Comicstreifen. (© Karl Josef Stegh 2025. All Rights Reserved)

Der große Vorteil:
Durchs Zeichnen wird eine komplizierte Regel nicht nur verstanden, sondern bleibt auch durch Witz und Bild im Gedächtnis. Abstrakte Zusammenhänge werden lebendig. Dein Kind erlebt: Lernen darf Spaß machen – und Comic-Figuren helfen, Regeln wirklich zu begreifen!

Erklärfilm selbst drehen – Vom Lernenden zum Experten (Abb. 7.14)
Ein „selbstgedrehter Erklärfilm" verwandelt dein Kind in den Erklär-Profi. Mit gezeichneten Schaubildern, gebastelten Karten und einfachen Handy-Aufnahmen wird das gerade Gelernte als Mini-Video erklärt und vorgeführt. Das Präsentieren macht das Gelernte greifbar – beim Vorbereiten wird sofort klar, was schon sitzt und wo noch Fragen sind.

Abb. 7.14 Erklärpräsentation. (© Karl Josef Stegh 2025. All Rights Reserved)

Wie funktioniert das genau?

- Gemeinsam wird ein Thema (zum Beispiel ein Sachverhalt, eine Grammatik-Regel oder ein Rechenweg) ausgesucht.
- Dein Kind malt ein Schaubild, baut kleine Szenen oder stellt Abläufe mit Figuren nach.
- Mit dem Handy wird daraus ein kurzes Erklärvideo: Zum Beispiel zeigt dein Kind, wie man Zeitformen bildet oder den Wasserkreislauf versteht.
- Anschließend kann das Video Freunden, Geschwistern oder den Eltern vorgeführt werden.

Der große Vorteil:

Durch das eigene Erklären wird aus Halbwissen echtes Verständnis und Sicherheit. Dein Kind merkt: „Ich kann das Thema so gut, dass ich es anderen zeigen kann!" Die kreative Aufbereitung fördert Vorstellungskraft, Selbstbewusstsein – und macht Lernen zum echten Mitmach-Abenteuer.

Knetfiguren für Regeln – Abstraktes wird greifbar (Abb. 7.15)
Mit „Knetfiguren für Regeln" werden schwierige oder abstrakte Themen (wie Grammatik, Mathematik oder Naturwissenschaft) direkt zu kleinen, bunten Spielfiguren geformt. Ob der Wasserzyklus, Zehnerüberschreitung oder Satzglieder: Aus Knete, Plastilin oder Modelliermasse entstehen einfache Szenen, die fotografiert und gesammelt werden. So bekommen Regeln und Zusammenhänge ein echtes Gesicht.

Abb. 7.15 Knetfiguren für Regeln. (© Karl Josef Stegh 2025. All Rights Reserved)

Wie funktioniert das genau?

- Überlegt gemeinsam: Welche Regel oder welches Thema soll sichtbar werden?
- Dein Kind formt passende Knetfiguren oder Gegenstände: Zum Beispiel verschiedene Wasserstationen, „Tausenderblöcke" in Mathe oder Subjekt & Prädikat als Figuren.
- Die Figuren werden in Szenen gestellt, vielleicht spricht jede für einen Teil der Regel.
- Ihr fotografiert die Ergebnisse als „Regelgalerie" und könnt sie immer wieder anschauen.

Der große Vorteil:
Durch das Basteln, Inszenieren und Fotografieren werden abstrakte Begriffe begreifbar. Langweilige Regeln verwandeln sich in lebendige Szenen. Dein Kind erlebt: „Ich kann mir selber Bilder zu komplizierten Sachen erschaffen!" – das stärkt Verständnis, Kreativität und bleibt im Kopf.

7.2.6 Tipp 16–18: Hilfe zur Selbsthilfe – Eigenständigkeit durch Visualisierung

- Kinder als Entdecker, Eltern als Coach
Kinder werden zu Entdeckern und Problemlösern, wenn Bilder Wege zeigen. Lernen lernen: Wie Ihr Kind sich selbst mit visueller Kompetenz versorgt und erstaunt, wie viel es wirklich kann.

Lernfahrplan als Tafel – Den eigenen Tag blicken und abhaken (Abb. 7.16)
Ein „Lernfahrplan als Tafel" ist eine individuell gestaltete Übersicht, auf der dein Kind alle Lern- und Aufgabenstationen des Tages oder der Woche als Zeitstrahl selbst einträgt. Das Kind plant und verwaltet seine To-dos eigenständig: Was steht heute an? Was kommt später? Jede erledigte Station wird bunt abgehakt – so wächst nicht nur die Übersicht, sondern auch das Gefühl, den Tag selbst im Griff zu haben.
Wie funktioniert das genau?

- Nutzt eine kleine Tafel, ein Whiteboard oder ein großes Blatt Papier.
- Dein Kind malt einen Zeitstrahl oder Tagesplan: Heute, morgen, Ende der Woche – jeweils mit Platz für einzelne Aufgaben.
- Jede Aufgabe bekommt ein kleines Symbol oder Bild.
- Das Kind trägt selbst ein, was anliegt, und hakt ab, was geschafft ist – vielleicht mit bunten Stiften oder kreativen Stickern.

Der große Vorteil:
Mit dem eigenen Lernfahrplan hält dein Kind den Überblick – und zwar selbstständig! Durch das Planen und Abhaken erlebt es Kontrolle über den Lernalltag und merkt: „Was ich mir vornehme, kann ich auch wirklich erledigen." Selbstbestimmtes Lernen wächst aus jedem eigenen Häkchen!

Abb. 7.16 Lernfahrplan. (© Karl Josef Stegh 2025. All Rights Reserved)

Quiz-Karten-Box – Selber testen, selbst Erfolg spüren (Abb. 7.17)

Eine „Quiz-Karten-Box" ist eine von euch selbst hergestellte Box mit Lernkarten. Auf jede Karte kommt vorne ein Begriff, eine Aufgabe oder eine Frage, hinten die Antwort oder ein passendes Symbol/Bild. So übt dein Kind unabhängig und kann sich selbst immer wieder abfragen, z. B. Vokabeln, Rechenarten oder wichtige Fakten. Ganz von allein bemerkt es, was schon klappt – und was noch geübt werden darf.

Wie funktioniert das genau?

- Ihr bastelt kleine Karten aus Papier oder Karton, mit einer Frage oder Aufgabe und einem kleinen Bild vorne, Lösung oder Symbol auf der Rückseite.
- Alles kommt in eine schöne Box oder Dose.
- Dein Kind zieht eine Karte, versucht sie zu lösen, dreht um und kontrolliert sich selbst.
- Wer richtig liegt, legt die Karte in den „Kann ich schon"-Stapel.

Der große Vorteil:

Mit den Quiz-Karten übt dein Kind selbstständig, ganz ohne Druck von außen. Es entscheidet selbst, wann und wie oft es übt – und sieht blitzschnell alle Fortschritte. Das stärkt das Vertrauen in die eigene Lernfähigkeit und macht das Wiederholen zu einer persönlichen Entdeckungsreise!

Schritt-für-Schritt-Plakat – Eigene Lernwege festhalten (Abb. 7.18)

Ein „Schritt-für-Schritt-Plakat" ist eine selbstgemachte Bildanleitung für knifflige Aufgaben. Dein Kind überlegt sich für komplizierte Themen (wie Textaufgaben oder Grammatikregeln) einen Ablauf – und malt zu jedem Schritt ein eigenes Bild

Abb. 7.17 Quiz-Karten-Box. (© Karl Josef Stegh 2025. All Rights Reserved)

Abb. 7.18 Schritt-für-Schritt-Plakat. (© Karl Josef Stegh 2025. All Rights Reserved)

oder Symbol. So entsteht eine ganz persönliche Anleitung, die beim nächsten Mal immer griffbereit ist.
Wie funktioniert das genau?

- Wer sich mit einer Aufgabe besonders schwer getan hat (z. B. Sachaufgabe, Grammatik, Aufsatz), überlegt: „Wie bin ich vorgegangen?"
- Dein Kind malt jeden einzelnen Schritt als kleines Bild oder Stichwort auf ein großes Blatt – vom ersten Durchlesen bis zum Ergebnis.
- Das Plakat wird am Lernplatz aufgehängt oder in einen Schnellhefter abgelegt.

Der große Vorteil:
Mit selbst gemalten Schritt-für-Schritt-Plakaten hat dein Kind beim nächsten Mal eine echte Hilfe, die es sich selbst geschaffen hat. So wiederholt und festigt es die wichtigen Lösungswege – und entwickelt Stück für Stück richtig gute eigene Strategien. Der Stolz, ein eigenes Werkzeug zu besitzen, macht beim Lernen richtig unabhängig!

7.2.7 Tipp 19–21: Hausaufgaben ohne Drama – Frieden dank Visualität

- Familienzeit gewinnen, Stress verlieren
Mit Visualität wird Hausaufgabenzeit zur friedlichen, klaren, gemeinsamen Erfolgserie. Plötzlich können Kinder alleine Hausaufgaben machen, Eltern entspannen – und alle gewinnen Zeit und Nerven.

Hausaufgaben-Checkliste mit Symbolen – Klarer Überblick, bunte Motivation (Abb. 7.19)
Eine „Hausaufgaben-Checkliste mit Symbolen" ist eine selbsterstellte Übersicht, auf der jede Hausaufgabe durch ein eigenes Bild oder Symbol dargestellt wird. Statt einer bloßen Aufgabenliste gibt es für Mathe vielleicht ein Zahlensymbol, für Deutsch ein Buch, für Sachkunde ein Reagenzglas. So sieht dein Kind auf einen Blick, was ansteht – und kann jede erledigte Aufgabe farbig abhaken.
Wie funktioniert das genau?

- Ihr malt oder druckt kleine Symbole für jedes Fach oder jede Hausaufgabe auf ein Blatt Papier (Buch, Zahl, Reagenzglas …).
- Lege diese Checkliste neben den Arbeitsplatz.
- Nach jeder abgeschlossenen Aufgabe kreuzt dein Kind das passende Symbol mit einem bunten Stift an, malt aus oder klebt einen Sticker drauf.
- Am Ende gilt: Je mehr Farbe, desto näher ist alles geschafft!

Abb. 7.19 Hausaufgaben-Checkliste. (© Karl Josef Stegh 2025. All Rights Reserved)

Der große Vorteil:
Durch die klaren, bunten Symbole werden die Hausaufgaben nicht mehr als „großer Berg", sondern als überschaubare Einzelaufgaben sichtbar. Das Abhaken bringt sofort ein Erfolgserlebnis: Dein Kind sieht, wie viel schon geschafft wurde – das motiviert zum Durchhalten bis zum letzten Häkchen!

Bilderwürfel zu Lerninhalten – Spielspaß für mehr Abwechslung beim Lernen (Abb. 7.20)
Ein „Bilderwürfel zu Lerninhalten" ist ein selbst gebastelter Würfel, auf dessen Seiten verschiedene Fächer, Aufgaben oder Themen mit Bildern dargestellt sind. Statt einfach der Reihe nach zu arbeiten, entscheidet bei jeder Lernrunde ein lustiger Würfelwurf, welches Thema als nächstes dran ist. So kommt Abwechslung und spielerische Leichtigkeit ins Lernen.

Abb. 7.20 Bilderwürfel. (© Karl Josef Stegh 2025. All Rights Reserved)

Wie funktioniert das genau?

- Bastelt einen Würfel (aus Papier, Pappe oder einem Holzrohling) und malt auf jede Seite ein Bild oder Symbol für eine Aufgabe: Mathebuch, Deutschstift, Englische Fahne, Lesebuch, Rechenaufgabe, Naturbild.
- Bei jeder Hausaufgabenrunde würfelt dein Kind und bearbeitet das Fach bzw. Thema, das oben liegt.
- Der Würfel kann bunt bemalt oder immer wieder neu beklebt werden, wenn andere Aufgaben anstehen.

Der große Vorteil:
Mit dem Bilderwürfel wird das Lernen zur Überraschung: Die Reihenfolge ist nie langweilig und das nächste Fach fühlt sich wie ein kleines Spiel an. Dein Kind bleibt neugierig und motiviert und merkt: Auch Pflichtaufgaben können Spaß machen, wenn man sie auf kreative Art angeht!

Pausenbild-Stationen – Kleine kreative Oasen zum Auftanken (Abb. 7.21)
„Pausenbild-Stationen" sind feste kleine Unterbrechungen beim Lernen, bei denen dein Kind die Augen und Gedanken entspannen kann – entweder über eine kurze Zeichenaufgabe oder einen Blick auf schöne, selbst ausgesuchte Bilder. Alle halbe Stunde wird kurz gestoppt, damit das Gehirn locker bleibt und neue Energie tanken kann.
Wie funktioniert das genau?

- Nach ca. 30 min Lernzeit macht ihr eine Minipause:
- Entweder darf dein Kind ein ganz kleines Bild malen (z. B. Tier, Lieblingsessen, ein Lächeln).
- Oder ihr blättert gemeinsam durch ein Album mit Lieblingsfotos oder -postern, die am Lernplatz bereitliegen.
- Nur 2–3 min Pause einplanen, dann geht's frisch weiter.

Der große Vorteil:
Durch diese kreativen Minipausen verschwindet der Druck, ununterbrochen durchzuarbeiten. Statt Stress gibt's Momente zum Durchatmen – die Gedanken dürfen kurz woanders hin. Dein Kind fühlt sich nicht ausgepowert, sondern hat einen kleinen Spaß und findet Erholung mitten im Lernen – und bleibt so viel länger konzentriert und bei Laune!

Abb. 7.21 Pausenbild-Stationen. (© Karl Josef Stegh 2025. All Rights Reserved)

7.2.8 Tipp 22–24: Konzentrationsprobleme ade – Immer wieder Fokus finden

- den roten Faden halten: am Ball bleiben

Du stärkst spielerisch und anschaulich die Aufmerksamkeit – und sorgst so für mehr Ruhe, Motivation und echte Lernerfolge.

Lernampel mit Bildern – Sichtbarer Schalter für Konzentration und Pause (Abb. 7.22)
Eine „Lernampel mit Bildern" ist eine selbst gebastelte oder digitale Ampel, die direkt am Schreibtisch aufgestellt wird. Sie zeigt durch Farben (Rot, Gelb, Grün) und selbst gemalte Bilder an, ob gerade Lernzeit, eine Pause oder ein Übergang ist. Dein Kind kann so aktiv anzeigen, wie es sich fühlt oder was gerade angesagt ist. Das macht den Wechsel zwischen Konzentration und Pausen transparent und verständlich.
Wie funktioniert das genau?

- Ihr bastelt gemeinsam eine kleine Ampel aus Papier, Karton oder stellt einen digitalen Timer auf.
- Jede Farbe bekommt ein eigenes, leicht ablösbares Bild, das dein Kind malt:
- Rot = Pause (zum Beispiel eine schlafende Katze)
- Gelb = langsam starten, Orientierung (vielleicht ein geduldiger Fuchs)
- Grün = Fokus und Lernzeit (zum Beispiel ein wacher Leopard)
- Die Ampel steht sichtbar am Tisch. Dein Kind kann sie selbst „umschalten", je nachdem, wie es sich fühlt oder woran es gerade arbeitet. Dazu werden die derzeit inaktiven Bilder abgenommen oder überklebt.

Der große Vorteil:
Durch die klare, bunte Ampel lernt dein Kind, seine Konzentrationsphasen selbst zu steuern und wahrzunehmen, wann eine Pause nötig ist. Die lustigen Tierbilder erleichtern das Umschalten und bringen Spaß in den Lernalltag. Fokus und Erholung werden zu einem bewussten Wechselspiel – das gibt Struktur und nimmt den Druck!

Fokus-Fenster am Heft – Nur das Wesentliche im Blick (Abb. 7.23)
Ein „Fokus-Fenster am Heft" ist ein kleiner Rahmen oder ein Schiebefenster aus Pappe, das beim Bearbeiten von Aufgaben über das Heft gelegt wird. Es deckt alles außer der aktuellen Aufgabe ab – so bleibt der Blick ruhig, und das Kind lässt sich weniger ablenken. Gerade bei vielen Aufgaben oder langen Seiten hilft es dabei, immer nur das Wichtige im Fokus zu haben.
Wie funktioniert das genau?

- Schneidet gemeinsam ein rechteckiges Fenster in ein Stück Pappe oder dickeres Papier (am besten so groß wie eine einzelne Zeile oder Aufgabe).
- Das Fenster wird beim Lernen jeweils über die Aufgabe gelegt, die gerade dran ist. Alles andere bleibt verdeckt.
- Die Aufmerksamkeit bleibt auf der aktuellen Aufgabe, statt nervös „herumzuwandern".

Abb. 7.22 Lernampel. (© Karl Josef Stegh 2025. All Rights Reserved)

7.2 30 ausgewählte Tipps für deine Herausforderungen – Was Eltern jetzt… 139

Abb. 7.23 Fokus-Fenster am Heft. (© Karl Josef Stegh 2025. All Rights Reserved)

Der große Vorteil:
Das Fokus-Fenster macht es viel leichter, sich Schritt für Schritt auf einzelne Aufgaben zu konzentrieren. Das vermindert Stress vor zu vielen Aufgaben auf einmal und schützt vor Abschweifen. Dein Kind merkt: Mit kleinen Tricks lässt sich der „Lernberg" in angenehme Einzelteile zerlegen – und am Ende ist alles geschafft!

Bewegungs-Bildpausen – Power für Kopf und Körper (Abb. 7.24)
„Bewegungs-Bildpausen" sind kleine Bewegungseinheiten, die mit lustigen Bildkarten angekündigt werden: Nach jeder Lerneinheit zieht das Kind eine Karte mit einer Bewegung und macht diese kurz nach. Das bringt Spaß, lockert die Muskeln und gibt frische Energie für die nächste Lernphase.
Wie funktioniert das genau?

- Ihr sammelt und malt verschiedene Bildkarten, z. B. Hampelmann, Flieger, Kran, Froschsprung oder eine Katze, die sich streckt.

Abb. 7.24 Bewegungs-Bildpausen. (© Karl Josef Stegh 2025. All Rights Reserved)

- Nach einer erledigten Aufgabe oder Lerneinheit zieht das Kind eine Karte und macht die angezeigte Bewegung ca. 1 min lang nach.
- Dann geht's wieder ans Lernen – mit klarem Kopf!

Der große Vorteil:
Bewegungspausen mit Bildkarten bringen den Kreislauf in Schwung und helfen, die Konzentration immer wieder neu zu erfrischen. Durch die lustigen Karten wird die Pause ein kleiner Höhepunkt. Dein Kind lernt: Bewegung ist kein Störenfried, sondern hilft dem Gehirn, neue Kraft und Lust aufs Weiterlernen zu bekommen!

7.2.9 Tipp 25–27: Stolz wie Oskar – Selbstvertrauen mit Sichtbarkeit

- Lernerfolge, die man fühlen kann

Nichts motiviert mehr als sichtbarer Erfolg. Wer mit Bildern lernt, sieht, spürt und begreift seinen Fortschritt. Das Selbstvertrauen wächst, das Leben wird bunter und Lernen bekommt Sinn, Spaß und Zukunft. Mache dein Kind zum Gestalter seiner Erfolgsgeschichte – mit der Macht der Bilder!

Meine Erfolgsleiter als Bild – Schritt für Schritt zum Lernerfolg (Abb. 7.25)
Die „Erfolgsleiter" ist eine selbst gestaltete Zeichnung oder Bastelarbeit, auf der dein Kind seinen Lernfortschritt ganz konkret nachverfolgen kann. Jede Stufe der Leiter steht für einen gemeisterten Lernschritt – von kleinen Erfolgen wie gelösten Aufgaben bis zu großen Meilensteinen wie bestandenen Tests. So wird Lernen sichtbar und greifbar als Weg nach oben!
Wie funktioniert das genau?

- Ihr malt gemeinsam eine Leiter mit vielen Stufen – so groß, wie ihr möchtet, auf Papier, Tonkarton oder einer Tafel.
- Jede Stufe bekommt einen Namen oder ein Symbol für einen Erfolg: Zum Beispiel die gelöste Matheaufgabe, ein fehlerfreier Diktatabschnitt oder das Verstehen eines schwierigen Themas.
- Bei jedem Lernerfolg setzt dein Kind einen bunten Sticker, Smiley, eine gemalte Figur oder sogar eine kleine Spielfigur auf die nächste Stufe.
- Hängt eure Erfolgsleiter gut sichtbar auf, zum Beispiel neben dem Schreibtisch.

Der große Vorteil:
Durch die sichtbare Erfolgsleiter bekommt dein Kind immer wieder das Gefühl: „Ich komme voran!" Jeder neue Aufstieg macht stolz, spornt an und motiviert für die nächste Etappe. Selbst kleine Fortschritte werden gefeiert und helfen, dranzubleiben – Lernen fühlt sich machbar und lohnend an!

Abb. 7.25 Erfolgsleiter. (© Karl Josef Stegh 2025. All Rights Reserved)

Erfolgstagebuch mit Bildern – Fortschritt festhalten, sichtbar machen (Abb. 7.26)
Ein „Erfolgstagebuch mit Bildern" ist ein eigenes kleines Büchlein, in das dein Kind nach jeder Lerneinheit oder jedem Schultag eine Mini-Zeichnung von seinem persönlichen Erfolg einträgt. Es geht nicht darum, wie groß der Erfolg war – sondern darum, Fortschritte regelmäßig wahrzunehmen und sie kreativ festzuhalten.

Wie funktioniert das genau?

- Ihr legt ein kleines Notizheft oder einen Zeichenblock als „Erfolgstagebuch" an.
- Nach jeder Lerneinheit oder am Ende des Tages malt dein Kind eine kleine Szene: Vielleicht, wie es eine schwere Aufgabe geknackt hat, mit einem Freund gelernt hat, oder wie es ein Lob von der Lehrerin bekommen hat.
- Wer mag, kann unter das Bild noch ein Wort oder einen kurzen Satz schreiben.
- Ihr schaut regelmäßig die gesammelten Bilder gemeinsam an.

Abb. 7.26 Erfolgstagebuch. (© Karl Josef Stegh 2025. All Rights Reserved)

Der große Vorteil:

Durch das Zeichnen und Sammeln erkennt dein Kind Schwarz auf Weiß (oder bunt auf Papier), wie viele Erfolgserlebnisse es schon gab. Das stärkt das Selbstvertrauen und rückt die positiven Momente in den Vordergrund – Lernen macht Spaß, wenn Erfolge greifbar werden!

Familien-Applaus-Runde – Anerkennung gibt Rückenwind (Abb. 7.27)
Die „Familien-Applaus-Runde" ist eine kurze, gemeinsame Routine, bei der Lernerfolge deines Kindes gefeiert und anerkannt werden. Nach einer gelungenen Aufgabe oder einem kleinen Fortschritt zeigt dein Kind der Familie stolz, was geklappt hat. Alle dürfen applaudieren, Daumen hoch zeigen oder einen motivierenden Spruch rufen – das bestärkt und fördert Freude am Lernen.

Wie funktioniert das genau?

- Macht eine feste Zeit am Abend oder nach den Hausaufgaben aus, in der euer Kind seinen neuesten Lernerfolg zeigen oder erzählen kann – sei es eine gelungene Matheaufgabe, ein gutes Testergebnis oder das Durchhalten bei einer schwierigen Aufgabe.

Abb. 7.27 Familien-Applaus-Runde. (© Karl Josef Stegh 2025. All Rights Reserved)

- Die ganze Familie hört zuhören, dann wird gemeinsam applaudiert, „Daumen hoch" oder ein „Super gemacht!" gezeigt.
- Wiederholt dies regelmäßig, damit es zur geliebten kleinen Tradition wird.

Der große Vorteil:
Mit dieser wertschätzenden Runde erlebt dein Kind echte Anerkennung und spürt: Auch kleine Erfolge sind wichtig. Positive Rückmeldungen bleiben im Kopf, machen Mut und setzen Glückshormone frei – das nächste Lernen geht gleich viel leichter und mit mehr Selbstwertgefühl von der Hand!

7.2.10 Tipp 28–30: Bühne frei: Prüfungshelden durch Bild-Hacks

- Starke Auftritte ohne Angst
Prüfungen, Referate, Lampenfieber? Nicht mehr mit unseren Bild-Hacks! Wir machen Ihr Kind zum Bühnenstar im Klassenzimmer und sorgen für starke Auftritte – mit Visualisierung, die Kopf und Seele stärkt.

Prüfungsweg als Bildstrecke – Aus der Angst wird ein Abenteuer (Abb. 7.28)
Ein „Prüfungsweg als Bildstrecke" ist eine selbst gestaltete Zeichnung oder Collage, auf der dein Kind die einzelnen Etappen bis zur Prüfung visualisiert. Dabei wird der Lernprozess wie eine Reise oder ein Spielbrett mit verschiedenen Stationen sichtbar gemacht – von der Vorbereitung über schwierige Themen bis hin zum Erfolgserlebnis nach der Prüfung.
Wie funktioniert das genau?

- Nehmt ein großes Papier und malt darauf einen Weg, wie bei einem Spielbrett oder einer Schatzkarte.
- Start ist die „Trainingszone" – hier stehen eure Vorbereitung, hilfreiche Bücher oder ein motivierender Spruch.
- Danach folgen „Hindernisse": Zum Beispiel eine kleine Mauer (ein schwieriges Thema), ein Fluss (das neue Kapitel), ein Labyrinth (etwas, das immer verwirrt).
- Schließlich kommt das „Ziel": ein goldenes Zieltor, eine Medaille, ein Eisbecher oder eine Pause zur Belohnung.
- Dein Kind darf mit Stickern, Farben oder Magneten markieren, wo es gerade steht – Fortschritte werden so sichtbar!

Der große Vorteil:
Durch das Sichtbarmachen wird aus dem Angstberg ein überschaubarer Weg mit kleinen Stationen. Jeder zurückgelegte Schritt zählt als Erfolgserlebnis. Dein Kind merkt: „Ich bin schon so weit gekommen, bis zum Ziel ist es nicht mehr weit!" Die Angst verliert ihren Schrecken, weil der Weg konkret, bunt und machbar erscheint – so wird Lernen zum Abenteuer.

Abb. 7.28 Prüfungsweg als Bildstrecke. (© Karl Josef Stegh 2025. All Rights Reserved)

Mentale Bilderreise – Zur Ruhe kommen und innere Stärke finden (Abb. 7.29)

Eine „mentale Bilderreise" ist eine kurze, angeleitete Fantasiereise, in der dein Kind sich gedanklich in die Prüfungssituation hineinversetzt und sich vorstellt, wie es alles ruhig und erfolgreich meistert. Diese Methode der inneren Visualisierung hilft, Nervosität abzubauen und fördert ein positives Prüfungsgefühl.

Abb. 7.29 Mentale Bilderreise. (© Karl Josef Stegh 2025. All Rights Reserved)

Wie geht das genau?

- Setzt euch kurz gemeinsam hin, schließt die Augen und atmet einige Male bewusst tief ein und aus.
- Leite dein Kind dabei mit ruhigen Worten an: „Stell dir vor, wie du im Prüfungsraum sitzt. Die Aufgaben kommen. Du spürst, wie du ruhig bleibst und die richtigen Antworten aus deinem Gedächtnis hervorrufst. Du merkst: Du bist vorbereitet!"
- Lass es spüren, wie sich dieser Moment anfühlt, wenn alles klappt – vielleicht wie ein kleiner innerer Applaus oder ein Sonnenstrahl im Bauch.

Der große Vorteil:

Die Visualisierung gibt Sicherheit und fördert die „Geling-Gedanken" statt Angstgedanken. Dein Kind erlebt innerlich schon mal das positive Prüfungserlebnis und schöpft daraus Selbstvertrauen. Es merkt: „Ich kenne das Gefühl, Erfolg zu haben. Das kann ich mir wieder holen!"

Erfolgsplakat zur Motivationsstütze – Die eigene Superheldenwand (Abb. 7.30)

Ein „Erfolgsplakat" ist ein selbst erstelltes Plakat oder Poster, auf dem alle bisherigen Prüfungs- und Lernerfolge deines Kindes als Symbole, Zeichnungen oder Bilder festgehalten werden. Es funktioniert wie eine persönliche Erfolgsgalerie und macht stolz auf das, was schon alles geschafft wurde.

Abb. 7.30 Erfolgsplakat. (© Karl Josef Stegh 2025. All Rights Reserved)

Wie funktioniert das genau?

- Ihr nehmt ein Blanko-Plakat und zeichnet oder klebt für jede bestandene Prüfung, Referat oder mutige Aktion ein eigenes Symbol auf: Ein Pokal für Mathe, ein Stern für das Deutschreferat, einen kleinen „Daumen hoch" für mündliche Mitarbeit.
- Jeder Erfolg, egal wie klein, bekommt einen Ehrenplatz – zum Beispiel auch das „gute Gefühl danach" als buntes Herz.
- Das Erfolgsplakat hängt gut sichtbar am Schreibtisch oder an der Zimmertür.

Der große Vorteil:
Dein Kind sieht auf einen Blick: „Ich habe schon viel geschafft!" Das stärkt das Selbstvertrauen und macht Mut für neue Prüfungen. Die Angst schrumpft, weil das Plakat daran erinnert: „Prüfungen sind nichts Neues – ich bin schon ein echter Prüfungsheld!"

Und: Jeder neue Eintrag zeigt, dass Lernen nicht nur anstrengend ist, sondern ganz schön stolz machen kann.

7.3 Änderung wir spürbar

Vielleicht hast du schon einige der Tipps ausprobiert, hast gemeinsam visualisiert, geplant, geklebt, gemalt oder Geschichten erfunden. Und plötzlich spürst du: Da verändert sich etwas. Wo vorher Frust und Zweifel waren, taucht Neugier auf. Statt Streit um die Hausaufgaben gibt es jetzt kleine Erfolgsmomente – einen Jubelschrei beim Häkchen auf der Checkliste, ein Lächeln nach jeder bunt überwundenen Lernhürde.

Das ist die Kraft des Bildlernens: Lernen wird durchs Tun sichtbar, begreifbar, lebendig. Schritt für Schritt kehrt eine neue Leichtigkeit in euren Familienalltag ein. Die Stimmung kippt – weg vom „Schon wieder Lernen!", hin zu „Das schaffe ich!" und „Guck mal, was ich kann!".

Mit jedem umgesetzten Tipp wächst das Selbstvertrauen, der Mut zum Ausprobieren – und die Freude, gemeinsam etwas geschafft zu haben.

Du wirst sehen: Die neue Art zu lernen bringt nicht nur Erfolge auf dem Papier, sondern vor allem frischen Jubel und echtes Miteinander ins Haus. Und das ist am Ende der größte Gewinn – für dich, dein Kind und eure ganze Familie! Mehr davon im nächsten Kapitel.

8 Jubelstimmung: Der große Gewinn und die neue Leichtigkeit durchs Bildlernen

8.1 Kinderatelier-Story – Wie Talente vor Freude strahlen

Persönlicher Erfahrungsbericht: Wo Kreativität blühen darf

Es gibt diese Augenblicke im Leben, da spürst du: Jetzt wird aus einer Idee Wirklichkeit, jetzt öffnet sich eine völlig neue Tür – für viele, nicht nur für mich. Für mich war so ein Moment die Gründung meines eigenen Kinderateliers.

Damals wusste ich: Kinder brauchen Räume, in denen sie entdecken dürfen, was alles in ihnen steckt. Sie sollen malen, gestalten, schauen, fühlen – sie sollen ihre eigenen Bilder erschaffen und erleben, was beim Schaffen in Händen und Herzen passiert. Die Kraft der Bilder kann Türen öffnen, von denen viele nicht einmal wussten, dass sie überhaupt da sind.

Mit dieser Idee im Kopf bin ich losgezogen. Nicht einfach so – sondern richtig „handfest", mit Herzklopfen und einer Riesenportion Mut. Ich klopfte an die Türen aller Direktorinnen und Direktoren in der Umgebung, erzählte von meinem Plan, Kinder mit einem Atelier für bildnerisches Gestalten zu begeistern. Ich gestaltete meine ersten Plakate, entwarf Folder, führte unzählige Gespräche – und jedes Mal war da diese leise Hoffnung: Vielleicht kann ich einen kleinen Ort öffnen, an dem Kinder wirklich aufblühen.

Die Freude war riesig, als sich die Türen öffneten: Die ersten neugierigen Kinder standen in meinem Zuhause, voller Tatendrang, voller Lust aufs kreative Ausprobieren. Woche für Woche wurde unser „Kinderatelier" zu einem bunten Treffpunkt – ein Haus voller Farben, voller fröhlicher Stimmen, voller Ideen, die plötzlich Wirklichkeit werden durften.

Ich war oft einfach nur staunender Zuschauer: Über die leuchtenden Augen, die Fantasie, die Begeisterung, die jede Stunde entstand. Was da auf dem Papier oder mit Händen geschaffen wurde, war mehr als ein schönes Bild – es war ein stolzes „Ich kann's!", das im Raum vibrierte. Jahr für Jahr kamen neue Kinder, neue kleine und große Wunder entstanden. Auch unsere eigenen Kinder sind in diesem Atelier groß geworden, haben Handwerkliches und Künstlerisches ausprobiert, sich ausprobiert, gefunden und entfaltet. Gemeinsam mit meiner Frau habe ich erlebt, wie einzigartig und bereichernd das Bildlernen werden kann, wenn es richtig Raum bekommt.

Das Schönste aber: Jedes einzelne Kind hat etwas von seinem Licht, seiner Freude, seinem Talent in sich entdeckt – und hinausstrahlen dürfen! Da war plötzlich dieser Jubel, diese neue Leichtigkeit: „Das bin ich! Schau mal, was ich geschaffen habe! Ich kann mehr, als ich selbst geglaubt habe!" Und du, als Elternteil, kannst dabei sein und staunen: wie dein Kind sich entfaltet, wie Mut und Freude wachsen, wie Fähigkeiten sichtbar werden, die vorher im Verborgenen schlummerten – jetzt aber endlich die Chance haben, ins Licht zu treten.

Heute weiß ich: Das war der große Gewinn – für die Kinder, für uns als Eltern, für alle, die Bilder und Kunst erleben dürfen. Bildlernen verändert, es zeigt Wege, macht Talente sichtbar und schenkt alltagsnahe, echte Jubelstimmung. Das Atelier war mein gelebtes Beispiel dafür, dass Veränderung immer möglich ist, wenn wir mit Mut und Herz Räume schaffen, in denen Kinder und ihre Bilder wachsen dürfen.

Du kannst das auch. Ob zu Hause beim Malen, beim Basteln mit Papier und Stoff, beim gemeinsamen Betrachten von Bildern, beim Ausprobieren von Kreativtipps aus diesem Buch – überall öffnen sich Türen ins Talent, ins Selbstvertrauen, ins Familienglück. Ich habe es für Kinder in meiner Umgebung geschaffen, mit Liebe und Ausdauer – und du kannst jetzt zu Hause damit anfangen.

Hier ist der Beweis: Mehr Jubel, mehr Freude, mehr Möglichkeiten beginnen oft mit einem kleinen Bild. Lass dein Kind blühen – und feiere mit!

8.2 Gänsehaut pur – Wie Schüler aufblühen

Die neue Stimmung im Klassenzimmer: Freude, Lust am Lernen, inspirierte Kinder

Was passiert in der Schule, wenn aus einer langweiligen Vokabelliste ein Bild-Memory wird? Wenn aus einem öden Wochenplan eine bunte Landkarte des Lernerfolgs entsteht, oder wenn dein Kind an der eigenen Erfolgsleiter emporsteigt – Stufe für Stufe sichtbar, erlebbar, motivierend.

Vielleicht sitzt dein Kind in einer Gruppe, tüftelt mit den anderen an einer Mindmap zu einem schweren Thema – und plötzlich geht ein Licht an: „Das habe ich mir gemerkt, weil ich es gesehen habe."

In Mathe kritzelt es einen bunten Lösungsweg, diskutiert mit anderen, welches Beispiel am verständlichsten ist und freut sich über einen weiteren Aufkleber auf der Erfolgsleiter. Nach der Stunde? Es zeigt stolz seine neueste Bildkarte, lacht, vergleicht, jubelt mit den anderen; auch die, die sich bisher schwer getan haben, zeigen: „Das habe ich gemacht!". Pause gibt es dann nicht nur zum Ausruhen, sondern für eine kreative Miniaufgabe: Wer malt heute das witzigste Lernmonster für die Klassentür? Die Kinder lachen, vergleichen stolz ihre Werke, jubeln, wenn jemand einen Durchbruch hat, und trauen sich, auch Fehler zu zeigen und gemeinsam zu verbessern.

Ein schüchternes Kind, das immer still war, traut sich, sein selbst gemaltes Regel-Comic oder die eigene Bildgeschichte vorzustellen – weil das Bild die Bühne übernimmt und das Kind hinter seinen Zeichnungen einen sicheren Anker findet. Oft beginnt es mit kleinen Erklärungen: „Das habe ich so gemalt, weil ..." und merkt plötzlich, dass die Mitschüler interessiert zuhören, nachfragen oder sogar loben. Voller Stolz zeigt es seine Skizzen und erklärt den Stoff mit eigenen Worten. So wächst das Selbstvertrauen Schritt für Schritt. Ein anderes Kind, das sich mit Vokabeln schwertat, gewinnt beim selbst gebastelten Vokabel-Memory und lacht gemeinsam mit den Mitschülern, wenn die passenden Bildkarten gefunden werden.

Schüler, die sich mit langen Texten oder reinem Auswendiglernen schwer tun, greifen bei Bildaufgaben plötzlich mutiger zu: Sie zeichnen einfache Mindmaps, nutzen Farben zur Struktur oder basteln Vokabelkarten mit eigenen Symbolen. Durch die visuellen Brücken sind sie beim Abfragen viel sicherer – das Bild im Kopf gibt ihnen Halt. Oft sagen sie nach dem Test: „Die bunten Karten habe ich immer noch vor Augen gehabt – das hat geholfen!"

Gerade leistungsschwächere Kinder blühen oft auf, wenn Lernerfolge sichtbar werden: Die eigene „Erfolgsleiter" an der Klassenwand füllt sich langsam, jedes Bild ist ein handfester Beweis für einen geschafften Schritt. Oft sieht man, wie sie stolz anderen zeigen: „Das habe ich gemacht!" oder wie sie sich plötzlich in Gruppen austauschen, weil das gemeinsame Malen oder Basteln nicht benotet wird, sondern zählt, was man einbringt. Fehler werden entspannter besprochen, weil beim Bildlernen nicht nur „richtig" oder „falsch" zählt – sondern die eigene Art zu denken.

Gerade für diese Kinder ist Bildlernen oft der Schlüssel dazu, Selbstvertrauen zu gewinnen, Lernängste abzubauen und wieder Freude und Neugier zu entwickeln – weil sie erleben: Ich kann etwas, so wie ich bin!

Es sind diese Gänsehaut-Momente, die haften bleiben: Dein Kind malt sein Wissensplakat und strahlt vor Stolz. Es erzählt zu Hause voller Begeisterung, wie viel Spaß das Lernen endlich macht. Du hörst von der Lehrerin: „Ihr Kind blüht richtig auf!" – und kannst kaum glauben, wie viel Freude, Energie und Lebenslust da plötzlich steckt.

Das ist das Geschenk des Bildlernens: Mehr als Noten, mehr als Fakten – es ist diese Freude, dieses innere Leuchten, diese Entdecker-Lust, die aus jedem Schulkind ein inspirierendes, mutiges, mitreißendes Vorbild macht. Und genau das ist es, was Schule braucht: Begeisterung, Stolz, Lust aufs Lernen und das schöne Gefühl, gemeinsam immer wieder Neues schaffen zu können!

Lass eure Kinder diese Freude erleben. Und dein Kind erlebt, wie aus grauem Schulalltag echte Lernabenteuer werden. Das ist Gänsehaut pur!

8.3 Familien auf Wolke sieben – Wenn Homeschooling Spaß macht

Die neue Harmonie zu Hause: Entlastung, Gemeinsamkeit und echtes Glück durch visuelles Lernen

Mindset-Update für Eltern – Neuer Blick, neue Stärke
Was passiert zu Hause, wenn statt Stress und Diskussionen rund um Hausaufgaben und Lernen eine ungewohnte Leichtigkeit zu spüren ist? Was ist geschehen, wenn aus Streit um Hefte, langwierige Mahnungen oder Müdigkeit beim Wiederholen, plötzlich gelacht, ausprobiert und gemeinsam gestaunt wird? Das ist die Wirkung, wenn visuelle Lernstrategien aus Kap. 7 ihren Platz im Familienalltag gefunden haben – ein echtes Aufatmen, fast wie ein Neustart mit Rückenwind.

Die Veränderungen beginnen leise, aber sie wirken tief. Du merkst es daran, wie sich die Stimmung bei euch zu Hause schlagartig aufhellt: Die tägliche Lernzeit fühlt sich nicht mehr nach einer lästigen Pflicht an, sondern wie eine gemeinsame Entdeckungsreise. Sobald bunte Lernposter über dem Schreibtisch hängen, Belohnungsgläser klimpern oder eine Quiz-Karten-Box dazu einlädt, (gemeinsam!) kleine Erfolge zu feiern, entsteht etwas Neues: echte Freude. Die Kinder sind motivierter, weil sie erleben, dass Lernen Spaß machen darf und sichtbar belohnt wird. Und auch dein Elternherz lacht, weil du siehst, wie stolz und selbstbewusst dein Kind jeden Fortschritt feiert.

Das beste Gefühl aber: Du musst nicht mehr alles allein schultern. Die Verantwortung verteilt sich neu – du bist nicht die ständige Antreiberin oder Korrekturinstanz, sondern die Wegbegleiterin, die gemeinsam mit dem Kind staunen, lachen und Schritt für Schritt lernen darf. Einfacher gesagt: Zusammenwachsen statt Gegeneinander – aus Pflicht wird Freude. Vieles erledigt sich fast von selbst, weil die neuen Routinen dafür sorgen, dass jeder weiß, was zu tun ist – und weil das Wiederholen, Nachschlagen und Festigen durch visuelle Anker plötzlich Spaß bringt. Deine Kinder arbeiten eigenständiger und finden schneller in ihre Aufgaben hinein. Sie erleben: „Ich kann mir selbst helfen" – und das entlastet auch dich.

Mit jedem neuen Bild an der Wand, mit jedem gemeinsam gestalteten Lernplakat wächst bei dir ein neues, starkes Gefühl: Stolz, Gelassenheit und Zutrauen in die eigenen Fähigkeiten, aber auch in das Familien-„Wir". Die Stimmung kippt – weg von Belastung oder Hilflosigkeit hin zu echter Harmonie, neuem Zusammengehörigkeitsgefühl und erlebbarer Leichtigkeit. Lernen wird zum verbindenden Element, das Freude ins Haus bringt – und dich ganz neu mit deinem Kind verbindet.

Was sich innerlich verändert? Plötzlich bist du offen für neue Wege, verlässt die alten Denkmuster von „So macht man das halt" und entwickelst wieder Mut fürs Ausprobieren. Du nimmst kleine Rückschläge gelassener, lachst öfter über Fehler und staunst, welche kreativen Lösungen aus einfachen Bildideen entstehen. Dein Blick auf Lernen und Erziehen wird weit und weich – voller Zutrauen und Neugier statt Druck und Erwartung. Du wirst zur Mutmacherin und Ermöglicherin, zum Begleiter, der gemeinsam mit dem Kind auf „Entdeckungsreise Bildlernen" geht.

Und was ist nun anders?

- Du siehst die Lernzeit auch als Chance für Nähe, Zusammenarbeit und Jubel mit deinem Kind.
- Du spürst Entlastung, weil Lösungen plötzlich sichtbar, greifbar und umsetzbar sind.

- Du genießt das echte Familienglück, wenn alle an einem Strang ziehen und kleine wie große Erfolge feiern.
- Du findest dich in einem neuen Mindset wieder: Stark, gelassen, voller Möglichkeiten.
- Innere Zufriedenheit und Freude wachsen – weil du siehst, dass nicht nur dein Kind, sondern auch du selbst leichter und besser lernst.

Am Ende bleibt dank Bildlernen nicht einfach nur weniger Stress. Es bleibt strahlende Familienzeit, ein beflügelndes „Wir schaffen das gemeinsam!", und das sichere Gefühl: Die Freude zieht ein – und mit ihr echtes, anhaltendes Familienglück.

Probier es aus – eure Familienwolke wartet schon!

8.4 Luftsprünge im Lehrerzimmer – Schulen werden lebendig

Wie sich Unterricht, Teamgeist und Lehrerrolle mit Bildkompetenz verändern

Was passiert, wenn Lehrer morgens nicht mehr mit schwerem Gepäck aus Gedankengewichten und Frust in die Schule gehen, sondern mit echter Vorfreude auf einen Tag voller neuer Möglichkeiten? Wenn im Lehrerzimmer plötzlich Gelassenheit durchklingt. Wenn man Aufbruch und Aufatmen spürt, weil der Unterricht endlich wieder lebt, inspiriert und verbindet. Das ist der Wandel, den die neue Bildkultur anstößt. Sobald Bildlernen seinen Platz im Schulalltag einnimmt, öffnet sich für Lehrkräfte eine ganz neue Welt – voll Leichtigkeit, Begeisterung und echter Teamenergie.

Manchmal sieht man es schon morgens, wenn man sein Kind zur Schule bringt: Da steht die Lehrerin am Fenster, die Augen lebendig, nicht gestresst oder müde. Ein Lächeln, das für Vorfreude spricht – nicht für Routine. Im Lehrerzimmer, so hört man später, herrscht leises Kichern, fröhliches Durcheinander. Die Gespräche kreisen nicht mehr um zu viele Hefte und zu wenig Zeit, sondern: „Was probiere ich heute aus?" und „Welche Bildidee hast du diesmal beim Erklären verwendet?" Liebe Eltern, das ist der erste Funke, der überspringen kann: Die Lust auf Unterricht, das Gefühl, dass Schule mehr ist als ein stumpfes Abhaken.

Wirklich berührt hat mich die Geschichte einer Lehrerin, die zu Beginn recht unsicher war. Sie sagte: „Ich musste gar nicht perfekt zeichnen … meine Strichmännchen haben plötzlich ganze Gedichte erklärt!" Zum ersten Mal durfte sie erleben, dass nicht Leistung zählt, sondern das Mutig-Sein, das Fehler-Zulassen. Dabei fiel ihr eine unglaubliche Last von den Schultern. Sie war bereit zu experimentieren, und fühlte sich nicht mehr allein.

Ein anderes Mal hörte ich von einem Lehrer, der seine Mindmaps wie Kunstwerke an die Klassenzimmerwand heftete. Er staunte: „Die leisen Kinder haben plötzlich mitgemalt, nachgefragt, eigene Ideen eingebracht." Für ihn war das ein echter Wendepunkt – die stille Kraft im Klassenzimmer wurde sichtbar. Nicht mehr nur die „Klassensprecher" und „Besten" meldeten sich, sondern die stillen Denker wurden zum Leben erweckt.

In einem Gespräch mit einer befreundeten Lehrerin klang zum ersten Mal diese neue Freiheit an: „Fehler", erzählte sie, „sind jetzt bunte Umwege. Sie zaubern ein Lächeln, machen Mut – und führen oft zur besten Erklärung." Sie berichtete, wie stolz sie danach war, wenn statt Frust ein Moment voller gemeinsamer Begeisterung entstand – ein echtes Teamgefühl, weit über Noten oder gelernte Texte hinaus.

Besonders bewegte mich ein Nachmittag, an dem mehrere Lehrerinnen in kleiner Runde zusammensaßen und ihre Bildideen austauschten. Man hörte von Pannen, witzigen Skizzen, gemeinsamem Staunen – und natürlich von kleinen Erfolgsgeschichten, wenn ein „schwieriges Thema" plötzlich durchs Bild begreifbar wurde. Aus Einzelkämpfern wurden Mitspieler.

Was Eltern oft nicht sehen: Auch Lehrer entdecken sich selbst neu. Sie merken, wie ihnen das Vertrauen in die eigene Kreativität zurückkehrt und der Stolz auf die eigene Wirkung wächst. Gelesene Fortbildung wird Realität, aufregende Methoden werden Alltag, und der Frust über trockenen Stoff wird von echter Freude verdrängt.

Viele Lehrer berichten: „Ich kann etwas bewirken. Ich gehe gern wieder in die Klasse. Ich lasse mich überraschen."

Die Schule wird für sie wieder der Ort, an dem man jeden Tag Neues entdeckt – und manchmal, so schien es uns Eltern beim Zuhören, gibt es da sogar echte Luftsprünge vor Glück.

Und dann, wenn dein Kind nach Hause kommt und beim Essen von der strahlenden Lehrerin erzählt, die heute beim Zeichnen genauso gelacht hat wie die Klasse, dann weißt du: Da ist etwas in Bewegung geraten, das weit über den Stundenplan hinausgeht. Darin liegt die Magie des Bildlernens – nicht nur für unsere Kinder, sondern auch für ihre Lehrkräfte.

Die Rolle der Lehrer wandelt sich: Sie werden zu Entdeckern, Wegbereitern, Mitspielern auf Augenhöhe. Statt starre Abläufe und nur Wissensvermittlung steht jetzt gemeinsame Kreativität im Mittelpunkt. Methodenvielfalt, Visualisierung und Mut zum Unkonventionellen schenken Lehrkräften selbst Freude und Lust auf Experimente. Die Atmosphäre kippt – es wird mehr gelacht, mehr verziehen, mehr ausprobiert. Sogar die Kollegen wachsen enger zusammen: Erfahrungen und Bildideen werden ausgetauscht, Erfolge gemeinsam gefeiert, echte Teamkultur kann entstehen.

Jetzt ist die Zeit, Altes loszulassen, neue Bildwege zu gehen – und dabei das zu erleben, wofür viele Lehrkräfte einmal angetreten sind: Begeisterung, Wirkung und das echte, stolze Gefühl, jeden Tag etwas Wertvolles zu tun.

8.5 Gesellschaft im Farbenrausch – Wie Bilddenken den Zeitgeist hebt

Persönliche Chicago-Story: Bildprojekte, die Jubel entfachen

Manche Erlebnisse im Leben leuchten so bunt und intensiv, dass sie sich einprägen – und Symbol dafür werden, was Freude und echtes Miteinander in der Gesellschaft bedeuten können. Für mich war eine dieser Erfahrungen mein Studienaufenthalt in Chicago.

8.5 Gesellschaft im Farbenrausch – Wie Bilddenken den Zeitgeist hebt

Ich war damals noch ganz jung, neugierig, voller Aufbruchslust – und, wie es das Leben manchmal will, auch in besonderer Verbundenheit mit einer amerikanischen Freundin, die ich durch ihr Austauschjahr in Österreich kennengelernt hatte. Was für ein Abenteuer: Plötzlich ließ ich mein Zuhause zurück, packte meine Farben, Pinsel und Skizzenbücher und flog für ein halbes Jahr an das legendäre Art Institute of Chicago.

Dort aber war alles anders – größer, schneller und ja: lauter! Ich tauchte ein in die Welt amerikanischer Studierender, in eine Kultur, die viel mehr nach außen als nach innen lebt. In Chicago ging es nicht nur um Bilder auf Leinwand. Es ging um das Erleben von Kunst in gewaltigen Dimensionen: Malen, Zeichnen, spontan, wild, für Parties, für die berühmten „Rush Weeks", wo Menschenmengen tobten und alles im Zeichen von Begeisterung, Austausch und Anerkennung stand. Ich weiß noch, wie ich plötzlich – mitten auf einer Studentenparty – auf einer riesigen Papierbahn live malen durfte. Die Musik wummerte, die Studenten jubelten, riefen, klatschten – und ich stand mittendrin, ganz getragen vom gemeinsamen Flow.

Bilder wurden zu Events, zu emotionalen Feuerwerken, zu Momenten, die verbinden. Mein Tun brachte echtes Staunen, ganz neue Kontakte – Stolz, Mut und ein Leuchten nicht nur bei mir, sondern bei allen, die dabei waren. Da war dieses wortlose, kollektive Gefühl: „Wow, Kunst kann etwas mit uns allen machen!"

Der Jubel, das Lachen, das ausgelassene „Great!" der Amerikaner – das war keine Show, sondern echte, sichtbare Freude, die durch Bilder und bildnerisches Tun ausgelöst wurde. Kunst wurde zum Katalysator für Begegnung, Netzwerk, Lebensfreude und Gemeinschaft.

Gleichzeitig wurde mir aber klar: Es gab einen Unterschied zwischen der lauten Begeisterung dort und den Beziehungen, wie ich sie mir tief in meinem Herzen wünsche. In Chicago war vieles groß und imposant, aber oft auch schnell und oberflächlich. Es war dieses Streben nach Anerkennung, nach „greatness" und maximalem Erfolg, das alles antrieb.

Doch was ich ganz tief mitnahm: Die Kraft der Bilder kann Gesellschaft bewegen. Sie bringt Menschen zum Lachen, lässt Unbekannte tanzen, verbindet durch Emotion – für einen Augenblick oder länger. Dort in Chicago sah ich, wie Bildlernen weit über die Schule hinaus Gemeinschaft stiften, Talente zeigen und neuen Spirit entfachen kann. Dieser Funke ist geblieben, auch als ich mich entschied: Ich möchte mein eigenes Verständnis von Freude, Tiefe, echten Beziehungen und Bildlernen weitertragen – zurück nach Europa, zurück zu dir und zu unseren Kindern.

Die großartige Erkenntnis aus dieser Zeit? Bilder und gemeinsames Schaffen haben die Kraft, weit mehr zu bewegen als nur den Einzelnen – sie können eine ganze Gruppe, ja sogar eine Gesellschaft verändern. Wo Bilder Raum bekommen, entsteht Begeisterung, Zusammenhalt und etwas fühlbar Neues: Fremde werden zu Mitgestalterinnen und Mitgestaltern, Freude überspringt Grenzen von Herkunft, Alter oder Sprache. Jeder kann sich zeigen, einbringen und wird gesehen. Bildlernen ist ein Schlüssel, mit dem wir Gesellschaft offener, kreativer und menschlicher gestalten können – und das beginnt im Kleinen, bei dir zu Hause, in der Schule, in jeder Gemeinschaft, die Kinder, Eltern und Bilder zusammenbringt.

8.5.1 Der gesellschaftliche Ruck: Offenheit, Kreativität, neue Kommunikation

- Bildmedien als universale Welt-Sprache

Bilder sind heute das Rückgrat unserer weltweiten Kommunikation – sie sind die „Straßen" und „Brücken", auf denen Informationen und Gefühle rund um den Globus fließen. Wenn du mit deinem Kind unterwegs bist, siehst du das überall: Ampelmännchen, Wegweiser, Flugzeug-Icons im Flughafengebäude, Emojis auf dem Handy. All das sind Bildmedien, die auf einen Blick vermitteln, was gemeint ist – egal in welchem Land, egal bei welchem Alter.

Natürlich: Eine Sonne, die einen freundlichen Tag ankündigt, wird in Japan vielleicht mit anderen Strahlen gezeichnet als in Spanien. Das Bild eines Hauses kann in Finnland etwas anderes symbolisieren als in Südafrika. Doch das Erkennen, das Grundgefühl, die Orientierung – sie sind überall ganz ähnlich.

Der Trick dabei ist: Jeder bringt seine eigenen Erfahrungen, sein kulturelles Wissen und seine Erwartungen mit und „liest" das Bild auf seine Weise – aber im Kern bleibt die Wirkung universell und verständlich.

Denk an die olympischen Ringe. Kein Kind der Welt muss erst einen Text lesen, um zu wissen: Das steht für ein friedliches Miteinander, für weltweite Gemeinschaft. Oder nimm die roten und grünen Ampeln – sie erzählen von Gefahr oder von „Los!", von Vorsicht und Sicherheit, und das wird auf allen Kontinenten ähnlich empfunden.

Oder schau, wie Kinder heute mit Emojis kommunizieren: Ein lachender Smiley, ein Daumen hoch, ein trauriges Gesicht – sie sprechen sofort, direkt, ohne Wörter zu verwenden, Gefühle und Botschaften aus.

Das macht die unglaubliche Kraft von Bildmedien aus: Sie sind ein Wissensmedium für alle, ganz ohne dicke Wörterbücher oder komplizierte Erklärungen. Sie verbinden Menschen, Kulturen, Generationen – sie gehören wirklich allen.

In Bildern liegt die große Chance für unsere Gesellschaft: Sie ermöglichen Zugang zu Wissen, zu Verständnis und zu Gemeinschaft – weltweit. Eine echte Universalsprache, die Türen öffnet – für dein Kind, für dich, für uns alle!

Würden wir in unserer Gesellschaft viel mehr auf Bildlernen und Bildsprache setzen? Was würde passieren? Die Veränderungen wären gewaltig und positiv spürbar – überall!

Wo mehr mit Bildern gelernt, gedacht und kommuniziert wird, wachsen Verständnis, Zusammenarbeit und Zusammenhalt. Plötzlich könnten noch mehr Menschen teilhaben: Kinder, die gerade erst schreiben lernen, ältere Menschen, die nicht mehr so gut lesen können, und Zugewanderte, denen Deutsch noch fremd ist – sie alle fänden durch Bilder einen schnellen, klaren Zugang. Wissen käme an, ohne Hürden, ohne Stolpersteine. Das öffnet Türen gerade da, wo reine Sprache an Grenzen stößt.

Bildkommunikation schafft mehr Offenheit. Wer in Bildern denkt, ist eher bereit, Neues zu verstehen und sich auf andere Sichtweisen einzulassen. Ein Bild lässt Raum für eigene Deutung, lädt zum Dialog ein und macht Mut, Fragen zu stellen statt sich zu verschließen. Unterschiedliche Kulturen könnten sich viel leichter verständigen, Missverständnisse würden seltener, der Umgang miteinander gelassener und freundlicher.

Auch die Kreativität bekäme einen enormen Schub. Überall, wo mit Bildern gearbeitet wird – in der Schule, im Beruf, im Alltag – entstehen schneller neue Ideen, Lösungen, Verbindungen. Und je mehr Menschen mutig bildhaft denken und sich ausdrücken, desto innovativer und beweglicher wird die ganze Gesellschaft.

Die große Wirkung?

- Mehr Teilhabe: Wissen gehört allen, niemand bleibt außen vor.
- Mehr Empathie: Weil Bilder Gefühle sofort sichtbar machen, wächst Mitgefühl und das Verstehen füreinander.
- Mehr Miteinander: Gemeinsame Projekte, bessere Teamarbeit, mehr Freude am Austausch – das alles wird möglich, wenn wir in Bildern sprechen und lernen.

▶ **Tipp** Kurz gesagt: Mit einer universellen Bildsprache, die im Alltag selbstverständlich angewendet wird, wachsen Zugang, Freude, Verständnis und Spielfreude – für jeden, in jeder Lebenslage.

Das ist der gesellschaftliche Ruck, den wir brauchen: eine Welt, die bunter, offener und menschlicher wird. Und du kannst als Elternteil den Anfang machen. Gib dem Bildlernen bei euch zuhause Raum – du stärkst damit nicht nur dein Kind, sondern leistest auch einen kleinen großen Beitrag zu einer besseren Gesellschaft!

8.6 Feuer entfacht! – Bildsprache begeistert überall

Eigene Erfahrungen aus der Kommunalpolitik und Fortbildungen: Wo Bilddenken neue Energie schafft und Menschen mitreißt

Wer jemals Politik hautnah erlebt hat, weiß: In kaum einem anderen Feld zählt Kommunikation so sehr wie hier. Worte können viel – aber nichts prägt so nachhaltig, nichts geht so direkt ins Herz wie das Bild. Ich weiß das nur zu gut aus meinen Jahren als Bürgermeister. Fünf Gemeinderats-Wahlkämpfe, fünf ganz verschiedene Kampagnen – und jedes Mal die gleiche Herausforderung: Menschen zu erreichen, zu berühren, zu bewegen.

Ganze Nächte haben wir an Slogans gefeilt, Postwurfsendungen geschrieben, Pressemitteilungen formuliert. Vieles ging im Alltag der Menschen einfach unter – Buchstabe reiht sich an Buchstabe, graue Textflächen, wenig Gefühl. Und ganz ehrlich: Wer erinnert sich später noch an zehn Absätze Wahlprogramm? Aber ein gutes Bild, eine starke Farbe, eine echte Emotion auf einem Plakat – das bleibt. Da passiert was im Kopf, das löst etwas aus im Bauch.

In diesen Wahlkämpfen habe ich erlebt, wie sehr Bilder ganze Orte, ja, ein ganzes Klima verändern können. Ich erinnere mich an eine Zeit, da tauchte plötzlich ein Mitbewerber auf, der das erkannt und ernst genommen hatte: Sein Team, bestens geschult, hängte überdimensionale Plakate auf – ein düsteres Bild, eine Silhouette, kräftige drei Worte. Das Bild war überall. Die Wirkung kam mit Schockwellen: Leute erschraken, spürten Angst, begannen zu diskutieren – und zu streiten. Die Gespräche in der Gemeinde wurden schärfer, Nachbarn polemisierten, sogar der Pfarrer meldete sich, weil eines der Plakate direkt vorm Kirchenportal hing. Nichts blieb ohne Echo. Die Macht der Bilder entfaltete ihre volle Kraft, an jeder Straßenecke spürbar.

Und dann wurde es allen klar: Wir alle hatten nie gelernt, Bilder zu lesen. Wir waren blind für die emotionale Sprengkraft, die darin stecken kann. Kein Schulbuch, kein Ratgeber, kein Lehrer hat uns beigebracht, wie Bilder wirken, wie sie beeinflussen, wie sie manipulieren oder motivieren können.

Das ist auch heute mein Ansatzpunkt. Ich weiß: Hier liegt das große Entwicklungsfeld unserer Zeit – nicht nur für Kinder, sondern gerade auch für Erwachsene, für Verantwortungsträger und Gestalter. Ich wurde Trainer in der politischen Akademie, arbeite als Referent für Kommunalmanager, berate Wahlkampfteams unter dem Motto „Bilder machen Bürgermeister".

Und weißt du was? Es wird ein unglaubliches Feuer entflammt! Sobald Politikerinnen und Politiker begreifen, wie sie Bildsprache nutzen können, passiert Magie: Plötzlich wird Kommunikation lebendig, Kampagnen werden prägnant, ehrenamtliche Arbeit wird sichtbar, Bürger fühlen sich eingeladen, verstanden, teilnehmend. Aus müden Textwüsten entstehen echte Geschichten, starke Gefühle, neue Nähe.

Das Beste: Die Begeisterung steckt an! Ich sehe es bei jedem Seminar, jedem Workshop, den ich halte. Da werden Plakate bunter, Beiträge authentischer, Bürgermeister mutiger. Die Menschen fangen an, selbstbewusst mit Bildsprache zu experimentieren – und spüren sofort, wie sich ihr Wirkungskreis erweitert. Sie nehmen Bürger mit auf die Reise, gewinnen Vertrauen, schaffen echte Verbindung. Politik bekommt plötzlich ein Gesicht – und vor allem: ein Herz.

Für mich ist klar: Die Kraft der Bildsprache ist ein Motor, der überall zündet. Sie ist nicht nur für Kinder und Eltern gedacht. Sie gibt uns allen – auch in der Kommunalpolitik – Werkzeuge für echte Veränderung und ein Zusammenleben, das sich spürbar, greifbar, sichtbar verbessert. Lass Bilder für dich sprechen – sie machen den Unterschied. Da geht ein Feuer an, das keiner mehr so schnell löschen kann!

8.7 Jubelpostulate – Die BILDung von morgen ist jetzt

Was für ein Wandel! Vielleicht spürst du es schon selbst: Wenn Bilder euren Lernalltag begleiten, ist die Stimmung eine andere – wärmer, offener, leichter. Du siehst, wie dein Kind plötzlich mit leuchtenden Augen Neues ausprobiert, wie aus Entmutigung echte Begeisterung wird. Vielleicht merkst du, wie viel entspannter ihr als Familie miteinander umgeht, wie Stress und Druck leiser werden, wie die Freude an gemeinsamen Erfolgen wächst. Die Schule verändert sich – Lehrer lachen mehr, Teamgeist blüht auf, Talente werden entdeckt und der Unterricht lebt wieder. Du erlebst nicht nur Fortschritt, sondern wirkliche Herzensbildung.

8.7 Jubelpostulate – Die BILDung von morgen ist jetzt

Abb. 8.1 Postulat 9. (© Karl Josef Stegh 2025. All Rights Reserved)

Das erfüllt dich mit Stolz und Zuversicht – und lässt dich spüren: Das war der richtige Weg! Du bist Teil einer globalen Veränderung, die neue Kräfte und Chancen in den Alltag bringt.

Genau hier setzen zwei wichtige Postulate an (Abb. 8.1):

Malen wir uns aus, das Herz unseres modernen Lebens schlägt nicht mehr allein durch gesprochene oder geschriebene Worte, sondern pulsiert durch Bilder – überall und jederzeit. Bilder sind der Taktgeber unserer digitalen Welt: Sie sind schneller als jedes Gespräch, unmittelbarer als jede Mail, kräftiger als jeder nüchterne Text. Von der WhatsApp-Nachricht deines Kindes, die erst mit dem passenden Emoji richtig verstanden wird, bis zur globalen Nachrichtenflut – überall sind es Bilder, die unsere Gefühle in Wallung bringen, uns verbinden, wachrütteln, beruhigen, entflammen.

Sehen lernen heißt: die Welt neu entdecken! Bilder zeigen uns, dass es immer noch mehr zu entdecken gibt. Wer sehen lernt, ist nie am Ziel – sondern findet überall kleine Wunder, große Chancen, verborgene Schätze. Es ist, als würden wir die Tür zu einer neuen Welt aufstoßen. Und diese Welt ist bunt, überraschend und voller Hoffnung.

Auf allen Kontinenten versteht jedes Kind ein lachendes Emoji, eine rote Ampel, ein Daumen-hoch. Es braucht keine Übersetzung, keine langen Erklärungen – das Bild spricht direkt zum Herzen, geht uns unter die Haut. Grenzen, Sprachen, sogar Generationen zählen plötzlich nicht mehr, weil Bilder universell sind. Sie schaffen echte Verbindung in einer Zeit, in der Information in Millisekunden um den Globus schießt. Bilder bringen Geschichten, Stimmungen, Emotionen direkt an uns heran – ob beim Lernen oder im Alltag. Es ist, als ob die Welt ihren Pulsschlag gefunden hat: sichtbar, spürbar, inspirierend.

Ohne Bilder gäbe es keine globale Kommunikation mehr! Stell dir Instagram ohne Fotos vor, TikTok ohne Kurzclips, Nachrichten ohne Grafiken, den Unterricht ohne bunte Tafeln oder Sketchnotes. Es wäre, als würde das Leben seinen Rhythmus verlieren. Bilder sind unsere neue Herzenssprache – der Herzschlag der Welt! Damit öffnen wir für unsere Kinder die Tür zu echter Mitwirkung in einer grenzenlosen Gemeinschaft (Abb. 8.2).

Willst du dein Kind für die Zukunft stark machen? Dann lass es lernen, die Welt mit Augen zu begreifen! Buchseiten waren gestern der Weg zum Wissen – heute führt kein Weg mehr an BILDung vorbei. Visuelles Lernen ist nicht nur ein hübsches Extra, es ist der Schlüssel, der alle Fächer öffnet, alle Türen sperrangelweit aufstößt.

Endlich werden wir 90 % unserer Informationspower wirklich nutzen – für unser Kind, für uns selbst, für die ganze Familie. Was für ein Schatz, was für ein Potenzial!

Nie war Bildlesen so wichtig wie heute! Fake News, Filterblasen, KI-Bilder und Werbeflut verlangen nach klugen, wachen Köpfen – Menschen, die nicht alles blind

Abb. 8.2 Postulat 10. (© Karl Josef Stegh 2025. All Rights Reserved)

glauben, sondern hinschauen, hinterfragen, verstehen. Unsere Kinder dürfen zu solchen Bildlesern werden: souverän, selbstbestimmt und neugierig.

Siehst du die neue Freude und Sicherheit? Dein Kind kann sich dann in digitalen Welten so sicher bewegen wie auf dem Schulhof, kann Manipulation durchschauen und eigene Ideen einbringen, statt nur zu konsumieren. Es entdeckt, wie unterschiedlich Bilder wirken, wie Meinungen gemacht werden – und wie es damit verantwortungsvoll umgeht.

Das ist der große Gewinn: Wir schaffen gemeinsam eine Generation, die im besten Sinne kritisch, offen, emanzipiert und kreativ ist. Bildlernen ist unser Joker gegen Einfalt, gegen Angst vor Neuem, gegen die Übermacht der Bilderflut. Wir machen unsere Kinder fit für alles, was kommt – voller Lebensfreude, Herz und Verstand!

Ist das nicht großartig? Lass uns diesen Schatz gemeinsam heben – und unseren Kindern ermöglichen, die Welt sehender, freier, fröhlicher, sicherer und schöpferischer zu erleben als je zuvor. Jetzt ist die richtige Zeit. Jetzt sind wir dran!

8.8 Tooor! – Feedback und Begeisterungswellen von Schülern und Eltern

Bewegende Stimmen: Was Kinder und Jugendliche nach dem Wandel wirklich fühlen

Wenn aus stillem Frust plötzlich laute Freude wird, wenn Gesichter strahlen und Lernen zum gemeinsam gefeierten Erfolg wird, dann ist klar: Hier hat sich wirklich etwas verändert. Bildlernen macht Kinder mutig, sichtbar und stolz auf das, was sie gelernt haben. Die Rückmeldungen zeigen, wie viel mehr Schwung, Farbe und echtes „Tooor!"-Gefühl durch die neuen Methoden in den Alltag eingezogen ist. Jetzt kommen die, um die es wirklich geht, selbst zu Wort. Hier erzählen Kinder und Jugendliche, was sie durch das Bildlernen erlebt, gespürt und an neuen Stärken entdeckt haben – bewegend, ehrlich und voller Energie!

Zunächst einige Stimmen aus meiner Schule, der Bildungsanstalt für Elementarpädagogik, wo ich Workshops anbiete.

Hannah, 15 Jahre
„Ich hätte nie gedacht, dass ich mit Bildern so leicht lernen kann – auswendig lernen war gestern!"

Lukas, 15 Jahre
„Durch das Bildlernen kann ich mir jetzt viel mehr merken – die Tipps sind echt goldwert und total praktisch!"

Isabell, 16 Jahre
„Bilder machen den Stoff lebendig. Jetzt verstehe ich endlich, worum es geht – und ich kann es sogar anderen erklären!"

Ingrid, 14 Jahre
„Die Stimmung war einfach toll, powervoll und echt inspirierend. Man merkt sofort, wie motiviert alle sind!"

Gregor, 14 Jahre
„Dank der Methoden aus dem Workshop habe ich beim Lernen zu Hause viel weniger Stress und mehr Erfolg!"

Gerlinde, 17 Jahre
„Der Workshop war abwechslungsreich, spannend und hat mir gezeigt, wie viel mehr in mir steckt!"

Yvonne, 14 Jahre
„Das Lernen mit Bildern bringt einfach Freude, macht alles verständlicher und motiviert. Ich wünsche mir mehr davon – in der Schule und zu Hause!"

Vorträge in Schulen

Spürbar neue Energie, Neugier und Gänsehaut – das war die Atmosphäre, als ich meine Impulsvorträge an einer Mittelschule hielt. Drei Zielgruppen, drei maßgeschneiderte Begegnungen, ein gemeinsamer Funke: Die Macht der Bildsprache kann den Schulalltag und das Familienleben verwandeln!

Vormittags bei den Schülern wurde der Klassenraum plötzlich zum Spielfeld. Mittags bei den Lehrern funkte es im Lehrerzimmer. Am Abend öffneten sich die Türen für die Eltern. In entspannter Atmosphäre, bei einem Vortrag voller Beispiele, konkreter Tipps, geteilten Erlebnissen und ehrlicher Ermutigung, spürten sie: Auch zu Hause kann Lernen bunt, kreativ und leicht werden. Verunsicherung wich Vorfreude, und viele Eltern gingen mit echtem Tatendrang nach Hause – bereit, das Sichtbare in den Alltag zu holen.

Das Besondere: Überall sprang der Funke über. Die Kinder waren stolz, die Lehrer beflügelt, die Eltern voller Aufbruchsstimmung. Bildlernen wurde für sie zum echten Familienabenteuer und lieferte neue Lebensenergie in jedem Klassenzimmer und jeder Küche.

Direktorin:
„Was für ein Erlebnis! Selten habe ich unsere Schule so aufgewühlt, inspiriert und lebendig erlebt. Die Impulsvorträge haben uns allen die Augen geöffnet, wie viel mehr im Lernen steckt – und wie sehr die Kraft der Bilder Motivation, Neugier und Begeisterung entfacht. Die positiven Rückmeldungen aus allen Reihen – Schüler, Lehrer, Eltern – sprechen für sich: Das war ein echter Gewinn für unsere ganze Schulgemeinschaft!"

Lehrerin:
„Ich war anfangs skeptisch, ob Bilder wirklich so viel im Unterricht verändern können. Aber schon nach wenigen Minuten war ich vollkommen überzeugt: Die gezeigten Methoden sind so einfach, wirkungsvoll und kreativ, dass ich sie sofort ausprobieren wollte. Die Schüler wurden aktiver, das Klassenzimmer wurde lauter – vor Freude, Entdeckungslust und neuen Ideen! Für mich persönlich war das der Anstoß, wieder neugierig und mutig zu unterrichten."

Tim, 12 Jahre:
„Normalerweise sind Vorträge eher langweilig, aber diesmal war alles ganz anders. Wir durften mitmachen, selbst etwas ausprobieren und lernen, wie viel Spaß Lernen mit Bildern machen kann. Ich hab' gemerkt, dass ich Sachen viel schneller verstehe und sie sogar meinen Freunden erklären kann. So ein Unterricht könnte ruhig öfter sein – dann macht Schule echt mehr Spaß!"

Coaching

Manchmal stehen Kinder vor einem richtigen Lernberg – steil, rutschig, scheinbar nicht zu schaffen. So war es auch bei der 11-jährigen Christina, die mit einem dicken Heft voller Fremdwörter zu mir kam. Die Mutter schickte sie, die Sorgenfalte auf der Stirn, das Herz schwer: „Sie braucht dringend Hilfe, sonst geht das schief …" Ich wusste sofort: Hier braucht es keine neuen Listen, sondern neue Bilder im Kopf!

8.8 Tooor! – Feedback und Begeisterungswellen von Schülern und Eltern

Mama von Christina:
„Ich war ehrlich gesagt ziemlich verzweifelt, bevor ich mich für das Coaching entschieden habe. Meine Tochter hatte riesigen Respekt vor dem Text mit all den schwierigen Fremdwörtern – jedes Üben endete mit Frust oder sogar Tränen. Was dann im Coaching passiert ist, hätte ich nicht für möglich gehalten! Aus meiner schüchternen, zweifelnden Tochter wurde ein neugieriges, kreatives und motiviertes Mädchen, das plötzlich Spaß am Lernen hatte. Sie kam jedes Mal mit funkelnden Augen nach Hause und erzählte von den bunten Mindmaps, den witzigen Bildern und unserem eigenen Memorie-Spiel.

Das Schönste: In der Prüfung konnte sie sich genau an die Wörter erinnern, bei denen ich vorher gedacht hatte, sie schafft das nie! Sie aber hat Erfolg gehabt, und für uns als Familie ist eine große Last abgefallen. Mein Kind lacht wieder beim Lernen – das macht auch unseren Alltag viel leichter und friedlicher. Ich kann dieses Coaching wirklich von Herzen empfehlen – es war unser Rettungsanker und ein echtes Glück!"

Elena, Maturantin
„Lange Zeit habe ich gedacht, Maturavorbereitung bedeutet stures Pauken, endloses Wiederholen und das berühmte ‚Kämpfen durch die Textwüste'. Und genau das war es auch für mich – bis ich in Gesprächen auf das Bildlernen und die wertvollen Tipps von Herrn Stegh gestoßen bin.

Schon in der ersten Beratungsstunde war mir klar: Hier geht es nicht um noch mehr Lernstoff, sondern um neue Wege, ihn wirklich zu begreifen. Anstatt seitenlange Texte auswendig lernen zu müssen, durfte ich lernen, wie ich mir mit Bildern, Symbolen und meiner eigenen Kreativität Wissen verankern kann. Ich habe angefangen, mir zu jedem Themengebiet eigene Inhaltssymbole zu malen, Bildnotes zu erfinden – plötzlich war da auf dem Papier und in meinem Kopf ein buntes Netz aus Sinn, Beziehung und Farbpunkten. Besonders begeistert hat mich die Methode der imaginären Reisen: Ich habe mir vorgestellt, wie ich einen Pfad folge, Station für Station ablaufe und so alle Unterpunkte der Fächer wie Sehenswürdigkeiten besuchen kann. Alles wurde anschaulich und lebendig.

Der größte Unterschied war aber das Gefühl dabei: Aus vorherigem Stress und Unsicherheit wurde Sicherheit, Freude und oft sogar richtiger Spaß am Lernen. Ich konnte sehen und spüren, was ich bereits verstanden hatte, und gleichzeitig wurde das Lernen viel schneller und tiefer. Kein stumpfes Auswendiglernen mehr, sondern echtes Verstehen und kreatives Festhalten!

Mein größter Stolz: Beim Maturaprüfungsgespräch hatte ich sofort die richtigen Bilder im Kopf – alles war abrufbar, weil es mein persönliches ‚Bildarchiv' geworden war. Ich habe die beste Note bekommen und mein Maturazeugnis mit einem Leuchten im Herzen und einem breiten Lächeln stolz bei Herrn Stegh präsentiert.

Was ich allen anderen mitgeben kann: Traut euch, Neues zu probieren und habt keine Angst vor bunten Wegen! Das Bildlernen hat mir eine bunte Brücke zum Erfolg gebaut – und dafür danke ich von Herzen. Lernen kann wirklich leicht, abwechslungsreich und persönlich sein!"

Jede Veränderung beginnt mit einem ersten Schritt und einem Funken Begeisterung. Vielleicht hast du schon gespürt, wie sich euer Familien- und Lernalltag zum Positiven gewandelt hat – voller Leichtigkeit, Gemeinschaft und Freude. Doch das ist erst der Anfang! Im nächsten Kapitel wartet der Blick nach vorn: „Zukunft mit Weitblick – Eine Vision, eure Chance". Lass dich inspirieren, wie viel noch möglich ist, wenn wir mutig weitergehen und gemeinsam mit unseren Kindern neue Wege entdecken.

Zukunft mit Weitblick: Eine Vision-Eure Chance

9.1 Augenöffner-Moment – Vom Funken zur Flamme: Meine Bild-Institut-Story

Persönliche Geschichte: Wie Leidenschaft zur Lebensaufgabe wird und Träume Schule machen

Es war kein plötzlicher Knall, sondern ein langsames, beständiges Wachsen – eine Vision, die immer mehr Gestalt annahm, die immer stärker, klarer und verbindlicher wurde. Wie ein Keimling, der sich mit jedem Tag tiefer ins Leben streckt, wuchs meine Überzeugung, dass Bildlernen nicht nur ein Bestandteil meines Berufes, sondern meine eigentliche Lebensaufgabe ist.

Die Kraft der Bilder hat mich schon mein ganzes Leben lang begleitet: als leidenschaftlicher Pädagoge, kreativer Bildexperte, engagierter Bürgermeister und – ganz einfach – als Mensch, der daran glaubt, dass wir alle unsere Welt durch Bilder besser verstehen, lernen und gestalten können.

Über viele Jahre hinweg habe ich gespürt: Da schlummert noch mehr in mir. Mehr Leidenschaft, mehr Vision, mehr Sehnsucht danach, das Thema Bildlernen in die Welt zu tragen und wirklich etwas zu bewegen. Dieser Wunsch wurde immer stärker, bis ich ihn nicht mehr überhören konnte. Meine eigenen Erfahrungen – die vielen Erfolge, aber auch Umwege, Zweifel und Neuanfänge als Lehrer, Kommunalpolitiker, Workshop-Leiter, Familienbegleiter – haben einen Schatz an Wissen und Überzeugung in mir wachsen lassen. Und dann kam dieser ganz besondere Vortrag von Maxim Mankewich.[1] Plötzlich war da diese große Klarheit: Mein Weg,

---

[1] https://www.onlinerfolg.de/maxim-mankevich/ besucht am 7. Juli 2025.

Maxim Mankevich ist ein international tätiger Trainer und Coach, der sein Wissen aus Psychologie, Spiritualität und Erfolgsstrategien in Bücher, Podcasts und Kurse für Persönlichkeitsentwicklung kanalisiert – dabei richtet er sich besonders an Menschen, die bewusst wachsen und ihr Potenzial entfalten wollen.

meine Fähigkeiten, meine innersten Wünsche führen genau hier zusammen. Ich darf, ich MUSS meine Leidenschaft für das Bildlernen wirklich leben.

Es war, als öffnete sich eine neue Tür – und ich wusste: Jetzt ist der Moment, den nächsten großen Schritt zu gehen. Die Gründung meines eigenen Institutes für Bildlernen wurde zur logischen Konsequenz all dessen, was ich im Leben erleben, lernen und bewirken durfte. Es ist für mich nicht einfach ein Projekt oder ein Job, sondern meine persönliche Berufung, meine Flamme, mein großes „Big for Life"-Ziel. Ich brenne dafür, Kindern, Familien, Pädagoginnen und Pädagogen – ja, der ganzen Gesellschaft – die Augen für die unglaublichen Möglichkeiten des Bildlernens zu öffnen.

Mein Institut ist mein Herzensvehikel, mit dem ich voller Begeisterung Bildlernen in die Welt hinaustragen darf: in Schulen, Unternehmen, in Elternhäuser, auf Bühnen, in Bücher und in jede Gemeinschaft, die bereit ist, sich auf diese Wunderreise einzulassen. Ich will Menschen beflügeln, inspirieren, ausrüsten, gemeinsam Anstöße geben und Hoffnung schenken: Jeder kann ein Bildgestalter seines Lebens sein!

Denn daraus ist alles gewachsen, was ich in diesem Buch mit dir teile – die wirklichen Erfolge, die Freude des Erkennens, die Geschichten von Kindern, Eltern und Lehrern, die durch Bilder und Kreativität über sich hinausgewachsen sind. Die Gründung meines Institutes war der mutige, manchmal auch steinige, aber immer leuchtende Weg, meine Leidenschaft zur Lebensaufgabe und meinen Traum zur Schule für viele zu machen.

Und ich sehe jetzt, viel deutlicher als früher: Das ist keine Vision nur für mich. Es ist unsere gemeinsame Chance, für dich, deine Familie, eure Zukunft. Bildlernen kann Gesellschaft und Leben verändern – nicht irgendwann, sondern jetzt! Wer die eigene Flamme entfacht, steckt andere an. So wächst Licht, Hoffnung, Mut. Bist du bereit, deinen eigenen Funken weiterzugeben? Lass uns gemeinsam in die Zukunft blicken – mit Herz, Verstand und der Macht der Bilder.

9.2 Bildlernen 2.0 – Unser Zukunftsprojekt für alle Generationen

Warum visuelles Denken zur neuen Superkraft wird

Die Zeichen stehen auf Neuanfang. Überall – in Schulen, zu Hause, in der Gesellschaft – dreht sich das Bildungsrad, zwar langsam, aber doch. Der große „Visual Turn" hat die Bildungswelt erfasst. Immer mehr PädagogInnen und Eltern merken: Text allein reicht nicht. Visualisierungen und Bilder helfen dabei, selbst komplexe Inhalte sofort verständlich, dauerhaft merkbar und ans Herz zu bringen. Mit Bildern bist du als Elternteil kein Außenseiter mehr, sondern Vorreiter eines Trends, der hoffentlich bald im Mainstream ankommt.

Auch die Wissenschaft liefert Rückenwind: Studien belegen eindrucksvoll, wie stark Bilder, Bewegung, Musik und Emotionen den Lernprozess unterstützen: Aktuelle Erkenntnisse der Neurodidaktik zeigen, dass multisensorische Lernmethoden – das Zusammenspiel von Sehen, Hören, Fühlen und emotionalem Erleben – zu besseren Lernergebnissen, gesteigerter Motivation und mehr Freude am Lernen führen.

So konnten Gabriele Wohlgenannt[2] und Manfred Spitzer[3] in ihrer neurodidaktischen Forschung zeigen, dass Lerninhalte mit emotionalen und bildhaften Reizen besser im Langzeitgedächtnis verankert werden. Auch Lena Dörrenbächer und Franzisca Perels zeigen in neuen Studien,[4] dass Schüler durch Lernplakate, Skizzen und Concept-Maps signifikant bessere Lernerfolge erzielen. Bereits klassische Studien wie jene von Paivio[5] („Dual Coding Theory") beweisen, dass bildhafte Informationen und Worte gemeinsam verarbeitet, nachhaltigeres Erinnern ermöglichen.

> **Zusammengefasst**
> Multisensorisches Lernen ist keine Spielerei, sondern wissenschaftlich belegt der Schlüssel zu echtem Wissenserwerb und zu nachhaltiger Freude im Lernen – im Gehirn und im Herzen deines Kindes. Was früher rein „Ferienspiel" war, ist heute der Schlüssel, um schlau und gefühlvoll Wissen zu verankern – im Gehirn und im Herzen deines Kindes!

Spürst du es auch? Das Lernen verlagert sich immer mehr nach Hause. Corona hat das Tempo beschleunigt, die Bedürfnisse verändert. Eltern werden zu aktiven Lern-Begleitern – und das ist eine echte Chance! Mit Bildlernen bekommst du Tools, Orientierung und Entlastung an die Hand. Die Gruppe derer, die wirksam und mit Begeisterung Kinder begleiten wollen, wächst und wird lauter – vor allem digital. Es ist die Zeit, als Familie zu einem starken Lernteam zu werden.

---

[2] Wohlgenannt, G. (2017). *Neurodidaktik: Grundlagen und praktische Anwendungen für den Unterricht*. München: Ernst Reinhardt Verlag.
Wohlgenannt erläutert hier, wie Bilder, Musik, Bewegung und Emotionen im Sinne der Neurowissenschaft nachhaltiges Lernen fördern und präsentiert praxisnahe Beispiele und Studien.

[3] Spitzer, M. (2002). *Lernen: Gehirnforschung und die Schule des Lebens*. Heidelberg: Spektrum Akademischer Verlag.
Hier führt Spitzer ausführlich aus, wie multisensorisches Lernen und emotionales Erleben die Gedächtnisleistung steigern.
Spitzer, M. (2018). *Die Digitalisierung der Bildung*.
In diesem Buch macht Spitzer deutlich, warum der Einbezug von Bildern, Bewegung und Emotionen auch im digitalen Zeitalter unverzichtbar bleibt.

[4] Dörrenbächer, L., & Perels, F. (2016). *Visualisierung als Lernstrategie*. Zeitschrift für Pädagogische Psychologie, 30(2).
Diese deutschsprachige Studie zeigt, dass Schüler durch Lernplakate, Skizzen und Concept-Maps signifikant bessere Lernerfolge erzielen.

[5] Paivio, A. (1971). *Imagery and Verbal Processes*. New York: Holt, Rinehart & Winston.
Hier stellte Paivio seine „Dual Coding Theory" auf, die besagt, dass das menschliche Gedächtnis verbale und bildhafte Informationen getrennt, aber miteinander verknüpft verarbeitet. Daraus folgt, dass bildgestütztes Lernen nachhaltiger ist als rein textbasiertes.
Paivio, A. (1986). *Mental Representations: A Dual Coding Approach*. Oxford: Oxford University Press.
Dieses Buch vertieft die Theorie und präsentiert zahlreiche experimentelle Belege für das bessere Behalten bei bild- und wortbasierter Informationsverarbeitung.

Der Wunsch nach wirksamen Hilfsmitteln wächst: Eltern geben sich nicht mehr mit Schulnoten und Altbewährtem zufrieden. Sie suchen Kompetenzen, pädagogische Werkzeuge, Visualisierungsideen, denen sie vertrauen können, die funktionieren und Freude bringen. Die Suche nach visuelle Bildungslösungen explodiert förmlich – und du bist mittendrin. Es entsteht eine neue Marke elterlicher Bildungskompetenz. Mit Bildlernen wächst du über dich hinaus und bist Vorbild für viele.

Und das ist erst der Anfang. Bildung wandelt sich vom reinen „System" zu unserer Herzensangelegenheit: Endlich stehen Sinn, Kreativität, Freude und echtes, selbstwirksames Lernen im Mittelpunkt. Bildlernen ist keine Randnotiz mehr, sondern passt perfekt in den Zeitgeist, in die Forderung vieler Initiativen und Eltern nach echten Alternativen zum Bulimielernen. Hier beginnt eine Bewegung, an der du aktiv teilnehmen kannst.

Die Nachfrage nach Edutainment und lebendigem Visualisieren boomt: Wer will noch dicke Bücher wälzen, wenn Wissen auch tanzen, lachen und im Kopf Bilder malen kann? Sketchnotes, Lernposter und Videos sind längst Alltag – und du kannst diese „Superkraft" in deinem Zuhause nutzen. Mit Bildlernen bist du Teil der Zukunft und bringst Freude, Emotion und Farbe in das Lernen deines Kindes.

Mentale Gesundheit und emotionale Stärke werden immer wichtiger: Angst, Frust und Lernstress bedrohen viel zu viele Kinder. Das Bildlernen ist das Gegengift: Es macht Lernen sanft, zugewandt, stärkend – und das Familienleben heller.

Und du, als Elternteil, bist heute nicht mehr nur Kontrolleur: Du bist Lernpartner, Mentor, Mutmacher an der Seite deines Kindes. Du begleitest es liebevoll, stärkst seinen Rücken, machst neue Wege möglich. Bildlernen macht euch zu einem kreativen Team, in dem Begeisterung und Zukunftsmut wachsen.

„Zeig's mir in Bildern!" ist das neue Bildungs-Motto – und die gefragteste Währung der Zukunft. Visualisierung ist überall wertvoll: im Kinderzimmer, im Klassenzimmer, in jedem späteren Job. Wer diese Sprache spricht, wird überall verstanden. Du gibst deinem Kind genau das Werkzeug mit auf den Weg, das die Welt heute braucht.

Der gesellschaftliche Druck wächst – und das ist eine riesige Chance: Überall brennt die Frage, wie wir Bildung neu denken können. Menschlichkeit, Kreativität und frische Methodik sind gefragt wie nie. Bildlernen bietet all das – und mehr.

Du bist Teil dieser Bewegung. Du bringst die Flamme in deine Familie, deine Schule, deine Welt. Und du weckst genau die Superkraft, die jetzt gebraucht wird.

Lass uns mutig sein und diesen Zukunftsweg gemeinsam gehen – für dich, für dein Kind, für alle Generationen. Die Welt braucht Bildlernen 2.0. Jetzt!

9.3 Zukunftskompetenz Future Literacy – Die Kraft des multimodalen Lernens

Wie der UNESCO-Kompass uns in die Zukunft führt

Was wäre, wenn du mit deinem Kind einen Kompass erhalten würdest, der euch durch ein Meer von Unsicherheiten sicher in Richtung Zukunft weist, wie ich sie vorhin skizziert habe. Genau den gibt es. Er ist eine weltweite Initiative der UNESCO, einer Teilorganisation der UNO, genannt „Futures Literacy".[6]

„Futures Literacy" ist Zukunftskompetenz. Internationale ExpertInnen, WissenschaftlerInnen, PädagogInnen und Praktiker aus unterschiedlichen Kulturen und Disziplinen arbeiten weltweit, um gemeinsam unsere Fähigkeit zur Zukunftsgestaltung zu verbessern. Ihre Intention ist es, Menschen aller Altersgruppen – besonders Kinder, Familien und auch Eltern – zu befähigen, den Umgang mit Ungewissheit zu lernen, eigene Zukunftsbilder zu erschaffen und dabei alte Strukturen kritisch zu hinterfragen.

Es ist die Fähigkeit, mutig nach vorne zu blicken, Veränderungen flexibel und kreativ zu begegnen und gemeinsam neue Möglichkeiten zu entdecken. Die UNESCO macht es ganz deutlich: Future Literacy ist DIE Schlüsselfähigkeit des 21. Jahrhunderts – für jedes Kind, jede Familie, für dich als Elternteil. Wir sollen lernen, Strömungen früh zu spüren, gedanklich umzusteuern, mit fantasievollen Lösungen zu spielen und auch in stürmischen Zeiten Orientierung zu behalten.

Future Literacy bedeutet, aus „Was wird morgen passieren?" ein „Wie können wir Zukunft erfinden?" zu machen. Es geht darum, eingefahrene Denkmuster zu durchbrechen, Annahmen zu hinterfragen – und immer neu die Vorstellungskraft als Muskel zu trainieren. Ja, sogar Dominanzen der Text- und Buchkultur werden endlich in Frage gestellt.

Warum? Weil die Zukunft bunter, vielseitiger und überraschender ist als jeder Fahrplan. Hier braucht es mehr als Faktenlernen: Es braucht Visionen, Bilder, kreatives Denken und die Bereitschaft, Altbekanntes loszulassen, Neues zuzulassen.

Genau dafür ist Bildlernen wie geschaffen. Denn: Ohne Bilder gibt es keine echte Zukunft. Bilder öffnen Horizonte, verbinden scheinbar Unvereinbares und helfen uns – Kindern wie Erwachsenen – abstrakte Ideen überhaupt fassbar zu machen. Schon kleine Kinder „sehen" Zukunft – und malen sie! Bilder ziehen uns in unsere Wünsche, unsere Hoffnungen, unsere Träume hinein. Sie sind die Fantasie, der Anker, das Leuchtfeuer, das dir und deinem Kind inmitten von Unsicherheit leise Zurufe schenkt: „Da vorne wartet Neues. Sei mutig!"

Die UNESCO fordert explizit, dass wir als Gesellschaft diese Bildkraft viel stärker fördern sollen. Jedes Kind – und wir Eltern an ihrer Seite – soll lernen, Zukunftsbilder nicht nur passiv zu konsumieren, sondern aktiv zu gestalten. Nicht länger nur nachplappern, sondern mitmalen. Das heißt auch: Wir brauchen einen neuen Zukunftsmut. Den Mut, Alternativen nicht nur auszuhalten, sondern sie zu begrüßen; den Mut, neue Berufe, Lebensmodelle, Lösungen zu zeichnen, noch bevor es sie gibt. Bilder helfen hier, Anker zu setzen, Orientierung und Zuversicht zu geben – besonders, wenn alles unsicher scheint.

Gerade für Eltern eröffnet sich damit eine ungeahnte Chance! Zukunftskompetenz heißt, den Kindern nicht vorzufertigen, „wie die Welt ist", sondern sie

---

[6] Miller, R. (Ed.). (2018). *Transforming the Future: Anticipation in the 21st Century*. UNESCO.
Riel Miller untersucht, wie *Zukunftsdenken* genutzt werden kann, um gesellschaftlichen Wandel wirksamer zu gestalten. Zentrale Kompetenz dazu ist Futures Literacy: Die Fähigkeit, unterschiedliche Zukünfte zu imaginieren und nutzen zu können.

dabei zu begleiten, selbst neue Bilder von einem besseren Morgen zu entwerfen, zu beurteilen und daran mitzuwachsen. Bildkompetenz wird zur Zukunftskraft – für deine Familie und unser Miteinander.

Futures Literacy fordert uns alle heraus, Visionen groß zu denken. Sie lädt uns ein, gemeinsam mit unseren Kindern „Zukunft zu malen", Perspektiven zu wechseln und Hoffnung zu pflanzen. Es ist Zeit für echten Zukunftsmut: Bilder zu erschaffen, philosophische Skizzen zu wagen und im Kopf neue Welten zu bauen. Denn so werden aus Familien Zukunftsbauer, aus Bildern wird Halt, aus Lernen wird ein gemeinsames Abenteuer – und aus deiner Begleitung wird eine echte Superkraft.

Genau hier schließt sich der Kreis: Bildlernen ist keine Methode, sondern Umdenken, das Bildung transformiert. Es ist der lebendige Beweis für die Vision der UNESCO. Es schenkt unseren Kindern und uns die Zukunftskompetenz, die wir brauchen, um morgen aktiv, mutig und kreativ zu gestalten – ganz im Sinne der „Futures Literacy".

Auch du und deine Familie könnt Teil dieser weltweiten Bewegung werden: Werde zum Zukunftsmacher, entdecke gemeinsam mit deinem Kind neue Wege, lass Bilder die Brücke zwischen Gegenwart und Morgen bauen!

Ich bin gerne an eurer Seite – als Begleiter, Impulsgeber und Wegweiser auf diesem bedeutenden Weg. Mit meinen Angeboten, meinem Buch und meiner Leidenschaft für Bildlernen öffnest du für dein Kind und dich Türen zu einer besseren, helleren Zukunft.

Lass uns gemeinsam die Kraft der Bilder entfesseln – für euch, für die nächste Generation, für eine Welt, die mit Hoffnung, Kreativität und Begeisterung nach vorne blickt!

9.4 Nur wer sieht, hat Zukunft – Das Macht-Postulat

Warum Bildkompetenz die Basis für echten Fortschritt wird

Manchmal schreit die Zukunft uns geradezu an – aber nur wer hinschaut, wirklich sieht, versteht, was sie ruft (Abb. 9.1):

Das ist mehr als ein gutes Motto für kluge Köpfe – es ist ein Weckruf für alle, die unsere Kinder und uns durch rauen Wandel begleiten wollen.

Was meine ich mit „sehen"? Es geht nicht um schnelles Draufschauen oder das flüchtige Überfliegen von Text, Bildern, Instagram-Feeds. Es geht um tiefes, bewusstes, waches Sehen. Um das Begreifen von Zusammenhängen, um den Blick hinter die Oberfläche, um das Erkennen der Zeichen der Zeit. Es geht darum, innere Bilder zu formen, Möglichkeiten zu erkennen, Neues vorwegzunehmen, statt hinterherzurennen.

Die Welt um uns ist eine Bilderflut, ein Strom von visuellen Reizen, der täglich wächst – im Netz, in der Schule, im Beruf, im Alltag. Wer nur durchs Leben „liest", bleibt blind für das, was wirklich auf uns zukommt. Wer aber sieht, im tieferen

9.4 Nur wer sieht, hat Zukunft – Das Macht-Postulat

Abb. 9.1 Postulat 11. (© Karl Josef Stegh 2025. All Rights Reserved)

Sinne – wer mit geöffneten Augen, offenem Herzen und geschärften Sinnen auf die Welt blickt, der erkennt Chancen in Krisen, Muster im Chaos, Zukunft in Skizzen.

Es ist provokant: Nur wer in Bildern denken kann, erkennt den Wandel, sieht die Alternativen, kann aufbrechen, wo andere ratlos im Alten verharren. Zukunft ist kein Text, der vorgegeben vor uns liegt – sie entsteht im Kopf, da wo Vorstellung, Kreativität und Bildkompetenz aufeinanderprallen und Funken schlagen. Genau darin liegt der echte Fortschritt: Dass wir unseren Kindern und uns selbst erlauben, nicht nur zu funktionieren, sondern sichtbar, gestalterisch und vorausschauend zu leben.

Schau dich um: Wer heute nur das liest, was geschrieben steht, ist manipulierbar. Bilder prägen Meinung, Politik, Märkte, Identitäten. Was wir unseren Kindern also schenken müssen, ist die Fähigkeit, Bilder nicht nur zu konsumieren, sondern kritisch, fantasievoll, schöpferisch zu entschlüsseln. Nur so sind sie gewappnet für eine Welt, in der schon künstliche Intelligenzen Bilder erschaffen und politische Botschaften subtil eingespeist werden – und in der echte Orientierung zur Überlebensfrage wird.

Bildkompetenz ist keine Option. Sie ist das neue Fundament von Bildung, Kreativität, Medien- und Zukunftskompetenz. Ein „sehender Mensch" ist kein Mitläufer, sondern ein Visionär, ein Brückenbauer, eine Gestalterin, ein wacher Entdecker mit Werkzeugen fürs Unbekannte.

9 Zukunft mit Weitblick: Eine Vision-Eure Chance

...sst uns also die Bildschärfe aufdrehen! Lasst uns Kindern und Jugend-
...chen zeigen, wie faszinierend, komplex, gefährlich und riesig die Welt der
...ilder ist – und wie sehr wir mit Weitblick, Mut und einem offenen Blick die
...ukunft verändern können! Denn eines gilt: Nur wer sieht, hat wirklich Zu-
...unft. Wer Weitblick wagt, wird der sein, der morgen den Ton angibt, Pers-
...pektiven weitet und sich nicht mehr blenden lässt – sondern das Morgen ins
Heute holt.

Weckruf an alle – Bilder als Schlüssel zur neuen Welt

...tionaler Apell: Raus aus der Textfalle, rein ins Abenteuer Sehen und Gestalten!
...s ist Zeit für einen radikalen, mutigen Schritt: Raus aus der grauen Textfalle!
...us aus verstaubten Klassenzimmern, blasser Zahlenlogik, endloser Buch-
...iererei. Was die Welt jetzt braucht, ist der große Aufbruch: Das Abenteuer des
...hens, die Rückkehr zu unserer stärksten Ressource – unserem visuellen Sinn!
Unsere Augen sind das stärkste Werkzeug, das Evolution und Leben uns ge-
...enkt haben. Sie sind Herz, Motor und Kompass unseres Verstehens. Die visuelle
...rache ist unser aller Ursprung – sie ist älter, mächtiger und wirkungsvoller als
...e Ziffer und jedes geschriebene Wort. Und doch verkümmert diese uralte Kraft
...iner Bildungswelt, die fast ausschließlich auf Texten und Zahlen herumkaut,
...rend die Welt draußen schon längst in Bildern pulsiert!
Warum erzählen wir unseren Kindern wortreich von der Zukunft und verschwei-
...ihnen die Schlüssel zum wirklichen Verstehen? Warum sitzen Schüler in Text-
...en fest, wenn das visuelle Denken die Brücken baut, die sie ins echte Leben
...en? Warum sollen sie programmieren lernen, bevor sie gelernt haben, mit dem
...en Auge zu sehen, mit der Fantasie zu gestalten, mit eigenem Bildmut
...nken?
...r visuelle Sinn ist unser größter Schatz – und er wird der Unterschied sein, der
...elt von morgen rettet! Digitale Revolution, künstliche Intelligenz, Wissen-
..., Kunst und Kommunikation: Alles lebt, atmet und wächst in Bildern! Sehen
...heißt Welt verstehen – und wer das nicht kann, bleibt Zuschauer auf der eige-
...ebensbühne.
...Macht der Sensorik, das innere und äußere Sehen, das Erforschen, Erkunden,
...sammensetzen – es ist die sinnlichste und kreativste Schule der Zukunft.
...ignoriert, verweigert sich der wirklichen Bildung zum Menschen.
...höchste Zeit: Erkennt endlich an, dass die „Sprache der Bilder" nicht Bei-
...ndern Grundausstattung modernen Lebens ist! Ergänzt Sprachkompetenz
...dkompetenz. Holt die Augen zurück ins Zentrum des Unterrichts: Schule
...s – das ist der Leuchtturm, den wir jetzt brauchen.
...rtschritt beginnt mit einem Bild im Kopf! Jede Idee, jede Entdeckung,
...Veränderung nimmt ihren Anfang im Auge, im Mut zum Hinschauen, im
...stalten von Neuem.
...aufhören, das Visuelle zu verdrängen oder klein zu reden! Lasst uns
...endlichen, Eltern, Lehrkräften und der ganzen Gesellschaft den Mut

machen, wieder mit offenen Augen zu leben, zu lernen und zu wirken! Wer sieht, versteht die Welt. Wer sieht, gestaltet Zukunft.

Die größte Revolution unserer Zeit ist nicht digital, sondern visuell: Schule des Sehens statt Schule des Verpassens!

Jetzt ist der Moment, aufzuwachen, den inneren Bildersturm zu entfesseln und das Abenteuer Sehen als Schlüsselkompetenz in alle Häuser, alle Klassenzimmer, alle Herzen zu bringen.

Geht raus. Lebt Bild. Werdet Mitgestalter der neuen Welt! Unser Aufbruch beginnt jetzt – mit einem Bild, mit euren Augen, mit eurer Fantasie. Unsere Augen sind ein wesentlicher Teil unseres Verstandes, den wir nützen sollten. Wenn wir nicht sehen lernen, werden wir auch nichts verstehen! Wir müssen sehen lernen – Schule des Sehens (muss die Schule des reinen Textlesens ablösen).

Deshalb müssen wir raus gehen und sehen lernen! Wir müssen diese visuellen Kapazitäten nützen, damit wir auch die wirklichen Möglichkeiten der Digitalisierung verstehen.

9.6 Schulrevolution – Die Schule von morgen lebt Bild!

Bildlernen als neue Kulturtechnik: Lesen, Schreiben, Sehen

Manchmal braucht es nur ein starkes Bild, um die Zukunft neu zu denken. Was jetzt folgt, ist kein Traum – es ist eine Vision, ein Bild im Kopf, das zeigt, was möglich ist, wenn wir mutig neue Wege gehen. Lass dich darauf ein: Die nächsten Zeilen (oder das folgende Bild) nehmen dich mit in eine Zukunft, die wir gemeinsam gestalten können – lebendig, inspirierend, voller Hoffnung.

Eine neue Zeit erwacht im Klassenzimmer. In 50 Jahren sind unsere Kinder Teil einer Schule, die so wenig mit den bleiernen Denkmustern von gestern gemein hat wie der Sonnenaufgang mit der Nacht. Die großen, schweren Lehrbücher sind verschwunden. Stattdessen pulsiert eine Welt, die leuchtet, die bewegt, die vernetzt und verbindet: Wissen tanzt über Berührungsflächen, schwebt holografisch vor jungen Augen, wächst in interaktiven Bildlandschaften, die zum Mitmachen einladen.

Lesen, Schreiben, Sehen – die neue Trilogie der Bildung. Bildkompetenz, endlich auf Augenhöhe mit den klassischen Kulturtechniken, ist aus dem Schatten getreten und steht im Rampenlicht des Lernens. Jede neue Sprache, jedes neue Fach öffnet sich zuerst als Bild: Biologie wird in animierten Bildbüchern erforscht, Mathematik verwandelt sich in farbige Bewegungsdiagramme, Geschichte lebt als filmische Szenen zum Eintauchen. Schüler erkunden Geometrie, indem sie virtuelle Räume gestalten, und lassen organische Moleküle als begehbare Kunstwerke entstehen. Englischvokabeln manifestieren sich längst nicht mehr als Vokabellisten, sondern als visuelle Mindmaps oder animierte Kurzclips, in denen jedes Wort seinen Ort, seine Farbe, sein Bild bekommt.

Lernwege sind individuell, lustvoll und zutiefst kreativ. Das stumme Ausfüllen von Arbeitsblättern ist ersetzt durch dialogische Projekte – Schüler entwerfen Comics zu Naturgesetzen, gestalten mit internationalen Teams Bildgeschichten über soziale Medien, programmieren kleine Lernspiele, in denen Physik, Kunst und Alltag verschmelzen. Nicht nur die Tafel ist lebendig geworden. Die ganze Schule ist Atelier, Bühne, Labor, Filmstudio – ein Ort, an dem jedes Kind künstlerisch, forschend, erfahrend durchs Wissen gehen kann.

Lehrkräfte werden zu inspirierenden Coaches. Sie öffnen Türen zu digitalen Wissensgalerien, begleiten die Entfaltung visueller Ausdruckskraft, fordern zum Hinterfragen, Umdeuten, Spielerisch-Umsetzen auf. Ihre Aufgabe? Nicht mehr nur den Kanon zu vermitteln, sondern Fragende zu fördern, visuelle Detektive wachzuküssen, kreative Bildschöpfer zu begleiten.

Die Inhalte sind vernetzt: Naturwissenschaften, Sprachen, Sozialkunde, Kunst, Technik – alles wächst im Bild zusammen, schafft Dialog, erzeugt Resonanz. Migrantenkinder präsentieren ihre Herkunft in immersiven Bildwelten, Mathematik-Genies zeigen ihre Lösungen als Audio-Bildinszenierungen, lehrreiche „Learning Walls" erstrahlen als gemeinsames Werk aller Altersstufen. Bildmedien sind das Rückgrat – von der ersten Skizze bis zum Wissensfilm, von der Collage bis zum interaktiven Comic.

Die Medienwelt? Voll vernetzt, barrierefrei und für jeden verfügbar. Wissensplattformen, Erklärvideos, digitale Museumsräume und Lernplattformen bieten universellen Zugang – nicht als Frontalbeschallung, sondern als Abenteuerreise voller Fragen, Experimente, Austausch und kreativer Umwege. Künstliche Intelligenz unterstützt, aber gibt nicht mehr vor – sie schlägt Bildmöglichkeiten vor und lässt Platz für kindliche Perspektiven.

Und die Schulformen? Sie sind offen, beweglich, bunt. Kein starrer Jahrgang, keine Prüfung, bei der Texte runtergerasselt werden müssen. Lernen misst sich an Kreativität, an der Qualität der Verbindungen, an der Begeisterung, mit der Inhalte präsentiert und ins echte Leben getragen werden. Unterschiedliche Talente werden sichtbar, gefeiert, gefördert.

Das große Bild dieser Schule ist eines, das atmet und lebt – so kraftvoll, wie das Bild seit Anbeginn der Menschheitsgeschichte unsere Kulturen getragen hat. Endlich setzt sich das durch, was immer schon in uns war: Sehen als Schlüssel zum Verstehen, Bildkompetenz als neue Weltalphabetisierung. Keine Zukunft ohne Bilder, kein Lernen ohne Bild. In der Schule von morgen werden unsere Kinder Gestalter, Denker, Schauende – bereit, die Welt wirklich zu sehen und zu verändern.

Eltern dürfen sich freuen: Auf eine Schule voller Lebensfreude, Abenteuer und echter Chancen. Eine Schule, die nicht abschreckt und ausgrenzt, sondern einlädt. Eine Schule, die Kinder groß macht – und ihnen Flügel gibt, weil sie zutiefst versteht: Wer zeigt, was er sieht, kann die Zukunft gestalten.

9.7 Die Eltern von morgen – Mutig, inspiriert, bildstark

Was Familien künftig prägt und warum Eltern jetzt Weitblick brauchen

In fünfzig Jahren ist Familie nicht einfach nur Geborgenheit und Zusammenleben – sie ist ein echtes Zukunftslabor voller Lebenserfahrungen, Emotion, Entwicklungsspielräumen und überraschender Lernmomente. Die Eltern von morgen sind mutige Mit-Gestalter, inspirierte Möglichmacher und authentische Bildspieler – Väter, Mütter und Bezugspersonen, die ihre Kinder nicht lenken, sondern mit ihnen begleiten, ermutigen, neugierig machen und gemeinsam staunen.

Bildkompetenz ist ihr Schlüssel und ihr Anker. Hausaufgaben sehen nicht mehr aus wie Pflichtmärsche, sondern wie lebendige, gemeinsame Expeditionen: Zusammen entwerfen sie Themen-Landkarten an großen Wohnzimmertischen, basteln Lernspiele, lassen Wissenswelten aufleuchten. Vokabeln werden längst nicht mehr nur „gepaukt", sondern als Geschichten gezeichnet, gesprochen, gespielt – die Eltern werden zu Sparringspartnern im Kopf- und Lernkino ihrer Kinder.

Wenn eine Prüfung ansteht, wird gemeinsam die „Abenteuerstraße" visualisiert: Schritte, Etappen, mögliche Stolpersteine und Ziele, alles als bunte Sequenz an der Wand. Die Eltern von morgen wissen, wie sie Prüfungsdruck durch Mut und mentale Stärke ersetzen. Sie helfen, mit wenig Worten, starken Bildern und viel Zutrauen, dass ihre Kinder an sich selbst glauben. Fragen, Fehler, Neugier sind selbstverständlich. Lernen ist keine Einbahnstraße mehr, kein Einzelkampf, sondern kreatives Miteinander – konflikttauglich, mit der Bereitschaft, zuzuhören, zu streiten, wieder neu zu justieren.

Glück und Wohlfühlen wachsen im Alltag, wenn die Eltern von morgen nicht mehr ausschließlich den Schulerfolg, sondern die Beziehungs- und Lebensfreude im Blick haben. Im Familienleben gibt es klare, liebevoll visualisierte Regeln, gemeinsam gestaltete Rituale, Orte für Ruhe und echte Nähe. Konflikte werden offen angesprochen, visualisiert und als Entwicklungschancen gezeigt – nicht als Makel, sondern als Momentum für Wachstum. Es wird gelacht, entschuldigt, umarmt, getröstet, gefeiert – Bilder, Worte, Begegnungen verzweigen sich ins große Ganze.

Die Selbstständigkeit der Kinder reift in einer Kultur des Vertrauens: Sie dürfen und sollen sich ausprobieren, Fehler machen, eigene Pläne entwerfen, manchmal auch feststecken und daran wachsen. Eltern geben Raum, hören zu, feiern Entwicklung und üben sich in der Kunst des Loslassens. Sie haben keine Angst vor neuen Wegen – sie lieben das Unbekannte, führen und begleiten mit offener Hand und offenem Herzen.

Beurteilungen und Rückmeldungen – egal ob von außen oder aus dem Inneren der Familie – werden als wertschätzende, bildhafte Dialoge gelebt: Wachstumstagebücher, Erfolgscollagen, Lernlandkarten machen sichtbar, was Kinder und Familien schon alles geschafft haben.

Natürlich kracht es auch in der Familie der Zukunft mal, natürlich gibt es Missverständnisse, Unsicherheiten, unterschiedliche Bedürfnisse und Wünsche. Aber der große Unterschied: Die Eltern von morgen haben gelernt, mit diesen Herausforderungen kreativ, offen und kompetent, also mit echter Bildkraft, umzugehen. Sie nutzen Bilder, Geschichten, Symbole als Werkzeuge, um Brücken zu schlagen und Verständnis zu schaffen. Dabei wächst das Vertrauen – in sich, in die Kinder, in das gemeinsame Morgen.

Das macht die Kinder von morgen stark: Sie fühlen sich gesehen und ernst genommen, dürfen lernen und wachsen, getragen von Eltern, die mit Weitblick, Mut und Herz vorausgehen. Sie wissen: „Ich habe jemanden, der mich begleitet, aber mir auch vertraut, dass ich meinen Weg gehe."

So entstehen Familien, die in der Zukunft nicht vorgeben, wie der Weg sein muss, sondern das Licht darauf werfen, dass es viele Wege gibt – und dass in jedem von ihnen Entwicklung, Freude und echtes Miteinander steckt.

Und jetzt kommt der entscheidende Schritt: Im letzten Kapitel erfährst du, wie du diese Vision Schritt für Schritt in die Tat umsetzen kannst. Ich zeige dir, wie du gemeinsam mit deinem Kind ins Tun kommst und wie ich dich dabei ganz konkret begleite und unterstütze. Deine Reise zur Bildfreude geht jetzt richtig los!

Quellenverzeichnis

https://www.onlinerfolg.de/maxim-mankevich/ besucht am 7. Juli 2025

Wohlgenannt, G. (2017). Neurodidaktik: Grundlagen und praktische Anwendungen für den Unterricht. München: Ernst Reinhardt Verlag.

Spitzer, M. (2002). Lernen: Gehirnforschung und die Schule des Lebens. Heidelberg: Spektrum Akademischer Verlag.

Spitzer, M. (2018). Die Digitalisierung der Bildung

Dörrenbächer, L., & Perels, F. (2016). Visualisierung als Lernstrategie: Ergebnisse einer Wirksamkeitsstudie. Zeitschrift für Pädagogische Psychologie, 30(2).

Paivio, A. (1971). Imagery and Verbal Processes. New York: Holt, Rinehart & Winston.

Paivio, A. (1986). Mental Representations: A Dual Coding Approach. Oxford: Oxford University Press.

Miller, R. (Ed.). (2018). *Transforming the Future: Anticipation in the 21st Century*. UNESCO.

So kann ich dir helfen – Meine Angebote, Kurse & Vorträge für deine Zukunft

10.1 Einladung: Wie du selbst Teil der Vision wirst

Du hältst jetzt nicht nur ein Buch in den Händen, sondern den Schlüssel zu einer neuen Lernkultur – einer Bewegung, die Familien, Schulen und die ganze Bildungswelt verändern kann. Nach fast 40 Jahren an der Lernfront, als Bildpädagoge, Bürgermeister, Visionär und Wegbereiter, weiß ich: Tiefe Veränderung ist möglich – wenn wir uns zusammentun und gemeinsam neue Wege gehen.

Darum lade ich dich ein, Teil dieser Bewegung zu werden!

Vielleicht hast du beim Lesen gespürt, dass Veränderung nicht mit Appellen und Theorien beginnt, sondern mit dem ersten kleinen Schritt bei dir zuhause, an eurem Esstisch, am Schreibtisch oder zwischen bunten Zetteln im Kinderzimmer. Die große Vision liegt darin, all das nicht alleine stemmen zu wollen, sondern dir Unterstützung zu holen, das Gespräch zu suchen, Hilfe und Gemeinschaft zu erleben. Gerade für Eltern ist der mutige Schritt, neue Wege zu gehen und dabei die gewohnten „So macht man das"-Pfade zu verlassen, etwas Besonderes – und erfordert Mitgefühl, Beharrlichkeit und manchmal auch einen langen Atem.

Deshalb habe ich meine Angebote so gestaltet, dass du sie wirklich im Alltag nutzen kannst – unabhängig davon, wie knapp die Zeit ist, wie kreativ du dich selbst fühlst oder wie alt dein Kind gerade ist. Alles, was du jetzt brauchst, sind zwei Dinge: Die Offenheit, etwas Neues zu probieren, und die Gewissheit, dass kein Weg sofort perfekt sein muss. Es reicht, den Anfang zu machen.

Melde dich für einen Elternkurs an, stöbere durch das digitale Bilderlexikon oder lade dir Materialien für ein erstes gemeinsames Lernplakat herunter. Probiert eine Learn-Box gemeinsam aus: Lass dein Kind entdecken, wie Wissen lebendig wird, und entdecke selbst, wie erfüllend es ist, wenn Lernen wieder Freude macht – und echte Begegnung in der Familie ermöglicht. Du kannst dich mit anderen Eltern im Austausch treffen, kostenfreie Workshops besuchen oder an Online-Seminaren teilnehmen, in denen echte Menschen sprechen – mit all ihren Fragen, Unsicherheiten und auch mit ihren kleinen und großen Erfolgen.

Sei neugierig darauf, wie du Medienerziehung, Bildkompetenz und kreatives Lernen auch dann stärken kannst, wenn du nicht künstlerisch begabt bist. Es ist okay, wenn nicht jeder Tag perfekt läuft: Bildlernen ist keine Superhelden-Methode, sondern ein Werkzeug, mit dem du im Alltag kleine, machbare Verbesserungen erleben kannst. Unterstütze dein Kind dabei, Fake News und manipulierte Bilder zu erkennen – und erlebe selbst, wie sich Selbstbewusstsein und kritisches Denken entwickeln.

Wenn es im Familienalltag schwierig wird – wenn das Lernen ins Stocken gerät, die Stimmung kippt, Stress spürbar ist – dann lach darüber, versuch es neu, frage nach Hilfe, bleib gemeinsam dran. Du darfst mutig sein, loslassen, improvisieren, etwas verwerfen und neue Impulse aufgreifen. Schenk deinem Kind den Raum zu wachsen – und dir selbst die Erlaubnis, einfach mit ihm zu wachsen, anstatt alles zu wissen oder perfekt im Griff zu haben.

Meine Angebote sind für dich da – nicht als Zusatzstress, sondern als Erleichterung. Mit meinen Kursen, Videos, Treffen, Vorträgen und Materialien bist du nie allein. Im Gegenteil: Du bist Teil einer Gemeinschaft von Eltern, Lehrern und Wegbegleitern, die alle auf ihre Weise suchen, fragen, ausprobieren und Mut machen. Vernetze dich über meinen QR-Code, hol dir Austausch, Anregung und Beratung – lass dir zeigen, wie andere Eltern Hindernisse gemeistert und echte Lernfreude entdeckt haben.

Du brauchst dafür kein Spezialwissen, keine Bastel-Perfektion, keine endlosen Extra-Stunden. Viel wichtiger ist deine Bereitschaft zuzuhören, Fehler zuzulassen, kreativ zu werden – und mit deinem Kind gemeinsam zu staunen. So wächst zwischen euch Vertrauen, Verständnis und eine Beziehung, die weit über Schule und Noten hinausgeht.

Echtes Lernen beginnt im Kopf – aber vor allem im Herzen. Bilder sind der Schlüssel zu Selbstwirksamkeit, Verständnis, Motivation und Freude. Kinder, die heute lernen, gestalten morgen unsere Welt. Und wir geben ihnen das Beste, wenn wir ihnen zeigen, wie sie mit Bildern denken, lernen und fühlen können.

Ich habe Bildlernen nicht erfunden, aber zu meinem Lebenswerk gemacht: Als praxiserprobte Philosophie, als moderne Kulturtechnik, als Bewegung für Entlastung, Kreativität und echte Lebenskompetenz. Visuelles Lernen ist kein Trick – es ist ein neues Denken, das unser Schulsystem, Familienleben und unser Miteinander revolutioniert. Gemeinsam schaffen wir Räume, in denen Kinder, Eltern und Lehrer wachsen und gestalten können.

Mein Ziel: Du sollst erleben, dass Lernen sichtbar, begreifbar und zutiefst menschlich wird – damit Kinder ihr Potenzial entfalten, Eltern Leichtigkeit spüren, Familien näher zusammenrücken.

Vielleicht erinnerst du dich an meine Hinweise in den vorangegangenen Kapiteln – an die Einladung, den ersten Schritt zu machen. Jetzt ist es soweit: Dein Moment ist gekommen!

Hier beginnt dein ganz persönlicher Einstieg – raus aus dem alten Trott, rein in ein neues Lernen, das dich begeistert, beflügelt und wirklich weiterbringt. Worauf wartest du noch?

10.1 Einladung: Wie du selbst Teil der Vision wirst

▶ **Tipp** Mach mit, werde Teil meiner Bildlern-Community! Lass uns gemeinsam zeigen, was Bildung im 21. Jahrhundert wirklich kann: Mehr sehen, mehr fühlen, mehr verstehen – und mehr bewegen.

Ich helfe dir auf deinem Weg. Du bekommst die Unterstützung, die du brauchst. Klick auf den QR-Code, verbinde dich mit mir und vielen anderen Familien, und lass uns zusammen Zukunft gestalten. Ich wünsche dir und deinem Kind alles Gute, ganz viel Erfolg – und vor allem: echte Freude am Lernen! (Abb. 10.1)

Karl Josef Stegh blickt auf fast 40 Jahre Berufserfahrung als Bildpädagoge, Experte für visuelle Kommunikation und 17 Jahre als Bürgermeister zurück. Von Anfang an zog sich die Begeisterung für das Bild wie ein roter Faden durch sein Leben. Schon früh spürte er, dass Bilder viel mehr sind als hübsche Illustrationen – sie sind Schlüssel, Werkzeug und Brücke für echtes, nachhaltiges Lernen.

Abb. 10.1 Karl Josef Stegh. (© Sebastian Stegh 2025. All Rights Reserved)

Im Zentrum steht für Stegh die Gewissheit, dass Kinder mehr als Texte und Fakten brauchen– sie benötigen Erlebnisse, die verbinden, Bilder, die bewegen, und Werkzeuge, die Kreativität, Ausdruck und kritisches Sehen fördern.

Mit der Gründung des Instituts für Bildlernen folgte Karl Josef Stegh seiner Überzeugung. Seine These: „Echtes Lernen beginnt, wenn im Kopf ein Bild entsteht – und im Herzen ein Gefühl." Für ihn ist Bildlernen keine Methode, sondern der Schlüssel zu nachhaltigem Verstehen und echter Selbstwirksamkeit. Bildkompetenz versteht er als die zentrale Kulturtechnik des 21. Jahrhunderts – selbsterlebt, alltagstauglich und überall anwendbar.

Das Bild-Institut sieht sich als Bildungsbewegung: Es liefert Eltern, Lehrern und Kindern Wege und Impulse, wie Lernen mit visuellen Strategien besser gelingt und Bildkompetenz zur Basiskompetenz unseres visuellen Zeitalters wird.

DEINE

BILD-COMMUNITY

Zugang kostenlos sichern

BEGINNT HIER

www.stegh.at/community/

bildlernen@stegh.at

GPSR Compliance
The European Union's (EU) General Product Safety Regulation (GPSR) is a set of rules that requires consumer products to be safe and our obligations to ensure this.

If you have any concerns about our products, you can contact us on

ProductSafety@springernature.com

In case Publisher is established outside the EU, the EU authorized representative is:

Springer Nature Customer Service Center GmbH
Europaplatz 3
69115 Heidelberg, Germany

www.ingramcontent.com/pod-product-compliance
Lightning Source LLC
LaVergne TN
LVHW021339080526
838202LV00004B/241